워커사우루스

워커사우루스
WORKASAURUS

세계 자본을 거머쥔 공룡기업가들

로버트 브루스 쇼 지음 | 이경남 옮김

RHK
알에이치코리아

차 례

강박적 집착의 효용성

1장

올인

행운은 집요한 자의 편이다

좋은 것에는 동기가 필요하다.
위대한 것에는 집착이 필요하다.

M. 코반리M. Cobanli[1]

휴대폰이나 컴퓨터로 리렌틀리스닷컴relentless.com에 접속해 보라. 아마존Amazon 홈페이지가 화면 가득 뜨는 건 왜일까? '리렌틀리스relentless'라는 단어가 차茶부터 TV까지 온갖 것을 파는 웹사이트로 연결되는 것이 이상하지 않은가? 결국 당신은 이 회사의 역사를 거슬러 뒤지게 될 것이다.

글로벌 전자상거래 기업 아마존을 설립한 제프 베이조스Jeff Bezos는 오늘날 미국에서 가장 영향력 있는 비즈니스 리더다. 아마존은 사람들의 쇼핑 습관을 바꾸었고, 크든 작든 경쟁사들도 아마존이 조성한 디지털 경제에 적응할 수밖에 없게 만들었다. 베이조스는 또한 아마존 웹 서비스Amazon Web Services를 통해 테크놀로지 산업을 통째로 뒤흔들어 이제는 물류, 광고, 미디어, 헬스케어 등으로 세력을 넓히고 있다. 한 사람이 한 분야의 경쟁 구도를 바꾸는 일도 드문 일이지만, 여러 분야에서 그런 위력을 발휘한다는 것은 거의 전례가 없는 일이다.[2]

베이조스가 아마존을 시작한 건, 규모는 작아도 무서운 속도로 성장하던 인터넷이 언젠가는 사람들의 쇼핑 습관을 바꿀 것으로 예상했기 때문이었다. 실제로 클릭만 하면 며칠 뒤에 상품이 문 앞에 놓이는 것이 조금도 이상하지 않은 세상이 되었다.[3] 그러나 베이조스가 아마존을 설립할 때만 해도 사람들은 지금 우리가 당연하게 여기는 것들을 당연하게 여기지 않았다.

인터넷은 원래 군대에서 정보교환용으로 사용되던 비상수단이었다. 그러다 대학교와 과학계 연구진들이 정보와 연구 결과를 공유하는 플랫폼으로 이를 활용하기 시작하면서 분위기가 바뀌었다. 베이조스는 인터넷의 상업적 잠재력을 알아채고 당시 우편 주문 사업 중 가장 인기가 좋았던 책과 음악, 비디오, 컴퓨터 등을 토대로 창업 가능성을 분석했다. 그는 책이 가장 유망하다고 생각했다. 웹을 이용하면 수백만 권에 달하는 책도 제목에 따라 일목요연하게 목록으로 작성해 고객에게 제공할 수 있기 때문이었다. 다시 말해, 인터넷 기술을 활용하면 고객들이 필요한 책을 제목으로 금방 찾아 내용을 훑어본 다음 구매하게 만들 수 있을 것으로 판단했다.

아무리 규모가 큰 서점이라고 해도 이런 장점을 쉽게 흉내 낼 수는 없기에 이 아이디어는 더욱 매력적이었다. 대형 서점이 확보할 수 있는 책은 15만 종이 최대치였으므로, 웹의 검색과 리뷰 능력에 비할 수 없었다. 베이조스는 그래도 자신의 '미친 생각'이 성공할 확률은 30%를 넘지 못할 것이라고 생각했다. 그래서 자신에게 투자한 친구와 가족 들에게 돈을 잃을 가능성이 상당히 크다고 일러두었다. 그때 베이조스의 나이는 서른 살이었다. 그는 보수가 좋은 뉴욕의 금융서비스 회사를 그만두고 신념 하나만으로 전망이 불투명한 사업을 벌이기로 결심했다. 베이조스는 차를 몰아 아내와 함께 국토를 가로질러 시애틀에 장만한 새 집으로 향했다. 가면서 그는 사업을 구상하며 새로운 벤처에 어울리는 이름을 생각했다.

처음에는 리렌틀리스닷컴으로 하기로 했다. 무서운 집중력을 가지고 달려들면 좋은 일이 생길 것이라는 의미로 정한 이름이었다. 그동안 살아온 길을 돌아보니 그것만은 확신할 수 있었다. 베이조스는 무슨 일을 하든지 주변 사람들이 혀를 내두를 정도로 무섭게 파고들었다. 어렸을 때 몬테소리 선생님들은 그의 어머니에게 제프가 학교에서도 납득이 가지 않을 만큼 한 가지에 몰두한다고 말했다. 다음 수업을 위해 교실을 옮겨야 할 때 선생님들이 제프를 의자에 앉은 채로 옮겨야 했던 적도 있었다. 유명한 사람들의 어린 시절 이야기엔 으레 저 자신의 말이든 부모의 말이든 과장이 섞이기 쉽다. 그러나 수년간 베이조스와 함께 일했던 사람들도 무슨 일이든 유별나게 집중하고 꼼꼼하게 처리하는 그의 성격에 관해서는 이견을 달지 않는다.[4]

아무튼 베이조스는 시애틀에 도착하자마자 'relentless.com'이라는 도메인부터 등록했다.[5] 하지만 책을 파는 데 그런 이름은 도움이 될 것 같지 않다는 친구들의 의견에 따라, 이를 사용하지 않기로 했다. '리렌틀리스'라고 하면 외골수에 집요하고 지독하다는 인상을 풍긴다는 것이었다. 먹잇감을 뒤쫓는 늑대 무리에게나 어울리는 단어였다. 베이조스는 또 다른 이름을 고르기도 했지만 최종적으로 '아마존'이라는 이름을 채택했다. 지구상에서 가장 큰 서점을 만들고 싶은 그의 포부를 담아 세계에서 가장 긴 강의 이름을 붙인 것이었다. 그러나 그는 리렌틀리스닷컴을 그대로 두고 아마존 웹사이트로 연결했다. 이를 통해 자신의 미친 생각을 실현하는 데 필요한 게 무엇인지 미래의 동료들에게 상기시키고 싶었는지도 모르겠다.[6]

집요한 늑대처럼

그 후 25년이 지나는 동안 아마존은 역사상 가장 빠르게 성장한 회사 중 하나가 되었다. 매달 2억 명 이상의 사람들이 방문하는[7] 아마존은 현시점 전자상거래 업계에서 가장 신뢰받는 이름이다.[8] 물론 아마존의 성공을 단순히 베이조스의 집요한 성격의 결과라고 단정할 수 없다. 아무리 집요해도 문을 닫고 만 기업도 많으니까. 베이조스에게는 '남보다 한발 앞서 생각하는' 전략적 두뇌가 있다. 그는 웬만한 사람들이 보지 못하고 지나치는 패턴과 트렌드와 가능성을 눈여겨본다. 그는 사람들이 인터넷을 검색 도구 이상으로 생각하지 않던 시절에 전자상거래의 잠재력을 예견했다. 아마존의 기술 플랫폼이 다양한 기업에서 유용하게 쓰일 것으로 판단해, 고객들의 요구가 거의 없을 때 이사회의 심한 반발도 무릅쓰고 e북 리더기 킨들Kindle과 스마트 디바이스 에코Echo의 개발을 밀어붙였다. 아마존은 현재 고객들에게 더 빠르고 더 싼값으로 제품을 제공하기 위해 배송용 드론 기술 같은 다양한 혁신적 이니셔티브에 투자하고 있다. 베이조스는 자신의 통찰력을 바탕으로 끊임없이 다른 사람들이 놓친 기회를 포착하여 장기적으로 투자한다.

그는 또한 경영의 귀재다. 아마존의 성패를 좌우하는 까다로운 디테일까지 상세히 파악하고 있다. 사업의 특성과 실행 방식 그리고 실적을 향상시키는 데 필요한 요소들을 속속들이 꿰고 있다. 예를 들어, 베이조스는 복잡한 공급망관리supply chain management를 분석하고 배송 시간을 줄이는 데 필요한 것이 무엇인지 찾아낸다. 아마존의 주문 처리 소프트웨어와 복잡한 오더 피킹order-picking 로봇을 비롯한 풀필먼트 센터의 운영 방식과 아마존의 논리적 과제를 관리하는 방법에 관한 그의 설명을 듣다 보면, 마치 그가 운영을 책임지는 중간급 엔지니어가 아닌가 하는 생각이 들 정도다.

베이조스와 함께 일했던 한 직원은, 가끔은 외계에서 온 생명체가 아닐까 싶을 정도로 지능이 뛰어난 그 때문에 어떤 의견을 제시하려면 조금은 별난 방식을 써야 할 거라고 비꼬기도 했다.[9] 실제로 아마존에서는 직원이 짧은 양식으로 제안서를 작성한 다음, 고위 경영진이 먼저 검토하고 토론한 뒤 제출하는 경우가 많다. 과거

베이조스 밑에서 일했던 어떤 직원은 아마존에서의 프레젠테이션 요령을 이렇게 설명했다.

> 발표할 때는 그가 이미 모든 것을 알고 있다고 가정해야 한다. 해당 문제에 관해서는 그가 당신보다 더 많이 안다고 생각하라. 당신에게 획기적이고 독창적인 아이디어가 있다고 해도, 그에게 말할 때는 이미 한물간 것일 수 있음을 감안하라. 문서를 작성할 때는 그 분야의 세계 최고 전문가에게 보고한다는 가정하에, 군더더기 없이 간결하고 직설적인 표현을 사용하라. … 그의 관심을 끌려면 문단을 통째로 들어내거나 몇 페이지 정도는 뜯어내야 한다. 그러면 그가 망설이지 않고 빈자리를 자신의 얘기로 채워 넣을 것이다. 그래야만 당신의 그 느린 두뇌 때문에 그가 짜증 내는 일도 줄어들 것이다.[10]

베이조스가 전략과 운영 측면에서만 똑똑한 것은 아니다. 그는 운도 좋다.[11] 그는 새로 출범한 자신의 회사를 지지하기 위해 "행성들이 일렬로 정렬했다"라고 표현하면서 자신의 행운을 강조했다. 때로는 자신의 성공과 막대한 부를 복권에 당첨될 확률에 빗댄 적도 있다. 겸손하다는 인상을 주려는 의도에서 한 말일 수도 있지만, 어쨌든 그는 정말로 행운을 파트너로 여기는 것 같다.

인터넷이 널리 확산되던 시기에 전자상거래 회사를 시작한 것은 분명 행운이었다. 대중들이 온라인 쇼핑에 어느 정도 호응할지는 아무도 몰랐다. 사람들은 누군지도 모르는 사람에게 신용카드 정보를 제공하기를 꺼렸다. 하지만 베이조스가 아마존을 세웠을 당시 인터넷의 인기가 올라가고 있었기에 그의 회사는 훨씬 더 빠르게 성장할 수 있었다. 몇 년 늦게 시작했다면 반스앤노블Barnes & Noble 같은 대기업에게 퍼스트 무버의 우위를 빼앗겼을 것이다. 셸 카판Shel Kaphan 등 재능이 탁월한 기술자들을 채용할 수 있었던 것도 베이조스에겐 행운이었다. 카판은 능숙한 솜씨로 아마존의 중요한 웹사이트들을 참신하게 꾸며놓았다. J. K. 롤링J. K. Rowling의 블록버스터 소설이 출간된 것도 상당한 행운이었다. 베이조스는 그녀의 책을 낮은 가격에 무료로 배송하여 고객 기반을 탄탄하게 다졌다. 하지만 뭐니 뭐니 해도 그에게 주어진 가장 큰 행운은 그의 경쟁자들이 자만한 탓에 시장 진출에 느긋한 반응을 보였다는 점일 것이다. 그들은 웹이 도서 유통에 미칠 영향을 과소평가한 데다 유통은커녕 작은 사업체 하나 운영해 본 경험도 없는 시애틀의 소규모 스타트업의 리더가 자신들이 장악한 시장에 감히 도전장을 내리라고는 짐작조차 못 했다.

반스앤노블의 공동 설립자 중 한 사람은 당시 이렇게 말했다. "도서 판매에서 우리를 이길 상대는 없다. 그런 일은 없을 것이다."**12** 반스앤노블은 아메리카온라인America Online과 손잡고 전자상거래를 실험하여 2년 가까이 온라인 사이트를 운영했지만, 설계가 조잡했고 기능도 시원치 않았다. 미국의 가장 큰 도서 유통 업체가 전자상거래 고객들에게 주문 같은 아주 기본적인 절차에서도 원활

한 서비스를 제공하지 못해 쩔쩔매고 있었던 것이다. 반면 아마존 입장에서는 브랜드의 입지를 확고히 다지고 온라인 역량을 강화할 수 있는 기회의 창이 열려 있었던 셈이다.[13]

리더의 성격을 닮은 기업

어떤 기업이 크게 성공하면 사람들은 으레 여러 가지 요인이 잘 맞아떨어졌으리라 짐작한다. 그러나 베이조스가 집요하게 밀어붙이지 않았다면, 그가 그의 성격을 그대로 빼닮은 회사를 만들지 않았다면, 지금의 아마존은 없었을지도 모르겠다. 앞으로 보게 되겠지만 리더들, 특히 설립자는 그들의 회사에 자신의 성격을 삭인시키고 그래서 좋은 쪽으로든 나쁜 쪽으로든 실적에 직접적으로 영향을 미쳤다.[14] 베이조스는 지금의 자신을 만든 성격적 특징을 기업에 그대로 구현하기 위해 첫날부터 아마존을 밀어붙였다.

기업가는 발명가와 무엇이 다를까? 기업가는 팀을 만든 다음 야심찬 아이디어를 상품화할 회사를 만드는 능력을 가졌다는 점에서 발명가와 다르다. 우리는 어떤 기업의 성공과 실패를 설명할 때 대개 리더 개인에게 초점을 맞춘다. 베이조스 같은 리더들은 기업의 발전에 핵심적인 역할을 했지만 기업이 성공하려면 많은 사람이 함께 힘을 모아 특별한 무언가를 만들어 내야 한다. 리더가 아무리 집요해도 의미 있는 제품을 생산하려면 자신의 회사도 똑같이 집

1장 | 들인

015

요한 조직으로 만들어야 한다. 매년 주주들에게 보내는 베이조스의 편지를 보면, 아마존의 문화와 업무 관행을 두고 깊이 고심하는 혁신가의 모습을 엿볼 수 있다. 가장 존경하는 리더가 누구냐는 질문에 그는 월트 디즈니Walt Disney를 지목하면서 이렇게 말했다.

> 그에게는 많은 사람과 공유할 수 있는 비전을 만들어 내는 놀라운 능력이 있는 것 같습니다. 디즈니랜드처럼 디즈니가 발명한 것들은, 에디슨이 만들어 낸 많은 것들과는 다르게 어느 한 개인의 힘으로는 해낼 수 없을 만큼 거대한 비전이었습니다. 월트 디즈니는 정말 많은 사람이 하나의 커다란 팀을 구성하여 일치된 방향성을 갖고 일하게 만들었습니다.[15]

아마존의 변천사를 다룬 책 가운데 잘 알려진 《아마존, 세상의 모든 것을 팝니다The Everything Store》의 저자 브래드 스톤Brad Stone은 아마존이 베이조스의 이미지에 맞게 만들어진 회사라고 말한다. 그는 아마존을 베이조스가 "자신의 창의력을 널리 전파하고 가능한 한 넓은 반경을 가로질러 달리게끔 만든 증폭기"라고 정의했다.[16] 이처럼 아마존은 베이조스의 신념과 가치와 성격에 대한 제도적 선언이나 다름없다. 베이조스와 아마존을 설명하는 데 많은 용어를 동원할 수 있지만, '집요하다'라는 말보다 더 적절한 것은 없을 것 같다.

꿈을 실현하는 강박

요즘 미국에서 두 번째로 주목할 만한 비즈니스 리더는 일론 머스크Elon Musk다. 머스크가 거의 맹목적인 숭배의 대상이 된 것은 그가 혁명적인 제품을 연이어 설계하고 만들어 판매하기 때문이다. 전기자동차 산업이 오랫동안 정체의 늪에서 빠져나오지 못하고 있을 때 그는 테슬라 S Tesla S를 개발했다. 테슬라 S의 고성능 버전은 〈컨슈머리포트Consumer Reports〉에서 가장 높은 등급을 받았다.[17] 미국 도로교통안전청NHTSA이 실시한 안전도 테스트에서도 테슬라 S는 다른 모든 차량을 제치고 최고 등급을 받았다.[18] 지금까지 테슬라는 60만 대 이상의 전기자동차를 판매했고, 160억 km를 주행했다.[19] 그의 자동차는 내연기관 자동차에 비해 이산화탄소 배출을 400만 t가량 줄였다.[20]

머스크는 스페이스X SpaceX도 설립했다. 스페이스X는 민간 기업으로는 최초로 국제우주정거장에 도킹하는 로켓을 발사했고, 최초로 재사용 가능한 로켓을 개발하여 인공위성 같은 장비나 물체를 우주로 보내는 비용을 획기적으로 줄였다. 머스크의 행적이 더욱 두드러지는 것은 그가 자동차 업계의 BMW나 항공우주 업계의 보잉Boeing 등 기반이 탄탄한 거대 기업과 경쟁해서 실적을 쌓았기 때문이다. 빌 게이츠Bill Gates는 머스크의 업적을 이렇게 요약했다. "미래에 대한 비전을 품은 인물로 조금도 모자람이 없다. 일론을 특히 비범하게 만드는 것은 바로 자신의 꿈을 실현하는 능력이다."[21]

제프 베이조스가 집요하다면, 일론 머스크는 강박적이라고 해야할 것 같다. '강박적obsessive'이라는 단어는 중세부터 전해져 왔는데, 침략자들이 도시나 성을 포위 공격하는 모습을 설명할 때 쓰였다.[22] 시간이 지나면서 이 단어는 진화하여 사악한 힘에 사로잡히거나 귀신에 홀린 사람들을 지칭하는 종교적 의미를 띠게 되었다. 그리고 몇 세기가 또 지나면서 그 의미가 바뀌어 이제는 '강박증' 같은 일종의 심리적 장애로 간주되고 있다. 성을 공격하던 침략군이 영혼의 침략자로 바뀌었다가 다시 인간의 정신을 침략하게 된 것이다. 요즘 사람들은 이제 강박증을 하나의 생각이나 사람, 혹은 사물에 과도하게 집착하는 바람직하지 못한 심리 상태로 본다. 식당 테이블이나 화장실 손잡이에 묻은, 방금 만나 악수를 나눈 사람의 손에 묻은, 세균을 지나치게 의식하는 증세도 일종의 강박증이다. 이런 사람들은 불필요한 생각을 떨치지 못해 하루에 30번씩 손을 씻는 등 자신을 제어하지 못한다. 이런 종류의 강박성 장애는 남들에겐 가끔 별나고 심지어 재미있어 보이는 행동처럼 비칠 수 있지만, 당사자로서는 견디기 힘들 만큼 심신을 무기력하게 만드는 심각한 질병이다.[23]

이 정도로 극단적이지는 않지만, 가치를 따져볼 만한 강박증도 일부 있다. 사서 겸 인권운동가였던 매리언 스트로크스Marion Strokes 는 35년 동안 쉬지 않고 TV 뉴스를 녹화했다. 그녀가 사망할 당시 그녀의 아파트에는 뉴스쇼를 녹화한 비디오테이프가 약 14만 개 보관되어 있었는데, 거의 100만 시간에 해당하는 분량이었다.[24] 스트로크스가 뉴스를 녹화한 동기는 단순했다. 언론을 믿지 못해서였다. 그녀는 사회의 다양한 집단의 모습을 포착하는 방송사들이 어떻게 정보를 거르고 왜곡하는지 기록해 두려 했다. 그러다 보니 그녀와 그녀 가족의 삶은 온통 비디오테이프 녹화를 중심으로 돌아갔다. 스트로크스는 6시간마다 아파트 곳곳에 설치해 놓은 수많은 녹화 장치에 새 테이프를 넣어야 했다. 그녀의 TV 아카이브는 그 분량과 촬영 기간만으로도 타의 추종을 불허할 것이다. 하지만 그녀의 테이프가 언론의 역사와 행동을 연구하려는 이들에게 어느 정도의 가치를 지니게 될지는 시간이 조금 더 지나야 알 수 있을 것 같다.[25]

세 번째로, 지금까지와 아주 다른 종류의 강박증이 있다.[26] 사실 강박증은 개인이든 집단이든 특별한 성과를 내게 하는 원동력이 된다. 일론 머스크의 한 추종자는 그의 전 부인 저스틴 머스크Justine Musk를 인터뷰하는 자리에서 머스크 같은 성공한 기업가를 닮고 싶어 하는 사람들에게 한마디 조언을 부탁했다. 이에 그녀는 다음처럼 대답했다. "집착하세요. 집착하세요. 또 집착하세요. … 그렇게 계속 집착하다 보면 아주 크고 중요하고 만만치 않은 문제가 나타날 겁니다. 아주 많은 사람에게 영향을 미쳐서 목숨을 바쳐서라도 해결하지 않고는 못 배기게 만드는 문제 말이죠."[27] 머릿속에 '한 가지 생각, 한 가지 개념, 한 가지 목적으로 가득 찬' 이러한 사람들은 무언가 비범한 일을 성취할 가능성이 크다.[28]

당신이 리더라면

이렇게 한번 생각해 보자. 당신이 어떤 중요한 프로젝트를 맡길 사람을 정하려고 한다. 후보는 2명인데 둘 다 똑같이 재능이 있고 경험도 많다. 프로젝트가 성공하면 회사와 수천 명의 직원에게 커다란 수익을 안기게 될 것이다. 둘 중 첫 번째 후보는 오로지 프로젝트를 성공시키는 것 외에 다른 관심이 없다. 그녀는 주말뿐 아니라 평일에도 12시간씩 제품을 생각하고 이를 시장에 내놓아 어떻게 좋은 결과를 얻을지에만 몰두한다. 그녀는 직장 외에 개인생활이라고 할 만한 것이 없고 오로지 일에서만 보람을 느낀다. 그녀가 사랑하는 것이라곤 자신이 하는 일뿐이다. 두 번째 후보는 여러 커뮤니티 활동에 관여하고 있는데 일 외에도 다양한 분야에 두루 관심을 갖고 있다. 그녀 역시 열심히 일하지만 오후 5시가 되면 어김없이 퇴근하고, 주말에 웬만해서는 일하지 않는다. 그렇다면 프로젝트를 누구에게 맡겨야 할까?

누군가는 첫 번째 사람처럼 열심이 지나치면 자신뿐만 아니라 팀원들까지 지치게 만들지 모른다고 경계할 것이다. 그녀에게 프로젝트를 맡기면 다른 사람들에게 잘못된 메시지를 보내는 셈이 된다. 일과 생활의 균형을 고려하지 않는 태도이기 때문이다. 하지만 일에 대한 그녀의 특별한 헌신이 프로젝트의 성공 확률을 높여주지는 않을까? 회사를 전부 강박적인 사람들로 채울 필요는 없을 것이다. 중요할 때 무서운 집중력을 발휘하여 특별한 성과를 낼 수

위즈덤하우스

있을 정도면 된다. 그러면 결국 모든 사람에게 혜택이 골고루 돌아가지 않겠는가? 어떤 심리학자의 지적대로 "창의적 에너지를 가진 사람들이 그들의 강박적인 성격을 좋은 용도로 사용할 때, 그 혜택은 모두에게 돌아간다."[29]

강박적 집착이 미치는 영향을 잘 보여주는 생생한 사례가 하나 있다. 150여 년 전에 세워진 브루클린브리지Brooklyn Bridge다.[30] 뉴욕 이스트리버를 가로질러 브루클린과 맨해튼을 잇는 이 다리는 당대의 위대한 '공학적 개가'라는 찬사를 받았다. 워싱턴 로블링Washington Roebling은 건설 책임자였던 그의 아버지가 현장에서 입은 부상으로 사망하자, 아버지의 뒤를 이어 수석 엔지니어 역할을 맡아 프로젝트를 지휘했다. 그의 아버지 존 로블링John Roebling은 브루클린 선착장에서 작업을 지휘하던 중 들어오는 바지선에 발이 깔리는 사고로 2주 뒤 파상풍으로 사망했고, 그 바람에 서른두 살이었던 워싱턴이 막중한 책임을 맡게 된 것이다. 하지만 그 역시 1년 뒤, 다리의 거대한 주탑 기초공사를 하다가 감압병에 걸리고 말았다. 현장에 나갈 수 없을 정도로 상태가 악화된 그는 이후 13년 동안 아내 에밀리와 재능 있는 기술자들의 도움을 받아 브루클린에 있는 자신의 집에서 공사를 감독했다. 이 위대한 구조물은 아버지 로블링의 죽음과 그의 아들을 평생 괴롭힌 병, 장기간에 걸친 아내의 헌신적 몰입 등 로블링 일가의 막대한 희생을 바탕으로 1883년에 완성되었다. 뉴욕시의 활력을 상징하는 기념물로 자리 잡은 브루클린브리지는 지금도 수백만 명의 사람들이 매일 걸어서 또는 자전거나 자동차, 기차를 타고 건넌다. 이 다리는 한 가족의 끝없는 헌신을 보여주는 생생한 물증이다.[31]

앨리슨 하그리브스Alison Hargreaves의 삶 또한 강박적 집착으로 치러야 했던 대가를 보여주는 또 다른 극단적인 사례이다.[32] 그녀는 고정 로프 없이 에베레스트 무산소 단독 등정에 성공한 최초의 여성이었다. 3개월 후 그녀는 세계에서 두 번째로 높은 K2 정상에 올랐으나 하산하던 중 폭풍을 만나 서른셋의 나이로 세상을 떠났다. 그녀의 죽음 이후 어떤 사람들은 그녀가 개인적 야망에 집착한 나머지 두 어린아이들을 엄마 없이 자라게 만들었다고 비난했다. 하지만 자신의 아이들은 물론 등반을 사랑한다고 말한 그녀는 두 가지 모두를 잘하기가 얼마나 어려운지 잘 알면서도 양쪽을 모두 지키기 위해 안간힘을 썼다.[33] 마지막이 된 인터뷰에서 그녀는 말했다. "여러분에게 두 가지 선택권이 주어진다면 어려운 쪽을 택하세요. 그렇지 않으면 후회할 겁니다."[34]

앨리슨 하그리브스 같은 사람에게 진정한 선택이란 애초에 없었는지도 모른다. 제프 베이조스는 개인이 강박적 집착을 선택하는 것이 아니라 강박적 집착이 개인을 선택한다고 말했다.[35] 앞서 언급한 침략군처럼 극단적인 형태의 강박적 집착은 한 개인을 송두리째 점령하여 포로로 만든다. 그러나 강박적 집착을 추구하는 사람들이 꼭 맹목적인 것은 아니다. 그들은 '흰 고래'를 쫓음으로 인해 자신과 주변 사람이 어떤 대가를 치르게 될지 누구보다 잘 알면서도 돛을 내리지 않는다. 하그리브스는 자신이 마주하고 있는 위험의 크기를 누구보다 잘 알고 있었다. 그녀는 세계 정상급 등반가들이 그렇게 하듯 위험을 감수하면서 사실에 입각한 매우 절제된 방법으로 그 위험을 관리했다.[36] 하그리브스는 등반 도중에 죽을 수 있다는 것도 알았다. 그녀는 그런 운명을 피하지 못한 동료 등반가들을 너무 많이 봐왔기에 그런 일이 일어나지 않으리라 부인하지 않았다. 하지만 그녀는 자신이 평생 지켜온 신념을 좋아하는 속담에 빗대어 털어놓았다. "양으로 천 년을 사느니 호랑이로 하루를 살고 싶다."[37]

기업 활동을 하그리브스의 희생에 견줄 수는 없겠지만, '올인'하는 사람들은 어떤 식으로든 그에 따른 대가를 치른다. 그들은 긴 근무시간과 과중한 목표에 대한 스트레스 때문에 건강을 희생한다. 가족을 자주 못 보고 커뮤니타나 여가 활동을 할 짬도 내지 못한다. 배우자나 자녀와 함께 있어도 머릿속에는 일 생각뿐이다. 일론 머스크가 바로 그렇다. 머스크의 전기 작가는 이렇게 말했다.

> 이 남자는 미쳤다고 할 수 있을 만큼 몰두한다. 어느 모로 보나 그에게는 삶이 없다. 그는 쉬지 않고 일한다. 결혼도 세 번 실패했다. 아이들과도 충분한 시간을 갖지 못한다. 그의 생활에서 정상적이라고 할 만한 건 눈곱만큼도 찾을 수 없다. 어느 누구도 손사래를 칠 희생이다.[38]

베이조스나 머스크같이 어마어마한 성공을 거둔 이를 동정한다는 게 말이 안 되는 것 같기도 하다. 그러나 강박적으로 집착하는 사람들이 항상 편안하거나 행복하게 지내는 것은 아니라는 사실도 알아둘 필요가 있다. 머스크 자신도 지적했듯, 그를 흠모하는 사람들도 며칠만 그처럼 살아 보면 부럽다는 생각이 싹 사라질 것이다. 강박적인 비즈니스 리더들은 알게 모르게 심각한 스트레스에 시달리고 남들의 과도한 관심과 시선을 감수한다. 대중은 그들이 쌓은 업적과 부 때문에 그들을 존중할지 모르지만, 야심찬 목표를 추구하기 위해 그들이 치러야 했던 희생이 어느 정도인지 알지 못한다. 많은 이가 일론 머스크처럼 살면 어떤 기분일지 상상하면서 그가 올린 트윗과 제품 소개를 통해 그의 생활을 간접적으로나마 경험해 보려 한다. 그러나 그의 세계에서 24시간 살며 치러야 할 대가가 무엇인지 분명히 드러난다면, 매력은 금방 반감될 것이다. 머스크도 자신의 삶을 가리켜 이렇게 말했다. "현실은 대단히 황홀하고 끔찍하게 우울하며 무자비할 정도로 강압적입니다. 마지막 두 가지가 어떤 것인지는 안 듣는 편이 나을 겁니다."[39]

강박적 집착은 종종 두려움을 유발한다. 자신과 가족이 대가를 치르게 될 수도, 직원들까지 희생시켜야 할 수도 있기 때문이다. 세상이 깜짝 놀랄 제품을 만들려고 했던 스티브 잡스Steve Jobs의 유명한 강박적 집착은 따로 설명이 필요 없을 정도다. 그는 파산 일보 직전의 회사를 떠맡아 세계에서 가장 가치 있는 기업으로 바꿔놓았다. 애플의 7억 명에 이르는 고객들과 회사를 위해 직·간접적으로 일하는 240만 명은 스티브 잡스에 큰 빚을 지고 있다.[40] 그런 놀라운 업적에도 불구하고, 잡스가 남긴 유산에 대한 평가는 엇갈린다. 그에게는 열성적인 추종자들도 있지만, 그만큼은 아니더라도 똑같이 목소리를 높이는 비판적인 집단도 많다. 잡스의 리더십을 두고 벌어지는 일차적인 쟁점은 직원들을 대했던 그의 태도다. 그는 자신의 기대를 충족시키지 못한 직원들을 모욕하고 그들에게 으름장을 놓았다. 그는 팀원들과 그들의 부하직원이 가진 능력의 최대치를 뽑아내는 데 혈안이 되어 있었다. 원하는 대로 결과가 나오지 않으면 누구도 용서하지 않았다. 그의 직원 중 하나는 잡스의 방식을 '인격 살인에 의한 관리'라고 설명하면서 이렇게 회상했다.

> 그의 경영 방식은 불가능한 일을 공언한 다음, 잔인할 정도로 직원들을 몰아붙여 성과를 만들어 내는 것이었다. 직원들을 대하는 그의 태도에는 종잡을 수 없을 정도의 편애와 비난이 뒤섞여 있었다. … 그는 직원을 물끄러미 바라보다가 면전에서 아주 크고 단호한 목소리로 고함을 치곤 했다. "내 회사를 말아먹을 작정이야?" 또는 "우리가 망하면 자네 때문이야!"[41]

잡스는 팀원들을 거칠게 대했고, 애플 내의 다른 부서 사람들에게도 종종 싸움을 걸었다. 그의 강박적인 추진력은 때로 회사 내에서 우리 대 그들이라는 대결 구도를 조장했다. 그는 수시로 다른 팀을 비난하고 그들의 노력과 결과를 폄하했다. 당연히 갈등이 고조되었고 부서 간의 분열은 더욱 노골적이 되었다. 잡스는 심지어 회사 운영을 맡기기 위해 그가 데려온 사람까지 내쫓으려고 했다. 또 애플 이사회에 CEO인 존 스컬리John Scully와 자신 중에서 한 명을 선택하라고 요구했고, 이사회는 스컬리의 손을 들어주었다. 결국 지난 세기를 대표하는 비저너리Visionary 리더 중 하나였던 잡스는 그렇게 그가 사랑했던 회사를 떠났다.

잡스를 칭송하는 사람들 중에도 그가 그렇게까지 가혹할 필요는 없었다고 말하는 이들이 많다. 사람들은 그가 좀 더 다정하게 직원들을 대했어도 그 정도의 성과를 이루었을 것이라고 말한다.[42] 그러나 이런 지적은 그를 비범한 능력자로 만들어준 요인, 즉 훌륭한 제품 설계에 쏟은 그의 무서운 집중력이 그를 강인한 상사이자 힘겨운 동료로 만든 것과 동일한 특성이었음을 무시하는 것이다.[43] 비범한 것을 창조하는 데 남다른 열정을 가진 리더는 자신의 엄격한 기준에 맞추지 못하는 사람들을 엄하게 대한다. 그들은 재능이 모자라거나 자신의 비전에 방해가 되는 사람들을 견디지 못한다. 일론 머스크가 그랬던 것처럼 제프 베이조스도 가끔 비슷한 지적을 받았다.[44] 지난 수십 년 동안 높은 성장률과 혁신적인 모습을 보여준 회사를 세운 사람들은 대부분 자신과 직원들에게 과도할 정도로 많은 것을 요구하는 강박적인 리더들이었다.

이처럼 강박적 집착은 주는 것도 있고 빼앗는 것도 있다. 그렇기에 리더들은 딜레마에 빠지곤 한다. 강박적 집착은 조직에서 가장 중요한 긴장을 구체적으로 드러낸다. 회사들은 일에 모든 것을 쏟아붓는 사람을 원하지만, 그와 동시에 직원들이 균형 잡힌 삶을 살 수 있게끔 업무 환경을 조정하려고 한다. 이런 직장에서는 일도 건강한 생활의 한 가지 요소에 지나지 않는다. 그들은 직원들의 스트레스와 피로 등 강박적인 행동에서 유발되는 부정적인 면을 방관하지 않는다. 그러나 의도가 아무리 좋아도 강박적 집착으로 인한 문제점을 줄이려다 보면 기업의 성장을 방해할 수도 있으므로 적절한 선을 지키기가 어렵다. 다시 말해 무언가 특별한 제품을 만드는 일보다 편의와 균형을 중요시하는, 의도치 않은 결과를 초래할 수 있는 것이다. 제프 베이조스는 이러한 위험을 잘 알고 있었기에 아마존이 사업을 시작했을 때 가졌던 집중력과 집요함이 해이해지는 것을 막기 위해 고심했다. 기업이 잘되면 모두가 성공의 단맛을 즐기려 하기 때문에 회사 분위기가 컨트리클럽처럼 바뀌어도 방치하는 것 같아 보였던 것이다.

제프 베이조스와 일론 머스크, 스티브 잡스는 일에 모든 것을 쏟아붓는 집중력과 끈질긴 추진력을 가졌다는 점에서 유사점이 많다. 비범한 성과를 이루려면 집중력과 추진력 이 두 가지 특징을 반드시 갖춰야 한다는 것이 이 책의 중심 주제다. 다만 중요한 것은 강박적 집착으로 얻을 수 있는 것을 취하면서 동시에 그것이 갖고 있는 치명적인 단점을 어떻게 최소화할 것인가 하는 점이다. 다음 장에서는 강박적 집착을 좀 더 자세히 검토하면서 잘 알려진 '그릿grit'이라는 개념과 비교하여 이를 다룰 생각이다. 나는 긍정적이든 부정적이든 그릿의 극단적인 형태가 강박적 집착이라고 생각한다. 아마존의 제프 베이조스와 테슬라의 일론 머스크, 우버Uber의 트래비스 캘러닉Travis Kalanick에게 한 장씩을 할애해 강박적인 리더십에 관한 세 가지 사례 연구를 제시할 계획이다. 나는 이 세 리더의 강박적 집착과 그들의 경험을 통해 배울 수 있는 것이 무엇인지 밝혀내고자 한다. 그리고 마지막 두 장에선 집착과 관련하여 개인과 조직이 취할 수 있는 선택을 검토하고, 그런 방식을 기반으로 생각하고 운영할 때의 장단점을 살펴볼 것이다. 개인 입장에서 강박적 집착을 고집할 것인지 말 것인지 결정해야 하는 문제가 있다. 일단 결정했으면 그에 따른 결과를 관리해야 한다. 조직 입장에서는 어느 정도의 강박적 집착을 인정해야 효과적인 경쟁이 가능한지, 이를 정확히 파악해야 하는 문제가 있다. 특히 한 분야의 기존 질서를 파괴하려 할 때나 다른 회사에 의해 그런 질서가 파괴되고 있을 때는 반드시 그런 강박적 집착의 필요성을 검토해야 한다.

강박적 집착의 영향과 그 한계를 제대로 파악하려면 몇 가지 주의해야 할 점이 있다. 첫째, 강박적 집착이 의미 있는 성과를 이루는 데 필요한 요소의 전부는 아니다. 앞서도 말했지만 아무리 강박적으로 집착해도 자신의 분야에서 두각을 드러내는 데 필요한 지성과 창의력이 부족하면 비범한 성과를 낼 수 없다. 《블링크Blink》 같은 인기 있는 책을 쓴 말콤 글래드웰Malcolm Gladwell은 자신이 체스를 100년 동안 둔다 해도 결코 그랜드 마스터가 될 수 없다고 말한다. 재능은 당연히 중요하다. 하지만 글래드웰은 재능의 비중을 너무 높이 평가하는 것 같다. 대부분의 경우 성공에 가장 필요한 것은 자신의 분야를 완전히 장악하기 위해 모든 노력을 집중시키겠다는 의지다. 야심찬 목표는 그런 집중적인 노력을 하는 과정에서 이루어지는 것이다.

둘째, 강박적 집착이 항상 필요한 것은 아니다. 작업 환경이 어느 정도 안정되어 있으면 강박적인 사람들이 없어도 몇 년은 버틸 수 있다. 혁신적이고 공격적인 경쟁자들의 도전을 받을 위험이 없는 기업이라면 전문 인력만으로 충분하다. 그러나 스티브 잡스가 "우주에 흔적을 남기는 것"이라고 말한 비범한 업적은 강박적인 기질과 막대한 희생을 감수하려는 의지가 있는 사람들이 만들어 낸 결과물이다.

셋째, 강박적 집착은 완벽하게 이해할 수 없고 관리할 수도 없다. 강박적 집착은 본질적으로 어떤 소명에 자신을 맡기는 것이지만, 자신뿐 아니라 그 어느 누구도 그 소명을 완전히 이해하거나 통제할 수 없을 때가 많다.[45] 강박적 집착은 상당 부분 무의식적인 것이어서 그 위력이 더 강하다. 그것은 합리적인 사고를 한계 이상으로 밀어붙이고 성취하려는 생산적인 집념이다. 하지만 강박적 집착이 왜 생기는지 그리고 얼마나 지속되는지는 아무도 모른다. 강박적 집착은 잘못된 행동이나 심지어 자기 파괴적인 행동을 초래할 수 있다는 점에서 비합리적이다. 일론 머스크는 언론과 금융계에 있는 사람들이 자신을 방해한다고 생각하여 비난하고 모욕했다. 그는 실적 발표를 하는 도중 한 애널리스트가 테슬라의 자본확보율capital requirement과 처리되지 않은 주문량을 따지고 들자 질문에 대한 답변은 하지 않고 이렇게 응수했다. "그것 참 따분하고 얼

빠진 질문이네요." 대신 유튜브 채널을 갖고 있는 한 소액투자자와는 20여 분 동안 토론을 벌였다. 머스크는 그 블로거와의 대화를 따분한 질문을 하지 않아 고맙다는 말로 마무리 지었다. 실적 발표가 끝난 뒤에 나온 언론과 투자계의 반응은 부정적인 견해가 압도적이어서 머스크의 기질이 상장기업을 경영하는 데 맞지 않는다는 말이 나올 정도였다.

넷째, 생산적인 강박적 집착이 꼭 개인의 어떤 특정한 경험에서 비롯되는 것은 아니다. 베이조스가 어떤 사건을 계기로 고객에 집착하게 되었는지, 머스크가 무슨 이유로 인류에게 이익이 될 것으로 믿는 제품을 만드는 데 평생을 바치는지 우리로서는 알 수 없다. 나는 한 사람의 성장 과정과 강박적 집착 같은 리더십 특성 사이에 어떤 직접적인 연관이 있다고 생각하지 않는다. 물론 그런 연관성을 바라는 사람도 있을 것이다. 하지만 있지도 않는 인과관계를 찾는 것은 일종의 '내러티브 오류narrative fallacy'다. 따라서 이 책에서는 각 리더의 생애를 그렇게 자세히 다루지 않을 생각이다. 그런 것을 알고 싶다면 다른 전기물을 보면 된다. 나는 그들의 그런 특징이 어떤 과정을 거쳐 형성되었든 강박적 집착과 강박적인 행동 그 자체에만 초점을 맞출 것이다.

마지막으로, 이런 리더들과 그들의 업적을 미화하다 보면 그들에게 정작 배워야 할 것들을 왜곡할 위험이 있다. 그러나 정반대의 유혹도 똑같이 문제가 있다는 것을 잊지 말아야 한다. 어떤 사람들은 이런 리더들의 실수나 너무 강해진 그들의 권력을 지나치게 부정적인 눈으로만 보려 한다. 베이조스나 머스크 그리고 잡스는 우리 세대에서 가장 큰 성공을 거둔 혁신적인 비즈니스 리더이고, 그렇기 때문에 마땅히 우리의 관심을 받을 자격이 있다. 그들은 커다란 위험을 감수했고 승산이 없는 일을 뚝심으로 밀어붙였다. 그들은 상징적인 제품을 만들고 우리의 일상과 일하는 방식을 바꾸었다. 하지만 이들은 예외 없이 중대한 실수를 했고, 그로 인해 정도의 차이만 있을 뿐 자신과 자신의 회사에 적지 않은 해를 끼쳤다. 이들은 엄청난 강점을 가졌지만 때로는 치명적인 약점을 드러내는 복잡한 인간의 모습을 보였다. 가끔씩 깜짝 놀라게 만드는 그들의 행동은 모순투성이여서 설명이 불가능하다. 그러니 그들에겐 모범적인 면은 물론 실수할 수 있는 특징 모두 있다고 생각하는 편이 좋다. 그런 강박적 집착의 본질과 그 영향을 탐구하여 그들의 생각과 경험으로부터 배울 점을 찾는 것이 이 책의 목적이다.

핵심 요약

▶ 경쟁이 치열한 세계에서 조직을 살려내고 성장시키려면 여러 형태의 강박적인 리더가 필요하다. 신제품이나 서비스로 기존의 판도를 흔들려고 한다면 특히 그렇다.

▶ 간단히 말해, 강박적 집착은 필요악이다. 그래서 받아들여야 하지만 조심스럽게 다루어야 한다.

2장

그릿을 넘어

집중력과 추진력

모든 위대한 업적 뒤에는
그보다 더 위대한 강박적 집착이 있다.

034 　ESPN(스포츠 프로그램을 주로 방영하는 미국의 글로벌 케이블 및 위성방송 TV 채널)은 매년 '스크립스 내셔널 스펠링 비Scripps National Spelling Bee' 결승전을 방송한다. 수백 명의 조숙한 천재 아이들은 외국어가 아닌가 싶을 만큼 낯설어 보이는 어려운 단어들의 철자를 맞춘다.[1] 참가자들은 가족과 낯선 청중으로 가득 찬 강당의 무대에 올라 TV 카메라의 눈부신 조명을 받으며 짧은 시간에 주어진 단어의 철자를 연속해서 정확하게 말해야 다음 라운드로 진출한다. 축구의 골든골sudden death처럼 철자 하나만 틀려도 탈락이다.

　펜실베이니아 대학교에서 성취도를 집중적으로 연구하여 맥아더 펠로십MacArthur Fellowship 상을 받은 심리학자 앤절라 더크워스Angela Duckworth는 철자 맞추기 대회를 자신이 하고 있는 연구의 토대가 되는, 자연적인 실험실로 보았다. 특히 그녀는 최고의 스펠러speller와 아주 좋은 스펠러의 차이가 무엇인지 밝혀내고자 했다.

연구 결과 더크워스가 알아낸 것은, 끝까지 남는 참가자들은 남들보다 그릿이 대단하다는 사실이었다. 여기서 그릿(투지, 근성, 끈기, 기개 등을 포괄하는 단어로 더크워스가 하나의 개념으로 정리했다-옮긴이)은 대회를 앞두고 실력을 향상시키는 데 온 힘을 쏟아붓는 의지력을 말한다. 당연하게 보이지만, 상위권에 들려면 언어지능이 뛰어나야 한다는 사실도 확인할 수 있었다. 그런데 지능은 그릿의 영향과 아무런 관련이 없었다. 다시 말해, 언어지능이나 그릿은 참가자의 성적에 각각 기여했다. 더크워스는 언어지능 수준이 특별히 뛰어나지 않은 참가자가 남보다 더 좋은 성적을 거두는 이유는 그릿에서 찾을 수밖에 없다고 결론지었다.[2]

그릿은 지난 몇 년 동안 성취도 연구에서 가장 많은 관심을 끈 주제다. 더크워스의 TED 강연을 본 사람은 1,900만 명이 넘었고, 그녀의 책은 베스트셀러가 되었다. 그녀의 주장을 지지하는 사람들은 장기적인 목표를 추구할 때 필요한 끈기에 목적의식이 덧붙여지면, 그것이 곧 그릿이라고 설명한다. 그릿이 성과에 미치는 영향에 관해서는 아직도 많은 논란이 이어지고 있지만,[3] 지지자들은 다양한 환경에서 성공을 도모할 때 그릿이 차지하는 역할을 특별히 강조한다. 그들은 혹독한 훈련에서 탈락하지 않으려고 애쓰는 사관생도부터 월별 판매 목표를 달성하려는 영업사원에 이르기까지 다양한 상황에서 그릿이 미치는 영향을 기록해 왔다. 무엇보다도 이들은 교육과 훈련을 통해 그릿을 키울 수 있다고 믿는다. 누구나 훈련한 만큼 그릿을 강화할 수 있고 그릿이 강해졌을 때의 혜택을 깨닫는다고 주장한다. 특히 더크워스는 자녀와 학생의 그릿을 길러주는 데 부모와 교육자들의 역할이 중요하다고 강조한다.[4]

그러나 강박적 집착은 그릿까지 넘어선다. 강박적으로 집착하는 사람은 더욱 야심찬 목표를 가지고 좀 더 특별한 집중력으로 더 집요하게 일을 추진한다. 제프 베이조스나 일론 머스크, 트래비스 캘러닉 등을 단순히 '그릿을 가진 리더'로 지칭하면 절반의 설명밖에 되지 않는다. 제프 베이조스는 전통적인 유통 방식에 도전하느라 25년이 넘는 세월을 보냈다. 그렇게 해서 그는 전 세계 모든 산업 분야에서 고객 경험의 수준을 크게 끌어올렸다. 일론 머스크는 환경에 미칠 예정된 재앙을 막기 위해 전기와 태양을 기반으로 하는 제품을 개발해 왔다. 오늘날 우버를 있게 한 트래비스 캘러닉은 전 세계 도시에서 사람과 제품을 한 지점에서 다른 지점으로 옮길 수 있는 더 좋은 방법을 찾는 데 강박적으로 집착했다. 강박적 집착은 단순히 장기적인 목표를 추구하는 개념이 아니다. 강박적 집착은 대담한 사업을 벌이는 데 필요한 비상한 집중력이자 지칠 줄 모르는 추진력이다. 그릿만 가지고 어마어마한 야망에 도전한다면 총격전에 칼만 가지고 달려드는 꼴이 된다.

강박적 집착이 그릿과 다른 이유는 또 있다. 앤절라 더크워스는 여러 학교에서 실시한 연구와 경험을 바탕으로, 그릿에는 별다른 단점이 없다고 결론지었다. 그녀는 이렇게 썼다.

나는 지금까지 그릿이 지나치게 많아 문제가 되었다는 사실을 보여주는 자료를 본 적이 없다. 사실 그릿이 아주 남다른 사람들은 대부분 크게 성공하거나 자신의 삶에 만족하는 사람들이다. 하지만 … 그렇다고 해서 '그릿이 과도하게 많아' 문제가 될 가능성까지 배제해야 한다는 뜻은 아니다. 말이 안 되는 프로젝트에 헛돈을 쓰고도 모자라 또 돈을 쏟아붓는 일도 얼마든지 있을 수 있다. … 하지만 이러한 문제들은 대부분 높은 차원의 목표에 이바지하는 하위 목표와 관련된 것이라고 생각한다.[5]

대부분의 경우 그릿은 많을수록 좋다. 반면 강박적 집착은 과하면 좋지 않다. 신체적, 정서적 건강이나 인간관계 혹은 업무관계에 악영향을 주기나 경우에 따라서는 경력에도 좋지 않은 결과를 가져올 수 있기 때문이다. 다시 말해, 강박적 집착이 심하면 회사나 팀의 성공에 도움이 안 되는 행동을 하기 쉽다. 강박적 집착이 심해서 한 가지 일에 너무 몰두하다 보면 다른 중요한 것들을 소홀히 하거나 희생시키게 된다. 일론 머스크의 첫 번째 아내인 저스틴 머스크는 일론처럼 집착이 심한 사람과 생활하고 일하는 것에 대해 이렇게 말했다. 그가 원하는 것을 똑같이 원한다면 흥미롭겠지만 사실 "그가 가진 것들은 대가를 치르고 얻은 겁니다. 일론이 치를 때도 있고 일론과 가까운 사람이 치를 때도 있죠. 어쨌든 누군가는 반드시 대가를 치러야 합니다."[6]

그릿을 넘어	
그릿	강박적 집착
목적 ➡	모든 것을 쏟아붓는 집중력
끈기 ➡	집요한 추진력
단점 없음 ➡	치러야 할 값비싼 대가

모든 것을 쏟아붓는 집중력

그릿의 첫 번째 요소인 목적은 강박적인 사람의 내면에서 증폭되므로 결국 그 사람의 '생각과 느낌은 좀처럼 떨어지지 않는 아이디어나 이미지 혹은 욕망의 지배를 받게 된다.'[7] 삶의 다른 면들은 배경으로 물러나 지엽적인 것이 되고 우선순위에서 밀려 주요 항목에서 배제된다. 이처럼 시야가 좁아지는 현상을 우리는 자신의 분야에서 정상에 오르려는 사람들에게서 흔히 볼 수 있다. 아마도 프로 운동선수들이 그 대표적인 사례일 것이다. 세계 정상급 선수들을 지도하는 한 트레이너는 이렇게 지적했다.

> 훌륭한 선수나 엘리트 기업가치고 다소 강박적이지 않은 경우를 본 적이 없습니다. 상위 1%에 속하는 정말 뛰어난 선수들은 실전이든 연습이든 완전히 몰입하는 편이죠. 그들은 일이나 가족, 대인관계, 심지어 자신의 건강보다 경기를 더 중요하게 생각해

워키사우르스

요. 탁월한 성적을 내기 위해서는 삶에서 가장 기본적인 부분도 서슴지 않고 희생해야 한다고 여깁니다.[8]

그는 강박적으로 집착하지 않으면서도 압도적인 성적을 내는 엘리트 선수들도 없지 않다고 말했지만, 그들은 어디까지나 예외적인 경우라고 단서를 붙였다. 경쟁이 치열한 분야에서 성공하려면 초점을 좁히는 능력이 필요하다. 스즈키 이치로鈴木—朗가 그런 경우다. 이치로는 일본의 역대 야구 선수 중 가장 뛰어난 선수 중 하나다.[9] 그는 단일 시즌 최다 안타 기록을 보유하고 있으며, 일본과 미국에서 뛴 기간을 합해 역대 어느 선수보다도 많은 통산 안타를 때렸다.[10] 이치로는 어렸을 때 정해놓은 일과를 선수생활 내내 철저히 지켰다. 처음에는 아버지가 지켜보는 가운데 스트레칭, 타격, 수비 연습을 매일, 매주, 매달 한 번도 거르지 않고 해냈다. 그는 이런 루틴을 28년간의 선수생활 내내 이어갔다. 깨어 있는 시간을 5분 단위로 쪼개 활용했고, 그런 시간표를 철저히 수행하여 경기력을 향상시켰다. 그를 취재한 한 기자는 그가 '생활에서 야구와 관련이 없는 것들은 모두 걷어냈다'고 썼다. '그는 1억 6,000만 달러라는 거금을 벌었지만 즐길 수는 없다. 쉴 시간도 있지만 쉴 수 없다. 그는 자유를 얻었지만 그것을 원하지 않는다.'[11]

프로 선수들의 생활을 기록했던 데이비드 포스터 월리스David Foster Wallace는 스포츠에서 두각을 나타내려면 '고도로 압축된 집중력'이 필요하다고 말했다.[12] 그러나 언론에서는 그들을 균형 잡힌 완벽한 인간으로 묘사하면서도 팬들이 좋아할 만한 인간적인 특징도 겸비한 인물로 그린다. 월리스는 이렇게 썼다.

> 프로 선수들에 대한 '밀착 취재'가 포괄적인 인간의 삶, 즉 스포츠 이외의 관심사나 활동, 혹은 가치관 등의 단서를 찾으려고 얼마나 열심인지 알아둘 필요가 있다. 우리는 명백한 사실, 즉 이런 열의가 대개의 경우 하나의 익살극이라는 사실을 외면한다. 그것이 익살극인 이유는 요즘 세상에서 최고의 선수가 되려면 어려서부터 한 가지 탁월한 분야에 모든 것을 쏟아부어야 하기 때문이다. 이는 사실 고행에 가까운 집중력이다. 인간적인 삶의 거의 모든 다른 특징들을 자신이 선택한 재능과 목표에 포섭하는 것이고, 어린아이처럼 아주 작은 세상에서 살기로 동의하는 것이다.[13]

물론 강박적인 행동이 프로 선수들에게만 국한된 것은 아니다. 코미디언 제리 사인펠드Jerry Seinfeld는 스탠드 업 코미디 공연을 매년 100회 이상 진행한다. 그는 예순다섯이 넘은 지금도 무대에 서고 있는데, 그의 순자산이 8억 달러로 추정되는 것을 감안하면, 재정적인 이유로 일을 하는 것 같진 않다. "나는 돈이 좋다." 그는 그렇게 말하지만 이 말을 꼭 덧붙인다. "돈 때문에 한 적은 한 번도 없다."[14] 사인펠드는 대부분의 시간을 대본을 쓰는 데 보낸다. 그렇게 쓴 대본을 조금이라도 더 웃기게 만들고자 고치고 또 고친다. 그의 어떤 라이벌은 대부분의 게으른 코미디언들에 비해 사인펠드는 헌신적인 장인이라며 감탄했다. 그는 뉴욕에 있는 그의 사무실에 몇 시간이고 혼자 앉아, 노란색 절취 노트에 대본을 썼다 지우고 또 썼다 지우기를 반복한다. 어떤 경우에는 조크 하나를 놓고 몇 년씩 생각하고 수정하는데, 이야기 흐름을 바꾸고 단어를 삽입하거나 삭제하고 청중 앞에서 말하는 방식을 바꾼다. 하긴 그의 인생 자체가 문제를 조금씩 계속 고쳐가며 원만하게 잘 조율해 놓은 하나의 조크다. 무엇보다도 그는 자신이 사람들을 웃기는 코미디언이라는 사실을 분명히 자각하고 있으며, 그래서 디테일을 중요하게 여긴다. 그는 현장 공연을 통해 자신의 향상된 모습을 확인하려고 하지만 간혹 청중이 20명도 안 될 때가 있다. 그래도 수정이 잘 되었는지 알아내려면 무대에 서봐야 한다. 그리고 늘 그렇듯 좀 더 다듬어야 할 부분은 계속 나온다. 사인펠드는 그런 생활 태도를 이렇게 설명했다. "순전히 강박적 집착 때문이다."[15]

재계를 보아도 집중력이 유별난 리더가 있다. 우리의 일상생활에 많은 영향을 미친 전기와 라디오 기술의 전설적인 발명가 니콜라 테슬라Nikola Tesla도 그런 사람이었다. 그는 오늘날 전 세계에서 사용되고 있는 파워그리드power grids의 기초가 되는 교류를 개발했으며, 다양한 장치와 가전제품에 들어가는 인덕션 모터 등 여러 분야에서 지대한 업적을 남겼다. 그는 발명가에게 가장 소중한 순간에 대해 이렇게 고백했다. "자신의 두뇌로 만든 어떤 창작품이 성공할 조짐을 보일 때처럼 인간을 전율케 하는 것은 없을 것이다. …

그런 감정에 사로잡히면 음식도 잠도 친구도 사랑도, 그야말로 모든 것을 잊게 된다."[16] 외곬으로 일에만 전념한 탓에 그는 건강과 인간관계와 재정적인 면에서 큰 대가를 치렀다. 악화된 건강과 경제적 궁핍에 시달리던 테슬라는 뉴욕의 한 호텔 방에서 외로이 숨을 거두었다.

집요한 추진력

그릿의 가장 중요한 특징은 끈기다. 강박적인 사람에게 끈기는 목표로 이끄는 추진력이다. 유망한 아이디어가 있고 집중력이 뛰어나도 추진력이 없으면 소비자가 좋아할 만한 제품이나 서비스를 내놓기 어렵다. 개럿 캠프Garrett Camp는 우버를 가능하게 한 스마트폰 앱을 만들었다. 그러나 우버를 하루 1,500만 명이 이용하는 지금의 회사로 만든 사람은 흔들리지 않는 추진력을 가진 트래비스 캘러닉이었다. 캠프가 캘러닉을 우버로 끌어들인 것은 그에게서 언제 닥칠지 모르는 힘겨운 장애물을 극복하는 데 필요한 야망과 끈기를 보았기 때문이었다. 우버의 성장을 견인하는 데 필요한 기질을 가진 사람은 캠프가 아닌 캘러닉이었던 것이다.

집요한 추진력은 고비마다 그 힘을 드러낸다. 우선 집요한 사람들은 다른 사람들보다 기준을 높게 책정한다. 그들은 좋은 정도로 만족하지 않는다. 전설적인 영화제작자 스탠리 큐브릭Stanley Kubrick

위키사우루스

은 어떤 영화를 제작하던 중에 사진작가를 불러 촬영 장소가 될 런던의 한 거리에 있는 모든 빌딩의 사진을 찍게 했다. 자신이 원하는 장면을 구현하기 위해선 그 사진들이 필요했다. 그의 스태프 중 한 명은 이렇게 회상했다.

> 결정적으로 원근법이 문제였다. 거리에 섰을 때의 눈높이에서 보면 건물들이 뒤로 기울진 것처럼 찍혀 건물들이 줄지어 서 있는 실제 모습을 재현할 수 없었다. 그래서 사진작가는 큰 사다리를 커머셜 로드로 가져가 3.5m 높이에 올라가서 첫 번째 건물을 찍은 다음, 다시 내려와 사다리를 옆 건물로 옮겨서 다음 사진을 찍었다. 짧지도 않은 길을 따라 그런 식으로 모든 건물의 사진을 찍었다. 양쪽 모두. 그러면서 작업하는 내내 감독으로부터 독촉 전화까지 받았으니 얼마나 정신이 없었겠는가.[17]

사업가들도 큐브릭 못지않게 막무가내다. 어떤 리더는 자신에게는 물론 직원에게 최고의 성과만을 요구한다. 스티브 잡스는 컴퓨터를 만들 때 디자인에 특히 집착했다. 외부는 물론 내부까지 말이다. 그는 초창기 애플 II 컴퓨터의 메인보드에 있는 부품 배열 방식이 도통 마음에 들지 않았다. 그런 배열이 컴퓨터 성능에 영향을 주는 것도 아니고 사용자들이 배열 방식에 관심을 가질 리도 없었음에도 그는 보드를 다시 만들게 했다.[18]

제프 베이조스는 아마존의 e-리더가 언제 어디서든 60초 이내에 책 한 권을 내려받을 수 있게 만들라고 지시했다. 그렇게 하려면 컴퓨터나 와이파이에 연결하지 않고도 인터넷에 접속할 수 있어야 했다. 우리는 요즘 킨들의 기능을 당연하게 여기고 있지만, 베이조스의 비전을 실현하기 위해서는 구매자들이 요금을 내지 않고도 책을 다운받을 수 있도록 통신사와 협상을 벌이는 등 직원들이 처리해야 할 일이 산더미였다.

일론 머스크는 불합리하고 때로는 도저히 실현 불가능한 목표를 제시하는 리더로 유명하다. 그는 사람들이 할 수 있다고 생각하는 것 이상을 해내라고 직원들을 닦아세운다. 스페이스X의 어떤 엔지니어는 이렇게 말했다. "어떨 땐 제정신이 아닌 것 같아요. … 나를 처음 봤을 때 그러더군요. 'TRW에서 엔진을 만들었다죠? 그때보다 비용을 얼마나 낮출 수 있습니까?' 그래서 내가 말했죠. '아마 3분의 1이면 될 것 같습니다.' 그랬더니 그러는 겁니다. '10분의 1로 낮추세요.' 정신이 나가지 않고서야 그런 요구를 할 수 없다고 생각했죠. 하지만 결국 그의 말대로 거의 됐어요."[19]

집요한 리더들은 경영에도 시시콜콜 관여한다. 고위 경영진들은 사소한 부분에 간섭하지 말고 실무자에게 일을 위임해야 한다는 것이 전문가들의 일반적인 주장이다. 하지만 강박적인 리더들은 세부적인 부분까지 들여다보고 그것을 처리하는 방식에서도 자신의 의지를 관철한다. 일론 머스크는 스페이스X 로켓의 설계와 제작에 적극 개입하고 있다. 그는 그 회사의 최고 경영자이자 최고 기술 책임자다. 그는 말했다. "나는 내 로켓을 속속들이 알고 있다. 외장재의 내열 처리 방식과 외장재가 달라지는 지점, 그 재료를 선택하는 이유와 용접 기술부터… 아주 사소한 부분에 이르기까지 줄줄이 다 말해줄 수 있다."[20] 잡스는 애플 제품의 미세한 부분까지 세심한 주의를 기울였고, 베이조스는 특히 초기에 회사 운영의 사소한 내용까지 집요하게 따지고 평가했다.

집요한 사람들의 또 다른 특성은 지략이다. 그들은 문제의 해결책을 찾는 능력이 남다르다. 베이조스는 그의 지략을 할아버지의 영향 덕분이라고 말했다. 그의 할아버지는 텍사스 샌안토니오 근처에 2만 5,000ac에 달하는 목장을 갖고 있었는데, 베이조스는 네 살부터 열여섯 살까지 매년 여름을 할아버지와 함께 보냈다. 그는 몇 년 뒤에 이렇게 썼다.

> 목장주나 시골에서 일하는 사람들은 무엇이든 혼자 하는 법을 배웁니다. 농사뿐 아니라 무슨 일을 하든 웬만한 일은 스스로 알아서 해야 하죠. 우리 할아버지는 소가 아플 때 수의사 노릇까지 하셨습니다. D-6 캐터필러 불도저가 고장 났을 때도 우리가 수리했어요. 불도저에는 꽤 큰 기어가 있는데 우리는 크레인을 만들어서 기어를 들어 올렸죠. 외딴곳에 사는 사람들에게 이 정도는 보통입니다.[21]

베이조스는 처음 해보는 일도 할아버지의 손에만 들어가면 반드시 해결된다고 믿었다. 두 사람은 함께 매뉴얼을 보고 트랙터 엔진을 재조립하면서 그 자리에서 구조를 배웠다. 베이조스는 아마존의 동료에게도 같은 종류의 지략을 기대한다. 예를 들어, 그는 아마존 물류센터의 책임자에게 고객들이 오후 7시에 주문을 해도 다음날 제품을 받을 수 있도록 조치하라고 다그쳤다. 책임자는 불가능하다고 했지만 베이조스는 고집을 꺾지 않았고, 결국 그 목표는 달성되었다. 당연한 일이지만, 아마존은 지략이 풍부한 경력자를 확보하기 위해 많은 노력을 기울이고 있다. 사원을 모집하는 심사과정에는 광범위한 평판조회reference check 과정이 포함되는데, 거기에는 이런 질문도 있다. "누구도 풀 수 없다고 생각하는 문제 중에 당신이 해결할 수 있는 문제를 하나 말해줄 수 있습니까?"

남다른 지략을 갖추려면 어려운 일에 따르는 불편함을 감수할 의지가 있어야 한다. 이런 정신자세는 '열정passion'이라는 단어의 옛 의미에 더 분명하게 드러난다. 몇몇 나라의 단어에는 지금도 그 의미가 또렷하게 남아 있다.

> 독일어로 열정에 해당하는 단어는 '라이덴샤프트Leidenschaft'인데, 말 그대로 하면 역경을 견디는 능력이다. 라이덴샤프트는 영어의 대응어처럼 뜨거운 색깔의 상투어가 아니며 장밋빛 단어는 더더욱 아니다. 게르만 문화에서는 어떤 것에 열정적이라고 말할 때 이를 즐기는 것으로 여기지 않는다. 라이덴샤프트는 그다지 기분 좋은 일이 아닌 줄 알면서도 그런 대가를 치를만하기 때문에 꾹 참고 하는 것을 뜻한다.[22]

일론 머스크는 이렇게 열정이란 단어의 부담스러운 옛 의미를 자신의 인격으로 체질화했다. 그의 스페이스X 팰컨SpaceX Falcon 로켓의 발사는 내리 세 번 실패했다. 한 번 더 실패한다면 잠재적 고객들이 그들의 능력을 의심하게 될 테고, 그렇게 되면 회사의 존립 여부가 위험해질 수밖에 없었다. 머스크는 네 번째마저 실패하게 돼도 지금처럼 낙관적인 태도를 유지할 수 있느냐는 질문에 이렇게 답했다. "낙관주의나 비관주의 따위는 다 개소리입니다. 우리는 반드시 해냅니다. 하나님이 나를 간절히 지켜보십니다. 내가 이 일에 얼마나 목을 매고 있는지."[23] 그의 말대로 다음 발사는 성공했고 스페이스X는 NASA로부터 16억 달러의 계약을 따냈다.[24]

포기하는 사람과 끈기 있게 매달리는 사람이 갈라지는 이유는 사람들마다 역경을 체험하는 방식이 다르기 때문이라고 한다. 스탠퍼드 대학교의 심리학 교수 캐럴 드웩Carol Dweck은 사람들이 어려운 문제를 대할 때의 반응을 연구했다. 그녀는 성인이나 아이들에게 난이도가 각기 다른 문제를 준 다음 난감한 문제를 끝까지 물고 늘어지는 사람의 특징을 분석했다. 드웩은 사람들이 문제를 풀다가 막힐 때 그 좌절을 해석하는 방식을 보면 앞으로의 행동을 예측할 수 있다고 말했다. 문제를 해결할 수 있다고 생각하는 사람들은 보통 끈기를 가지고 계속 매달린다. 그들은 좌절을 개인적으로 인정하지 않고 결함의 표시로 해석하지도 않는다. 이 사람들에게는 드웩이 말하는 '성장 마인드세트growth mind-set'가 있다. 그들은 어떤 좌절에서든 배울 것이 있다고 믿는다. 그래서 다른 사람들이 실패로 해석하는 경험을 했을 때 더욱 의욕을 불태우며 자신 있게 하던 일을 계속한다. 이와 달리 문제를 도중에 포기하는 사람들은 그들의 실패를 자신의 부족함의 결과로 본다.[25] 역경을 헤쳐 나가는 능력은 주로 도전을, 그중에서도 특히 좌절을 어떻게 보느냐에 따라 달라졌다.

치러야 할 값비싼 대가

앞에서 언급했듯이 강박적 집착은 위험을 초래한다는 점에서 그릿과 구별된다. 따라서 계속 주시하고 관리해야 하는 것이 강박적 집착이다. 그중에서도 몇 가지 함정은 특히 조심할 필요가 있다.

개인적인 번아웃

강박적인 사람은 신체적, 정신적, 감정적으로 탈진할 위험을 늘 안고 있다. 한 가지 목표에 올인하는 사람들은 그 때문에 건강도 가족도 사회생활도 희생한다. 그들은 한 가지에만 초점을 맞추기 때문에 다른 모든 것은 정작 중요한 일에 쏟아야 할 시간만 빼앗는 불필요한 것으로 간주한다. 일론 머스크는 일 때문에 치러야 하는 대가를 이렇게 표현했다. "회사를 만드는 일은 아이를 갖는 것과 같다. … 아이를 낳아놓고 먹을 것을 주지 않으면 어떻게 되겠는가?"[26] 테슬라의 '생산 지옥production hell' 기간 동안 그는 조립라인의 문제점을 해결하기 위해 공장 바닥에서 잠을 자곤 했다. 그는 재미있는 경험일 것 같아 그렇게 한 것이 아니라, '자식'이 큰 곤경에 처했기 때문이라고 말했다. 머스크는 심지어 평소보다 훨씬 더 오랜 시간 일했다. 몇 달 동안 계속 일주일에 120시간씩 일했다는 보도도 있었다. 그 때문에 그는 후에 건강과 가정생활에서 큰 대가를 치렀다고 말했다.

업무에 대한 열의의 본질을 파헤쳐 보면 강박적 집착의 단점을 어느 정도 설명할 수 있을 것 같다. 직장에서 매우 열심히 일하는 사람의 비율이 5명 중 3명이라고 밝힌 조사 결과도 있다.[27] 그 3명에 해당되는 사람들은 업무에 대한 뜨거운 관심, 새로운 기술을 배우려는 욕구, 목표를 위한 헌신 등 열심히 일할 때의 긍정적인 효과를 경험했다.[28] 그러나 그들 중에서도 열의가 유달리 강한 사람들은 전체 표본에서 5명 중 1명꼴이었는데 이들은 심각한 스트레스와 좌절감을 겪는 것으로 보고되었다. 그들의 열의에는 헌신의 여러 가지 긍정적인 면을 압도할 정도로 단점이 크게 부각되었다. 이런 사람들에게 일은 정신적, 육체적 건강을 해치는 고역이었다. 연구진은 이들을 '과몰입으로 인한 탈진자engaged-exhausted' 집단으로 분류했다. 그들은 자신의 일을 소중히 여기지만, 일을 열심히 하지 않는 사람들에 비해 다른 부서나 직장을 알아볼 가능성이 큰 것으로 조사되었다. 과몰입으로 인한 탈진자들을 불편하게 만든 요인을 분석한 연구진은 일 자체의 성격이 가장 중요한 원인이라는 사실을 알아냈다. 즉 일이라는 도전과 그것이 만들어 내는 스트레스가 탈진의 핵심 원인이었다. 연구진들은 업무의 난도가 높을수록 업무에서 회복할 기회를 많이 만들고 더욱 적극적인 지원을 해야 한다고 결론 내렸다.[29]

이뿐만이 아니다. '한 가지 생각, 한 가지 개념, 한 가지 목적밖에 모르는'[30] 사람들은 인간관계에서도 문제를 겪을 수 있다. 건강심리학과 관련하여 규모가 큰 두 남성 집단의 복지를 장기간 추적하여 비교한 유명한 연구가 있다.[31] 이 연구의 일차적인 결론은 인간관계가 육체적, 정서적 건강에 상당한 영향을 준다는 것이었다. 하지만 일에 너무 몰두하다 보면 가족이나 친구들과 좋은 관계를 유지하기 어렵다.[32]

이 책에서 다루게 될 리더들은 적어도 파트너 혹은 배우자와의 관계에서 심각한 문제들을 겪었다. 스티브 잡스는 첫째 딸의 양육비 문제로 딸의 어머니로부터 소송을 당해 법정에 섰다. 일론 머스크는 세 차례 이혼했고, 제프 베이조스도 오랜 기간 유지해 온 결혼을 끝냈다. 트래비스 캘러닉은 여러 차례 이성과 교제하긴 했지만 결혼은 하지 않았다. 물론 이들 리더만 그런 문제를 안고 사는 것은 아닐 것이다. 미국에서 성사되는 결혼 중 40~50%가 이혼으로 끝난다.[33] 그러나 이런 사례들을 통해 드러난 증거를 보면 일밖에 모르는 사람과 결혼했을 때 관계를 원만하게 유지하기가 얼마나 힘든지 어느 정도 짐작할 수 있을 것 같다. 머스크는 세 번째 이혼한 후 가진 최근의 인터뷰에서 여성을 만나고 싶지만 일과 자녀에게 들여야 할 시간도 모자라 그렇게 할 수 있을지 모르겠다고 토로했

다. 심지어 그는 기자에게 일주일에 10시간 정도면 되느냐고 되묻기도 했다.[34]

윤리적 와해

비범한 일을 해낼 수 있는 리더는 자신이 이룩한 업적을 망가뜨리는 데도 남다른 소질을 발휘한다. 그 과정에서 윤리적인 결함을 드러낼 때도 있다. 앤서니 레반도프스키Anthony Levandowski가 그랬다. 자율주행차 개발 분야의 선구자인 그는 사업적인 동기를 가지고 일을 시작했다. 이 기술을 맨 먼저 개발하는 회사에 수십억 달러의 수익이 들어올 테니까. 그러나 그에게는 이타적인 동기도 있었다. 자율주행차는 기존의 자동차보다 훨씬 안전하며 노약자나 장애인 같은 사람들에게 큰 편익을 제공하기 때문이다.[35]

레반도프스키가 자율주행차에 관심을 갖게 된 것은 대학 시절부터였는데, 그의 지도 교수는 레반도프스키를 "내가 20년 동안 만나본 학생 중 가장 창의적인 학생"으로 기억했다.[36] 구글에 입사한 그는 구글 스트리트 뷰Google Street View를 개발하고 구글 맵Google Maps의 성능을 향상시키는 데 핵심적인 역할을 했는데, 이 둘은 현재 매일 수백만의 사람들이 사용하고 있다. 레반도프스키는 그 후 회사의 지원으로 구글에서 자율주행차를 집중 연구했다. 구글의 고위층은 레반도프스키의 파격적인 사고 능력이면 혁신적인 아이디어를 실현할 수 있으리라 기대했다.

그의 연구 과정을 취재한 기자는 이렇게 지적했다. "프로젝트에 대한 그의 무모한 열정에 견줄 수 있는 것은 도전적 과제에 대한 그의 기술적 이해력과 그것들을 충족시키기 위해서라면 어떤 무리수도 마다하지 않겠다는 그의 의지뿐이었다."[37] 특히 레반도프스키는 목표를 이루기 위해서 구글의 관료주의 정책과 관행을 비롯한 여러 장애를 피하지 않고 정면으로 돌파했다. 실험용 자동차를 100대 넘게 사들일 때도 그랬다. 그는 정식 승인 절차도 밟지 않은 상태에서 차를 먼저 구입한 다음 회사에 비용을 청구했다. 그의 부서가 제출한 모든 지출 보고서를 합친 것보다 더 큰 액수였다. 그런데도 구글의 지도부는 레반도프스키가 다른 사람이 할 수 없는 일을 해낼 수 있을 거라 믿었기에 그와 같은 행동을 묵인했다. 구글이 광고 수익을 넘어 중요한 새로운 성장 흐름을 만들어 내기 위해서는 레반도프스키 같은 이가 필요하다고 믿는 사람들이 있었기에 가능한 일이었다.

레반도프스키를 전폭 지원한 대가는 금방 드러났다. 자신의 견해만 고집했던 그는 자율주행차 개발을 진전시키기 위해 필요한 일을 하는 고도로 생산적인 리더이거나, 그게 아니라면 오만하고 이기적이며 파렴치한 기회주의자일 터였다. 그의 동료 중 하나는 이렇게 말했다. "그는 그런 유형이었어요. 왜 있잖아요, 개자식. 하지만 재능은 정말 대단했어요. 붙들어야 할 개자식이었겠죠, 아마도."[38] 레반도프스키는 구글에서 맡은 역할과 별도로 자신이 개발한 기술을 팔기 위해 구글의 경쟁사와 협상을 시작했다. 나중에 그는 구글이 다른 회사에서 그의 기술을 사용하지 못하도록 막는 계약을 맺지 않았으므로, 자신의 행동은 어디까지나 합법적인 것이었다고 주장했다. 그의 동료들은 우려를 제기했지만, 구글의 고위층에서는 레반도프스키를 붙들어야 한다고 주장했다는 말이 돌았다. 결국 구글은 레반도프스키의 회사들에 자율주행차가 갖는 미래 가치의 일정 비율을 주기로 합의한 후, 그에게 1억 2,000만 달러를 지급하고 해당 회사들을 인수했다. 그러나 이러한 구글의 호의도 얼마 가지 못했다. 레반도프스키가 자율주행 트럭을 만드는 회사를 세우면서, 구글 직원들을 빼내고 있었기 때문이었다. 종내 구글은 레반도프스키를 해고했다.

레반도프스키가 새로 설립한 회사는 자율주행차 개발을 놓고 구글과 가장 치열한 경쟁을 벌이고 있던 우버가 인수했다. 그러자 구글은 자사의 지적재산을 훔쳤다며 레반도프스키와 우버를 고소했다. 레반도프스키가 구글 소유의 기밀 파일을 구글 서버에서 불법으로 복사해 가져갔다는 혐의였다. 우버와 구글은 결국 배상금으로 사건을 타결했지만, 우버는 레반도프스키가 법원이 요청한 증거를 넘기는 데 협조하지 않았다는 이유로 그를 해고했다(레반도프스키는 증거를 넘기지 않으려고 수정헌법 5조에서 보장한 그의 권리를 내세웠다). 레반도프스키의 위법 행위가 얼마나 심각한 것인지 그리고 구글이 법정에서 왜 그토록 거세게 그를 추궁했는지에 대해서는 아직도 여러 가지 설이 있다. 하지만 확실한 것은 레반도프스키가 자율주행차 개발 경쟁에서 이겨야 한다는 지나친 집착 때문에 자신의 성공을 퇴색시키고 결국 몰락을 자초했다는 사실이다. 그와 함께 일했던 사람들은 돈에 대한 욕심이 그를 망쳤다고 말했지만, 좀 더 넓게 보면 새로운 기술을 개발하고야 말겠다는 열정이 더 큰 동기였을 것이다. 그는 필요한 것을 만들어 낼 능력을 가진 비저너리였다. 하지만 그런 능력 탓에 사람들이 윤리적 또는 법적 경계라고 말하는 선을 넘고 말았다.

밀어붙이기

대담무쌍한 목표에 집중하는 리더들이 사람들을 평가할 때 특히 중요하게 여기는 부분이 있다. "저들이 내 목표를 달성하는 데 도움이 될까?" 그래서 필요한 결과를 내놓는 직원은 대접을 받지만 그렇지 못한 사람은 소외되거나 가혹한 대우를 받거나 해고된다. 장시간 근무, 무리한 요구, 높은 기준 등은 피로나 불만족, 이직 등으로 나타난다. 애플에서 오래 근무한 어떤 사람은 설립자의 기준으로 '유난히 탁월한' 실력을 입증하지 못할 경우 늘 불안에 떨어야 했다면서, 스티브 잡스의 팀원들은 자신의 능력을 매일 입증해야 했고 그렇지 못하면 해고를 각오해야 했다고 말했다.

"그의 밑에서 일하는 게 쉬운 일은 아니었습니다. 때때로 불쾌하고 늘 겁이 났지만, 그래도 그 때문에 우리는 우리 경력에서 가장 멋진 일을 해낼 수 있었죠."[39] 잡스가 애플에서 '모바일미MobileMe'라는 파일관리 서비스 개발 임무를 맡은 팀에게 호통을 친 일은 유명하다. 모바일미는 사용자가 클라우드에 파일을 연결하고 정리할 수 있게 해주는 서비스였다. 하지만 프로젝트는 제대로 진척되지 않았다. 몹시 화가 난 잡스는 팀원들을 모두 소집한 후 애플의 명성에 먹칠을 했다며 "서로를 실망시켰으니 서로 미워하세요"라고 소리를 질렀다. 그러고는 그 자리에서 팀장을 해임하고 다른 사람을 그 직급에 앉혔다.[40] 그의 전기 작가 월터 아이작슨Walter Isaacson은 잡스가 제품이나 사람에 대해 위대하지 않으면 한심한 수준으로 양분하는 극단적인 시각을 가졌다고 언급했다. 그럼에도 잡스를 남들처럼 좋게 봐서 말한다면, 이런 그의 언행들이 "마음이 여리고 다소 조급하며 때로 무뚝뚝했기" 때문이었을지 모른다고 덧붙였다.[41]

앞 장에서도 지적했지만, 제프 베이조스 역시 자신의 기대에 못 미치는 사람들을 모질게 대하는 것으로 유명하다. 어떤 비즈니스 전문지는 아마존의 상승세를 다루는 기사에 '아마존 제프 베이조스의 천재성과 강박적 집착과 잔인성'이라는 제목을 달았다.[42] 이 헤드라인의 내용을 액면 그대로 받아들이지 않는다 해도, 전·현 직원을 포함한 여러 사람의 말을 종합해 보면, 아마존이 일하기에 그리 녹록한 직장은 아니라는 것을 미루어 짐작할 수 있다. 베이조스는 사내 문화 풍조를 직접 정하고 최고의 실적을 내지 못하는 직원들에게 인내심을 보이지 않는다. 한 전기 작가는 자신을 실망시킨 사람들에게 그가 던졌다는 말을 다음과 같이 적었다. "이 문서는 B 팀이 작성한 게 분명하군. 누가 A 팀 서류 좀 갖다 줄래요? B 팀 문서에 시간을 낭비하고 싶지 않거든." "이런 질문에 답을 모른다니 어처구니가 없군." 또 있다. "게으른 거야, 아니면 그냥 무능한 거야?"[43] 아마존에서 근무했던 사람은 이렇게 말했다.

나는 열심히 했고 또 일도 재미있었어요. 하지만 솔직히 말해, 매일 아침마다 내가 해고되진 않을까 걱정했어요. 그래요, 거의 편집증 수준이었죠. 하지만 어떻게 보면 그래서 좋은 점도 있었던 것 같아요. 내 이력서가 계속 업데이트됐고, 매일 남들보다 뒤처지지 않으려고 기량을 닦았으니까요. 멍청한 소리를 했다가 승진하지 못할까 염려할 필요는 없었어요. 그랬다간 어차피 다음 날 아침에 잘렸을 테니까요.[44]

잡스나 머스크처럼 베이조스도 직원들에게 높은 기준을 강요한 뒤 사과하는 법이 없었다. 베이조스는 아마존의 문화에 대한 비판들이 대부분 사실과 다르고 부당하다고 생각한다. 그는 사람들이 자신들이 생각하는 것보다 아마존을 훨씬 더 가혹한 직장으로 그린다고 주장한다. 아마존이 업무의 강도는 높지만 문화만큼은 우호적이라는 것이다. 그는 어떤 기업의 문화가 모든 사람에게 맞을 수는 없는 노릇이며, 또 모든 기업이 그들의 문화를 모방해야 하는 것도 아니라고 강조한다. 아마존의 문화는 무언가를 개척하고 발명하려는 사람들에게 적합하고, 그의 말대로 어려운 목표를 위해 밤낮을 가리지 않고 열심히 그리고 스마트하게 일해야 한다는 사실을 받아들이는 사람들에게 어울린다면서.[45]

어떤 사람들은 이 같은 리더의 행동을 도가 넘은 강박적 충동으로 여긴다. 그러나 고객으로부터 높은 평가를 받는 혁신적인 제품을 만들기 위해서는 그런 과도한 요구가 필연적이라는 사람들도 있다. 저널리스트 샘 워커Sam Walker는 그의 저서 《캡틴 클래스The Captain Class》에서 징벌적 공격punishing aggression과 도구적 공격instrumental aggression을 구분해야 한다고 강조한다. 징벌적 공격은 다른 사람에게 상처를 주거나 망신을 주기 위한 행동이다. 이런 성향을 가진 사람들은 잔인해지기 위해 잔인한 행동을 한다. 이와 달리 도구적 공격은 현실과 이상의 간극을 좁히려는 의도에서 나온 행동이다. 이 경우 공격적인 행동은 생산적인 목적을 위한 수단일 뿐 누구를 해치려는 의도가 없다. 어디까지나 추측이긴 하지만, 이 책에서 소개하는 리더들의 행동은 두 번째, 즉 도구적 공격의 실제 사례로, 궁극적으로 다른 사람들에게 혜택을 주기 위한 목적에서 비롯되었다고 봐야 할 것이다. 물론 그렇게 생각한다고 해서 공격을 받는 사람의 마음이 편해질 리는 없겠지만, 적어도 리너들의 그런 행동을 이해하는 데는 도움이 될 것이다. 그렇다면 이들의 사례에서 드러난 리더들의 바람직하지 않은 행동 역시 평범함에 안주할 생각이 없는 탓에 나온 결과라고 봐야 한다.[46]

도구적 공격성을 채택하기로 한 리더들을 두 가지 사례로 생각해 보자. 매킨토시와 아이폰용 소프트웨어를 개발한 트리스탄 오티어너Tristan O'Tierney는 이렇게 말했다. "사람들이 일을 허술하게 했을 때는 솔직하게 그대로 말해야 한다. 모든 것이 좋다고 말한다고 좋은 제품이 만들어지는 것은 아니다."[47] 오티어니는 직원들에게 일반적인 조직이나 리더 들이 기대하는 것 이상의 결과를 요구한다. 심지어는 자신이 해낼 수 있다고 생각하는 것 이상으로 해내라고 다그친다. 첨단 분야에서 성공한 또 다른 기업가인 에런 레비Aaron Levie는 새로 직원이 들어오면 탁월함을 기대하는 회사에 들어온 것을 환영한다고 말한다. 그는 낮은 기준에 익숙한 사람들에게는 자극이 필요하다고 생각한다. "스티브 잡스에게서 배운 것이 있습니다. 직원들 스스로가 할 수 있다고 생각하는 것 이상으로 그들을 밀어붙여야 한다는 것이죠. 어떤 제품도 완벽하지 않은 상태로 문 밖에 내놓아서는 안 됩니다." 그리고 그는 한마디 덧붙였다. "하긴 직원들 쪽에서 보면 고래 싸움에 새우 등 터지는 기분이겠지만 말이죠."**48**

언젠가 빌 게이츠는 스티브 잡스를 흉내 내려는 사람들에게 경고한 적이 있다. 사람들을 관리하는 잡스의 방식은 특히 조심해야 한다면서,**49** 그의 바람직하지 않은 특징을 모방하기는 쉬워도 그가 아니면 할 수 없는 장점을 따라 하기는 어려울 것이라고 따끔하게 지적했다. 게이츠는 인재를 알아보고 그들에게 동기를 부여하는 측면에서 잡스만한 능력을 가진 리더를 본 적이 없다고 말했다. 잡스는 자신의 비전을 실현하기 위해 직원들에게 열성을 불어넣는 마법의 소유자라고도 했다. 그래서 그만한 재능이 없는 사람들, 즉 평범한 사람들이 함부로 잡스의 리더십을 흉내 내다가는 잡스의 '나쁜 점'만 따라 하게 될 것이라고 경고했다.

무언가 비범한 것을 만들려다가 넘어서는 안 되는 선을 넘는 리더들이 있다. 리눅스Linux 운영체제를 만든 리누스 토르발스Linus Torvalds는 최고의 운영체제 개발에 강한 집착을 보였다. 그는 팀에 '갈

등 규약Code of Conflict'이라는 것을 마련해 놓았다. 프로그래머들의 기여도를 극대화하기 위한 수단이었다.

리눅스 커널 개발은 '전통적인' 소프트웨어 개발 방식에 비해 매우 개인적인 프로세스다. 여러분의 코드와 그 배경이 되는 아이디어는 세심하게 검토되기 때문에 자주 비판과 비난의 대상이 될 것이다. 따라서 반드시 코드를 개선한 다음에 커널에 포함시켜야 한다. 그렇게 하는 이유는 관련된 모든 사람이 리눅스의 전반적인 성공에 필요한 가능한 한 최고의 솔루션을 보려 하기 때문이라는 사실을 명심하길 바란다.[50]

문제는 토르발스가 자신의 기대에 미지지 못하는 사람들에게 솔직한 정도가 아니라 모욕에 가까운 언행을 일삼았다는 점이었다. 몇 년 동안 그는 직원들에게 노골적이고 경멸적인 이메일을 수백 통이나 보냈다. 그는 실적이 저조한 어떤 프로그래머에게 이렇게 썼다. "이제 자살이라도 하지 그래요. 그러면 세상이 한결 나아질 텐데."[51] 이메일이 공개되자 토르발스는 리눅스로 만든 것에 대해서는 자부심을 갖지만 동료들과 소통하는 방식은 자랑할 만한 것이 못 된다고 둘러댔다. 그러면서도 변명을 빠뜨리지 않았다. 최소한 그런 방식이 어느 정도는 리눅스의 성공에 도움이 되었다고. 그는 모질다 싶을 만큼 정직한 태도가 더 나은 제품을 만드는 데 꼭 필요하다고 믿었다. 실적 부진으로 인한 비용이 너무 크기 때문에 예의를 갖추거나 정치적으로 정도를 지킬 여유가 없다는 것이다. 최근에 토르발스는 자신이 너무 과했다는 사실을 인정하면서 CEO 직책을 내려놓고 잠깐 휴식기를 갖겠다고 했다. 그는 '행동을 다르게 하는 요령과 툴링, 워크플로에서 몇 가지 문제를 해결할 수 있는 방법'에 관해 코치를 받고 있다.[52] 그가 제시한 갈등 규약은 구성원 모두가 서로에게 '탁월한' 존재가 되는 안전한 근무환경을 강조하는 '행동 규약Code of Conduct'으로 바뀌었다.

조절 실패

기업이 이룬 중요한 성과는 대부분 작은 규모의 집단이 집중적으로 협력하여 얻어낸 결과물이다. 앞 장에서 지적한 바와 같이, 올인해야 하는 주체는 리더 개인뿐 아니라 팀도 해당된다. 리더가 강박적이다 보면 인간관계나 감정 처리에 문제를 일으켜, 우수한 인재를 유치하고 그들에게 동기를 부여하고 팀을 유지하기가 어려워진다. 사실 강박적 집착은 조절하기 어렵다. 예를 하나 들어보자. 여기 강박적 집착이 심해 팀원뿐 아니라 외부 거래처의 일까지 시시콜콜 간섭하다가 문제를 일으키는 팀장이 있다. 그는 최고의 제품을 생산하는 데 너무 집착한 나머지, 팀원들이 기대에 미치지 못하는 결과를 내놓으면 이를 참지 못하고 자기 마음대로 다른 사람을 시켜 일을 끝내버린다. 그의 팀과 외부 거래처는 그의 일 처리 방식에 불만을 품고 그 팀장의 상사에게 부정적인 피드백을 전달한다. 상사는 그런 식으로 일을 처리하면 프로젝트를 원만하게 끝낼 수 없으니 관리 방식을 바꾸는 것이 좋겠다고 팀장에게 조언한다. 그럼에도 그가 팀의 핵심 멤버들과 계속 갈등을 일으키자 그의 상사는 더는 설득할 수 없다고 판단하여 결국 그를 해고한다.

아이러니한 일이지만 그 팀장은 최상의 결과를 만들기 위해 누구보다 헌신적으로 일했다. 하지만 그가 열과 정성을 쏟을수록 팀원들과의 마찰은 더욱 심해졌고 따라서 일의 효율이 떨어졌다. 그의 회사는 팀 기반의 협업을 중시했기에 그의 리더십 스타일은 기업 문화에 많은 문제를 일으켰다. 그는 자신이 남들보다 똑똑하다고 생각했고 다른 사람의 단점을 견디지 못했다. 그는 주변 사람들의 부족한 지능과 열의 때문에 자신이 무엇보다도 소중하게 여기는 목표를 성취하기 어렵다고 생각했다. 종내 그는 자신에게 도움이 되는 사람들로부터 소외당했다.

이 책에서 소개하는 리더들이 자신의 강박적 집착을 조절하는 능력은 제각각이다. 제프 베이조스와 스티브 잡스는 사람들을 거칠게 다루었지만, 그들에게서 충성심을 끌어내어 매우 재능 있는 팀을 만드는 능력이 있었다. 반면 일론 머스크의 테슬라는 이직률이 높고 특히 제조 부문의 인력이 허약해 많은 어려움을 겪었다.[53] 하지만 세계 최고의 민간 우주 탐사 기업으로 발돋움한 스페이스X에서 그는 테슬라와 다르게 강팀을 꾸릴 수 있었다. 머스크가 테슬라에서도 같은 성과를 올릴 수 있을지는 몇 년을 더 지켜봐야 할 것 같다. 이들 다음으로 소개할 또 다른 리더인 트래비스 캘러닉도 우버에서 강박적 집착을 조절하지 못해 어려움을 겪었다. 우버는 적어도 필수적인 기능 부문에서 심각한 인재난으로 고전했다. 그의 팀은 회사를 폭발적으로 성장시켰지만 지도부는 그런 문제를 무시하거나 제대로 관리하지 못했다. 게다가 우버는 캘러닉이 물러나기 이미 몇 년 전부터 상당수의 고위직 인사들이 사임하거나 해고되어 회사를 떠났다. 캘러닉의 뒤를 이어 CEO를 맡은 그의 후임자는 캘러닉이 회사의 지도부를 건실하게 꾸려놓지 못한 상태로 떠났기에 거의 원점에서 재건해야 했다. 캘러닉이 CEO 자리를 내놓게 된 데는 여러 가지 원인이 있었지만, 어쨌든 강박적 집착을 효과적으로 조절하지 못하면 장기적인 관점에서 실패할 확률이 높다는 것을 그는 스스로 입증해 보였다.

터널 시야

강박적 집착이 심한 리더들이 앞에서 지적한 함정에 쉽게 빠지는 근본 원인은 인지심리학자들이 말하는 '터널 시야tunnel vision'를 벗어나지 못하기 때문이다. 리더는 오로지 목표를 달성하는 데만 초점을 맞춘다. 터널 시야를 갖게 되면 한 가지만 보고 다른 중요한 요소들을 무시한다. 인지기능을 연구하는 엘다 샤퍼Eldar Shafir와 센딜 멀레이너선Sendhil Mullainathan 두 교수는 필요한 것이 부족할 때 터널링 현상이 나타난다고 지적한다.[54] 그는 제2차 세계대전이 끝날 무렵 기아의 영향을 연구한 결과를 일부 참고하여 이 같은 결론을 내렸다. 당시 유럽은 심각한 식량 부족에 시달리고 있었기에, 연구원들은 식량 부족의 영향을 분석하면 사람들의 건강을 회복시킬 방법을 알아낼 수 있으리라 판단했다. 이를 위해 그들은 양심적 병역거부자 36명을 미네소타 대학교의 실험에 참가시켰다. 지원자들은 6개월 동안 식사량을 크게 줄이는 식이요법에 참여했다. 시간이 지나면서 그들의 평균 체중은 25% 정도 줄었다. 그런데 연구진은 참가자들이 갈수록 음식밖에 생각하지 않는다는 사실을 확인할 수 있었다. 몸을 지탱하는 데 필요한 영양소가 부족해지자, 먹는 것 외에 다른 모든 것들은 그들의 관심 밖으로 밀려났다. 연구진은 참가자들이 고통을 피하기 위해 일부러 음식 생각을 하지 않으리라 예상했지만, 결과는 그 반대였다. 그들의 머릿속은 온통 먹는 생각뿐이었다. 연구진은 이렇게 썼다.

> 허기가 심해지자 그들은 먹는 생각만 했다. 다들 먹지 못하게 되면 마음이 산만해지고 정신이 분산될 것으로 생각할 것이다. 하지만 사실 … 그들의 대화 주제는 대부분 음식과 관련된 것으로 좁혀졌다. 그것은 일종의 희비극이었다. 그들 중에는 식당을 운영할 생각을 하는 사람이 있는가 하면 조리법을 외우는 사람도 있었다. 이런저런 신문에 나온 식품 가격을 비교하기도 했다. 그것이 그들이 하는 일의 전부였다. 오로지 그들의 눈에는 음식과 관련된 것만 보였다.[55]

두 교수는 기아 실험에 참여한 사람들이 확실하게 보여준 터널 시야 효과는 다른 생활 영역에서도 나타날 수 있다고 말한다. 예를 들어, 과제를 수행할 시간이 모자란다고 생각할 때도 터널 효과가 나타난다. 이 책에서 소개하는 리더들은 비범한 제품이나 서비스를 만드는 데 필요한 시간과 재능에서 늘 '결핍'을 실감한다. 물론 터널 시야가 나쁜 것만은 아니다. 초점을 좁히는 능력은 언제 닥칠지 모르는 도전과 요구사항을 처리할 때 유익하다. 이는 샤퍼와 멀레이너선이 말하는 '집중 배당금focus dividend'으로 이어진다.[56]

그러나 집중하려면 목표와 무관한 것에 관심을 두지 말아야 한다. 그래야 적절치 않은 정보와 불필요한 요구사항에 귀중한 시간과 에너지를 빼앗기지 않는다. "한 가지에 집중한다는 것은 다른 것을 무시한다는 뜻이다." 왜냐하면 "집중하는 힘은 곧 다른 것들을 차단하는 힘이기 때문이다."[57] 하지만 초점을 너무 좁히다 보면 다른 중요한 요인까지 놓치기 쉽다. 그렇게 되면 집중력은 장점이 아니라 단점이 된다. 두 교수가 공동 저술한 《결핍의 경제학Scarcity》에는 터널링이 문제가 된 사례로 순직한 어느 소방관의 이야기를 소개한다. 그 소방관은 흔히 예상하는 것처럼 화재를 진압하다 순직하지 않았다. 그는 화재 현장으로 가던 중 소방차에서 떨어져 사망했다. 그는 불타는 건물로 들어갔을 때 마주치게 될 상황을 골똘히 생각하느라 안전벨트를 매는 것을 잊고 말았다. 그는 가장 중요하다고 여긴 것만 생각하다가 당연히 주의를 기울여야 할 또 다른 중요한 사항을 무시했다.[58]

딜레마

강박적 집착에 이와 같은 단점들이 있는데도 조직이나 리더는 구성원에게 왜 그렇게 그릿 이상의 것을 요구하는 것일까? 가장 간단한 이유는 그릿 정도로는 해결하기 힘들 만큼 무서운 집중력과 추진력이 필요한 도전적인 과제가 있기 때문이다. 조직은 강박적 집착에 사로잡힌 사람들의 '일 우선' 주의로 이득을 얻는다. 따라서 경우에 따라 그들의 그런 정신을 이용하기도 한다. 덕분에 강박적으로 집착하는 사람들은 가장 중요한 일에만 매달릴 수 있다. 전기 자동차를 대량 생산하여 탄소 소비를 줄이고 싶다면, 차고에서 자동차 몇 대를 만드는 식으로는 목적을 달성할 수 없고 전기자동차를 수십만 대 생산하는 회사에 들어가 일해야 한다. 우주여행에 미련을 버리지 못한 사람이 소형 로켓을 직접 만들어 발사할 수는 있다. 하지만 그렇게 해서는 국제우주정거장에 도달하거나 화성에 사람을 이주시키는 데 아무런 보탬이 되지 않는다. 아무리 좋아서 하는 일이라고 해도 과제를 제대로 수행하려면 테슬라나 스페이스X 같은 회사에서 일해야 한다. 이러한 현실적인 이유로, 강박적 집착에 사로잡힌 개인이나 조직은 각자 자신이 원하는 것을 얻기 위해 가능한 한 솔직하게 터놓고 서로를 이용한다.

강박적 집착에 사로잡힌 사람을 원하는 조직을 탓할 수는 없다. 그들은 집중력과 추진력이 유별나게 심한 사람들을 고용하고 그에 맞는 보수를 준다. 그러나 현실에서는 문제가 그렇게 간단하지 않다. 앞으로 다루겠지만, 강박적 집착은 파괴력이 매우 강해 시간이 갈수록 여러 가지 문제를 일으킨다. 어떤 사람들은 비생산적인 갈등과 스트레스를 조장하여 대단한 실적을 낼 수 있는 조직이나 팀의 역량을 약화시키기도 한다.[59]

테슬라가 생산과 재정 문제로 곤란을 겪고 있을 때, 머스크는 모델3 세단의 생산량을 늘리기 위해 직원들을 거세게 다그쳤다. 그는 또한 트위터에 올린 글의 적법성을 놓고 증권거래위원회SEC와 설전을 벌여 테슬라 주주들을 당황하게 만들었다. 머스크는 충동적이고 자기 파괴적인 행동으로 자신의 신뢰도는 물론 회사의 사기에 치명타를 입히는 데 남다른 소질을 가지고 있는 것 같다. 일론 머스크가 없었다면 적어도 지금 운영되고 있는 규모의 테슬라는 없을 것이다. 하지만 머스크 때문에 테슬라가 그 이상 앞으로 나아가지 못한다는 주장 역시 마냥 부인할 수 없다. 그는 강박적 집착에 사로잡힌 사람들과 그들의 조직이 직면하고 있는 핵심적인 딜레마를 직접 적나라하게 보여준다. 강박적 집착을 가진 사람들은 꼭 필요하면서도 언제 독을 뿜을지 모르는 아슬아슬한 존재들이다.

강박적인 성격은 좋을 수도 있고 나쁠 수도 있기에 결국 그들에 관한 설명도 지나치게 단순히 양분되기 쉽다. 긍정적으로 묘사하면, 이들은 목표를 이루기 위해 평생을 바쳐왔으며 역경 속에서도 끈기 있게 버티는 사람들이다. 부정적으로 보자면, 이들은 이기기 위해 수단과 방법을 가리지 않으며 그래서 자기 파괴적이고 비사교적인 행동을 일삼는 부류다. 리더 당사자들도 다른 사람에게 좋은 인상을 주려고 애쓰다가 오히려 잘못 알려진 대중적 이미지를 더욱 왜곡시키곤 한다. 그들은 자신의 특정 성격을 미화하고 강조하면서 자신에게 유리한 이야기를 수시로 들먹여 특정 이미지를 심으려 한다. 예를 들어, 제프 베이조스는 아마존 초창기에 동료들과 주문받은 책을 포장할 때의 일화를 자주 입에 올린다.

> 바닥에 꿇어앉아 책을 포장하다가, 나는 옆에 있는 소프트웨어 엔지니어에게 말했다. "우리에게 당장 필요한 게 뭔지 알아? 무릎 패드야." 그러자 그는 세상 둘도 없는 바보를 보듯 나를 물끄러미 쳐다보며 말했다. "제프, 우리가 구해야 할 건 포장용 탁자예요." 다음 날 나는 탁자를 구입했고, 생산성은 2배로 올랐다.[60]

베이조스는 아마존의 대중적 이미지에 무척이나 신경 썼다. 사실 베이조스는 물론 스티브 잡스나 일론 머스크 같은 리더들을 자기 잇속만 차리고 자기도취에 젖은 부류로만 보는 시각에는 문제가 있다. 적어도 생산적인 측면에서 보자면, 리더십의 강박적 집착은 자기 자신이 아닌 다른 어떤 것에 대한 투자다. 그리고 그것은 다른 사람에게 이익을 주는 제품이나 서비스일 때가 많다. 강박적 집착을 가진 사람들은 회사에 좋지 않은 영향을 끼치지 않는 한 남들이 자신을 어떻게 생각하든 상관하지 않는다. 이와는 대조적으로, 나르시시스트들은 남들의 시선에 매우 민감하다.

테크놀로지 전문기자인 캐런 스위셔Karen Swisher는 큰 소리로 웃음을 터트리는 제프 베이조스의 특이한 버릇 때문에 그를 아주 천하태평인 리더로 착각하는 경우가 많다고 말한다. 그녀는 베이조스가 보기와 달리 강인하고 추진력이 대단한 리더라고 말하면서, 그는 사람들이 자신을 어떻게 생각하든 상관하지 않는다며 이렇게 썼다. "기술 분야의 사람들은 대부분 남들에게 좋은 인상을 주려 한다. 제프는 예외다."[61] 짐작이긴 하지만, 베이조스가 자신의 이미지에 관심을 가질 때는 사람들이 그의 회사의 제품과 서비스를 구매하려는 의지에 영향을 미칠 경우에 한해서다. 즉 그는 사회에서 아마존이 차지하는 위치에 도움이 되는 정도로만 자신의 이미지를 관리한다. 방금 소개한 포장 이야기 속의 베이조스는 겸손하고 자신을 낮출 줄 아는 억만장자의 모습이다. 이런 일화를 들으면 대중은 베이조스와 그의 회사에 대해 더 좋은 인상을 갖게 될 것이다. 하지만 베이조스가 남들에게 칭찬받기 위해 그런 말을 했다고만 볼 필요는 없다. 그는 오히려 혁신적인 아이디어를 추구하려면 인기에 연연하지 말아야 한다고 말한다. 해당 분야에 충격을 주는 혁신적인 아이디어는 기존의 방식에서 혜택을 입고 있는 사람들에게 오해를 불러일으키거나 두려움을 유발하기 때문이다.

강박적 집착은 나르시시즘과 다르지만, 실제로 위대한 리더들은 대부분 긍정적인 자질과 부정적인 자질을 모두 가지고 있다. 그래서 니콜라 테슬라는 "우리의 미덕과 실패는 힘과 질량처럼 불가분의 관계에 있다"라고 했다.[62] 이는 페이스북을 만들 당시 마크 저커버그Mark Zuckerberg의 행동을 보아도 알 수 있다. 하버드 대학교 재학 시절, 저커버그는 2명의 동료 학생과 함께 소셜 미디어 웹사이트를 만들었다. 하지만 저커버그는 그들 몰래 따로 사이트를 개발했고, 그것이 결국 페이스북이 되었다. 그렇게 한 이유에 대해서는 설명이 엇갈린다. 어떤 이들은 서둘러 아이디어를 시장에 내놓아야 독자적 운영의 혜택을 누릴 수 있기 때문이었다고 주장하고, 또 다른 이들은 오로지 자기 잇속만 생각한 이기심의 발로였다고 말한다. 몇 년 뒤, 그의 파트너들은 소송을 제기하면서 저커버그가 그들의 소셜 네트워킹 아이디어와 소프트웨어 일부를 도용했다고 주장했다. 이 사건은 저커버그가 6,500만 달러에 합의하면서 마무리된 것으로 알려졌는데, 페이스북 입장에서는 큰돈이 아니었지만 업계 관행으로는 조금 많다고 수군거릴 만한 액수였다.[63] 그럼에도 불구하고 페이스북을 세계에서 가장 뛰어난 소셜 미디어 회사로 만든 사람은 그를 고발한 파트너가 아니라 저커버그라는 사실을 잊지 말아야 한다.[64] 저커버그는 그만의 독특한 집중력과 끈질긴 추진력으로 최고의 회사를 세웠고, 그러는 사이 윤리의식에 의문을 품게 만드는 행동도 저질렀다.

저커버그만 그런 것은 아니다. 빌 게이츠 역시 자신이 원하는 것을 얻기 위해서라면 싸움을 사양하지 않는 것으로 유명하다. 마이크로소프트 공동 창업자인 폴 앨런Paul Allen은 시애틀에서 보낸 십 대 시절부터 게이츠와 긴밀히 협력해 왔다. 앨런은 이제는 자신보다 훨씬 더 유명해진 파트너를 두고 이렇게 말했다. "빌 게이츠에 관해서라면 먼저 세 가지를 말할 수 있습니다. 그는 정말 똑똑했어요. 그리고 정말 지기 싫어했죠. 그는 자신이 얼마나 똑똑한지 보여

주려고 했어요. 그리고 그는 정말, 정말 끈질겼습니다."[65] 게이츠와
함께 회사를 차린 지 몇 년이 지났을 때, 앨런은 자신이 호지킨 림
프종Hodgkin lymphoma(혈액암으로 불리는 악성 림프종)에 걸렸다는 사실
을 알게 되었다. 치료를 받은 뒤 업무에 복귀했지만 아무래도 컨디
션이 예전 같지 않았다. 앨런은 그의 전기에서 게이츠와 CEO인
스티브 발머Steve Ballmer가 자신의 떨어진 업무 능력을 두고 의논하
는 얘기를 우연히 들었다고 적었다. 두 사람은 자신의 마이크로소
프트 주식 지분율을 줄이기 위해 자신들과 다른 주주들에게 스톡
옵션을 발행할 궁리를 하고 있었다! 화가 난 앨런은 그들의 면전에
대고 소리쳤다. "어떻게 이럴 수 있어? 이제야 본색을 드러내는
군."[66] 발머와 게이츠는 앨런에게 급히 사과하며 방금 말한 계획을

실행에 옮기지 않겠다고 약속했다. 그러나 앨런은 얼마 가지 않아
마이크로소프트를 그만두었다.

지금 빌 게이츠는 마이크로소프트의 성공뿐 아니라 세계적인
자선 활동으로 많은 존경을 받고 있다. 그는 그의 부와 재능을 세계
의 가난과 질병을 줄이는 데 사용한다. 앨런의 말을 그대로 받아들
이면, 인류의 복지를 위해 헌신하는 게이츠는 언제라도 가까운 친
구이자 공동 창업자의 뒤통수를 칠 수 있는 사람이다. 이런 일화를
소개하는 건 빌 게이츠를 비하하기 위해서가 아니다. 그가 사람들
에게 알려진 이미지보다 실제로는 더 복잡한 성격의 인격체라는
사실을 말하고 싶어서다. 이 책에서 소개하는 다른 리더들도 마찬
가지이지만, 비범한 일을 해낸 사람이라고 해서 흠이 없는 것은 아

니다. 그들의 위대함에는 언제나 예측 가능한 결함이 동반된다. 강박적인 사람들은 특히 그렇다. 따라서 그들의 강박적 집착의 효과를 극대화하기 위해서는 그 혜택을 파악하고 소중히 여기는 것과 동시에 그것의 문제점 또한 똑똑히 인식해야 한다.

핵심 요약

▶ 강박적 집착은 모든 것을 쏟아붓는 집중력과 끈질긴 추진력으로, 대담무쌍한 목표를 이루는 데 빠져서는 안 될 요소다. 그릿의 극단적인 형태가 강박적 집착이다.

▶ 강박적 집착은 그릿과 다르게, 감시하고 관리하지 않을 경우 값비싼 대가를 치러야 한다는 단점이 있다.

▶ 강박적 집착의 잠재력을 실현시키려면 자각과 자기 규제가 필요하다. 목표를 이루겠다고 막무가내로 밀어붙이면 자각은 물론 자기 규제도 어려워진다.

▶ 강박적 집착은 또한 능숙한 관리, 잘 설계된 견제와 균형 등 조직 차원의 효과적인 대응이 필요하다.

WORKA-
SAURUS

강박적으로
집착하는 리더들

3장

고객 최우선주의

제프 베이조스와 아마존

중요한 단 한 가지가 있다면,
집요할 정도로 고객에게 집중하는 것이다.

제프 베이조스1

076 놀라운 사실이 있다. 온라인 쇼핑을 하는 미국인들의 92%가 아마
존을 이용한다는 것이다.2 어떤 고객은 아마존의 매력을 이렇게 말
한다. "원하는 물건을 구하는 방법은 두 가지다. 밤 9시에 아마존에
들어가 주문한 후 이틀 뒤에 물건을 받거나, 주말까지 기다렸다가
가족 모두를 차에 태우고 쇼핑을 나가면서 찾는 물건이 거기에 제
발 있기를 바라거나."3 아마존은 마찰 없는friction-free 방식으로 고
객이 원하는 것을 제공하는 '지구상에서 가장 편리한 상점'이다.4
아마존은 사람들에게 가장 소중한 것을 절약해 준다. 바로, 시간이
다. 한 비즈니스 전문가는 아마존을 자연독점으로 규정한다. 아마
존은 그 규모와 도달 범위 때문이 아니라, 고객이 무엇을 중요하게
여기는지 판단하여 그들의 기대를 앞질러 충족시키는 능력에서 경

쟁사들을 크게 압도하기 때문이다.[5]

이제는 언제 어디서나 아마존을 접할 수 있기 때문인지 우리는 그들이 한때 취약하고 보잘것없는 스타트업이었다는 사실을 종종 잊는다. 제프 베이조스가 도전한 상대는 반스앤노블이었다. 반스앤노블은 당시 도서 판매의 선두주자로, 수백 개의 매장과 수천 명의 직원을 거느리고 25억 달러에 가까운 수익을 올리고 있던 골리앗이었다.[6] 이에 반해 아마존이 내세운 것은 1,600만 달러의 매출과 직원 125명이 전부였다.[7] 그러나 반스앤노블은 시애틀에서 막 둥지를 튼 이 경쟁자를 의식하지 않을 수 없었다. 베이조스는 갈수록 언론의 주목을 많이 받았고, 얼마 가지 않아 〈타임TIME〉 지가 선정한 '올해의 인물'로 표지를 장식했다.

반스앤노블은 아마존과 손을 잡고 공동 웹사이드를 만들어 온라인에서 책을 팔려고 했다. 아마존 이사회의 한 임원은 협상하기 위해 두 회사의 리더가 만났던 일을 회상하면서, 반스앤노블의 리더가 베이조스에게 친구가 되거나 적이 되거나 둘 중 하나를 선택하라고 했다고 전했다. 그 임원은 나중에 이렇게 평했다. "정말 우호적인 저녁 식사였다. 협박만 뺀다면."[8] 베이조스는 자신의 능력을 믿었기에 파트너십 제의를 거부하고 독립 기업으로 밀고 나갔다. 반스앤노블은 아마존을 무너뜨리기 위해 서둘러 웹사이트를 개설했다. 한 애널리스트는 투자자들에게 반스앤노블이 온라인 도서 판매에 초점을 맞추기 시작한 이상 아마존의 심판 날이 멀지 않았다고 경고하면서, 아마존닷컴은 얼마 안 가 아마존닷토스트Amazon.toast가 될 것이라고 예견했다.[9]

하지만 베이조스는 직원들을 불러 모은 다음 긴장해야 할 이유는 많지만, 반스앤노블은 신경 쓰지 않아도 된다고 말했다.

> 반스앤노블이 우리보다 훨씬 더 많은 자원을 가지고 있는 건 사실입니다. 하지만 그 점에 대해서는 심각하게 생각할 것 없습니다. 맞아요, 우리는 매일 아침 겁에 잔뜩 질려 시트를 땀으로 흠뻑 적시며 일어나야 합니다. 하지만 경쟁사들이 무서워서가 아닙니다. 고객을 무서워하세요. 돈을 가진 사람들은 그들이니까. 경쟁사들은 절대로 우리에게 돈을 주지 않습니다.[10]

베이조스는 직원들에게 기존 아마존의 고객은 아마존의 경쟁사이든 다른 작은 스타트업이든 그들이 원하는 것 이상의 무엇을 주기 전까지는 아마존이 제공하는 서비스를 외면하지 않을 테니 그들의 충성심을 믿어도 된다고 안심시켰다.[11] 반스앤노블에 관한 질문이 나오자 그는 그보다는 어딘가 차고 같은 곳에서 무언가를 만들어 보려고 하는 알려지지 않은 기업가들이 더 걱정된다고 말했다. 베이조스는 직원들에게 큰 경쟁사나 미디어의 평가에(긍정적인 평가라 해도) 일희일비할 것 없다고 하면서, 그보다는 고객들이 아마존에 머물러야 할 충분한 이유를 제공하는 일에 묵묵히 매진하라고 당부했다. 그는 혁신적 기업은 원래 파괴적이라고 강조했다. 그런 회사는 소문을 만들어 사람들이 반응하게 만든다. 분석가들은 아마존이 소매 매장 하나 없이 어떻게 성장할 것이며 무엇보다 장기적인 투자를 위해 눈앞의 이익을 희생할 형편이 되겠느냐며 그들의 전망에 의문을 제기했다. 그들은 아마존의 '무이윤no-profit' 모델은 결국 실패할 것으로 내다보았다. 그러나 아마존이 초기에 거둔 성공을 예사롭지 않게 주시하면서 그들이 퍼스트 무버의 이점을 십분 활용할 것이라고 생각한 사람도 없지 않았다. 그런데도 베이조스는 동료들에게 아마존을 두고 이러니저러니 하는 말들은 무시하고 오로지 고객에게만 끈질기게 집중하라고 당부했다.[12]

직원들은 그의 요구대로 했다. 그리고 아마존은 현재 어떤 온라인 기업보다 고객 만족도에서 높은 평가를 받는 기업으로 성장했다. 아마존은 역사상 그 어떤 기업보다 빠른 속도로 매출 1,000억 달러를 달성했는데, 이는 현재 미국 온라인 매출 총액의 47%에 해당하는 금액이다.[13] 반스앤노블은 턱밑에서 치고 올라오는 아마존에 밀리지 않으려고 사활을 걸고 분투했지만 허사였다. 아마존의 우위를 보여주는 지표 중 하나는 주가다. 1997년 상장 당시 아마존에 100달러를 투자했다면, 2018년에는 12만 762달러가 되었을 것이다.[14] 같은 기간 동안 반스앤노블의 주가는 70% 가까이 하락했다.[15] 아마존이 온라인 유통업과 여타 분야에서 이룩한 유례없는 성공은 가히 '데스 스타Death Star'의 위력에 비유할 만했다. 기존 산업 질서를 파괴하고 특정 기업을 표적 삼아 위협하는 데스 스타 말이다.[16]

베이조스는 처음부터 고객에게 집착할 것을 강조했다.[17] 그는 어느 기업에나 두루 통하는 한 가지 비즈니스 모델 같은 것은 없기 때문에 다양한 접근법이 가능하다고 생각한다. 그는 다른 회사들도 아마존의 방식을 무조건 따라야 한다고 말하지 않는다. 혁신적인 제품을 만드는 데 주력하는 회사가 있는가 하면, 새로운 기술을 활용하는 데 중점을 두는 회사가 있으며, 경쟁에서 남을 앞지르는 데 초점을 맞추는 회사가 있다. 스타벅스Starbucks처럼 사회에 보탬이 되는 일을 궁극적인 목적으로 삼는 경우도 있다. 효과적으로 실행하기만 한다면 성공할 수 있는 모델은 여러 가지가 있을 수 있다. 그러나 베이조스는 고객에 집착하는 것이야말로 아마존에 가장 좋은 모델이라며 이렇게 말했다. "고객 중심 접근법에는 많은 이점이 있지만, 그중에도 특히 중요한 것이 있습니다. 고객은 늘 놀랍고 의아할 정도로 만족을 모른다는 점입니다. 우리가 마음에 들고 우리 사업이 좋다고 말할 때도 마찬가지죠. 심지어 우리가 무엇을 할지 아직 모를 때도 그들은 우리에게 무언가 더 나은 것을 원합니다. 그런 고객을 기쁘게 하려고 애쓰다 보면 결국 고객을 대신해 무언가를 창안하게 됩니다."[18]

그는 고객의 이 같은 '신성한 불만divine discontent'이 곧 아마존의 운영 가이드라고 말한다. 고객의 불만이 특히 중요한 이유는 기업이 좋은 성과를 내거나 아마존처럼 어떤 한 분야를 장악하게 되면, 자신감이 지나쳐 현실에 안주하기 쉽기 때문이다. 그렇게 되면 기업은 고객 충성도나 사업 모델의 정확성 혹은 미래 시장점유율에 대한 '권리' 등에서 위험한 가정을 하게 된다. 이러한 안일함을 피하는 가장 좋은 방법은 고객 중심으로 생각하는 것이라고 베이조스는 믿는다. 고객들은 항상 많은 것을 원하기 때문에, 그들에게 집착하면 정체될 위험을 줄일 수 있다는 것이다. 문제는 어제의 '와우Wow!' 제품이나 서비스가 순식간에 평범한 것으로 바뀌는 순간이다.[19] 그는 코닥Kodak과 같은 운명을 맞을 생각이 없다. 코닥은 한때 업계의 리더였으나 새로운 기회를 활용하지 못해 서서히 고사했다. 고객 중심은 가장 혁신적인 기업에 퍼스트 무버의 이점이 주어지는, 이처럼 변화가 빠른 산업에서 특히 중요하다. "경쟁자에 초점을 맞추면 경쟁자가 무언가를 할 때까지 기다려야 합니다. 반면 고객에 초점을 맞추면 보다 선제적으로 개척할 수 있죠."[20] 베이조스는 또한 고객에 초점을 맞추면 경쟁 업체들이 따라잡기 급급할 정도로 기술 혁신을 선도할 수 있다고 생각한다. 경쟁 업체들이 1~2일 내 배송 등 아마존의 방식과 보조를 맞추기 위해 안간힘을 쓰는 동안, 아마존은 고객의 요구를 예측하고 한발 먼저 해결하는 데 치중할 수 있다는 것이다. 베이조스는 기술 분야의 대형 회사들이 대외적으로 뭐라고 말하든, 그들은 사실 고객보다 경쟁자에 더 집중한다고 보고 있다.

베이조스는 아마존 초기부터 고객 최우선주의로 행동했다. 그는 무작위로 고객 1,000명을 골라 이메일을 보냈다. 책 외에 아마존에서 사고 싶은 것이 있으면 말해달라는 내용이었다. 그는 그들이 제시한 범위에 놀랐다. 한마디로 중구난방이었다. 하지만 거기에도 한 가지 공통점이 있었다. 그들은 당시에 구할 수 있는 것은 무엇이든지 전부 온라인에서 사고 싶어 했다는 것이다. 베이조스는 아마존더러 한 우물만 파라고 하는 것은 몰라도 한참 모르는 충고라고 결론지었다. 결국 그는 '없는 것이 없는 상점everything store'을 개발했고, 그들은 지금 그곳에서 차별화된 수많은 상품을 제공하고 있다.

아마존이 고객에 들이는 정성은 베이조스의 연례 주주서한에서도 뚜렷하게 드러난다.[21] 23년 동안 그가 보낸 총 4만 4천 개의 단어로 구성된 주주서한을 분석한 어떤 기자는 서한에 가장 많이 등장한 키워드가 '고객'이라며, 총 443번 언급되었다고 지적했다. 이에 비해 '아마존'이란 단어는 340번 나왔고, '경쟁'이란 단어는 28번밖에 등장하지 않았다. 베이조스가 경쟁자보다 고객을 강조한다는 사실은 그가 쓴 글을 읽거나 연설을 들어보아도 확실히 알 수 있다. 아마존의 리더십 14개 원칙 중 첫 번째가 '고객 집착'이라는 것도 그런 점에서 보면 당연하다.[22]

사실 다른 대기업들도 기업 가치를 내세울 때는 어떤 식으로든 고객에 집중하는 것을 빼놓지 않고 언급한다. 월마트Walmart는 '고객 서비스service to the Customer'를 강조하면서 직원들에게 고객이 원하는 것, 고객에게 필요한 것을 예측하고 제공하는 등 항상 고객을 먼저 생각하라고 말한다. 하지만 아마존은 고객에 대한 통상적인 수사적 표현뿐 아니라 체계적인 업무 방식을 통해 그런 표현을 구체적으로 실천한다는 점에서 다른 기업들과 구별된다. 아마존은 고객 전략을 뚜렷하게 명시해 놓고 있으며, 무엇보다 고객 집착을

기업의 상투적인 표현 이상의 것으로 만드는 프로세스와 관행을 가지고 있다.[23]

어느 기업이든 고객 중심으로 생각한다고 말하기는 쉽다. 하지만 막상 이를 실천하려면 생각보다 훨씬 어렵고 비용도 많이 들 뿐만 아니라, 여러 가지 위험도 각오해야 한다. 그런 점에서 아마존이 점점 더 크고 복잡한 회사로 발전하는 상황에서 어떻게 고객 집착을 이어갈 수 있었는지 그 방법이 궁금하지 않을 수 없다.

고객 중심의 플라이휠 구축

아마존의 전략 기반은 '성장 플라이휠growth flywheel'로, 비스니스 컨설턴트이자 작가인 짐 콜린스Jim Collins의 아이디어가 그 초석이 되었다. 아마존의 플라이휠은 가능한 한 가장 낮은 가격에 가장 폭넓은 종류의 제품을 제공하는 것으로 시작한다. 이를 제대로만 실행하면 긍정적인 고객 경험이 만들어지고, 이는 재방문하는 고객과 신규 고객의 웹 방문 횟수를 늘려 더 많은 매출로 이어진다. 이렇게 고객층이 넓어지면 외부 판매자를 더욱 많이 유치할 수 있게 되는데, 이들은 아마존이 매출액의 일정 비율을 수수료로 부과하는 대상이다. 돈을 지급하는 고객과 판매자가 많아지면 고도로 자동화된 새로운 풀필먼트 센터, 더 강력한 컴퓨팅 기능, 에코 스마트홈 장치 같은 새로운 제품 카테고리 등, 아마존의 인프라를 업그레이드하는 데 투자할 돈이 많아진다. 이런 투자는 낮은 비용, 빠른 배송, 더 좋은 제품으로 이어져 전반적으로 더 많은 고객에게 혜택이 돌아간다.[24]

플라이휠의 어느 한 부분을 개선하면 바퀴를 더 빨리 돌릴 수 있기 때문에 성장을 견인하는 선순환이 일어난다. 다른 회사들이 세계에서 가장 가치 있는 웹 부동산에 접근할 수 있도록 해준 아마존의 결정이 그런 사례다. 베이조스는 이 같은 결정의 장점을 이렇게 말했다. "당시 그런 결정을 두고 내부에서도 논란이 많았습니다. 당신이 우리 회사의 디지털카메라 구매담당자라고 가정해 보세요. 당신은 방금 특정 디지털카메라를 1만 대 구입했습니다. 그런데 갑자기 상사가 이렇게 말하는 겁니다. '좋은 소식을 하나 알려주겠네. 자네가 경쟁자로 생각하는 사람들 있지? 그들을 우리 사이트에 불러서 그들의 디지털카메라를 자네의 상세 페이지detail page 바로 옆에 놓도록 하겠네.'"[25]

반대하는 팀원들이 몇몇 있었지만, 베이조스는 두 가지 이유에서 이런 방침을 관철했다. 첫째, 제3자 판매자가 있으면 고객이 이용할 수 있는 제품의 수가 증가하고, 그렇게 되면 아마존의 사내 바이어를 포함해 모든 판매자가 가격을 낮게 유지해야 하는 압박을 받는다(아마존에서 외부 판매자는 다른 사이트나 소매점과 비교할 때 최저가격에 제품을 내놓아야 한다). 둘째, 제3자 판매자가 있으면 아마존은 유통 분야에 투자한 수십억 달러를 활용하여 수익을 내고 이를 미래의 성장에 투입할 수 있다. 제3자 판매자의 매출은 지난 10년간 매년 50%를 상회하는 경이적인 속도로 성장을 거듭했다. 아마존은 이제 물류 역량에서도 비슷한 방법을 사용하여 그들을 흉내 낼 수 없는 기업들에 배송과 빌링 서비스를 제공하고 있다.

다른 회사들의 목표는 아마존의 전략을 모방하는 것이 아니라, 경쟁적 우위를 만들어가는 그들의 방식을 배우는 것이다. 각 기업의 플라이휠은 그들의 분야와 역사, 역량, 고객에 따라 다양한 모습을 갖게 된다. 아마존의 경험에서 배워야 할 점은 고객에게 이익이 되는 몇 가지 핵심 영역을 찾아낸 다음, 그런 요소들이 성장을 가속화하는 쪽으로 상호작용하도록 조정하는 그들의 방법론이다. 아마존은 아마도 그들 플라이휠의 각 영역을 개선하는 데 투자할 의향이 있는 사람들에게 자신들의 선순환이 성장 동력이 될 수 있다는 것을 보여주는 가장 좋은 사례일 것이다. 예를 들어, 요즘 아마존은 당일 배송에 필요한 역량을 구축하는 데 수억 달러를 투자하고 있는데, 그런 조치가 아마존에 훨씬 더 큰 성장을 가져다줄 것으로 그들은 믿고 있다.

085

아웃사이드 인

고객의 입장에서 기업 활동을 바라보는 것, 즉 아마존의 아웃사이드 인 마인드세트outside-in mind-set는 이렇게 묻는다. "어떻게 해야 고객에게 가장 이익이 되는, 고객에게 정말로 중요한 것을 제공할

수 있는가?" 이 같은 접근 방식은 다른 기업들이 취하는 방법론과
대비된다. 그들은 경쟁자를 물리치고 단기 이윤을 극대화하는 데
초점을 맞춘다. 반스앤노블은 웹사이트를 개설하면서 날로 커지는
아마존의 위협으로부터 그들의 핵심 소매 사업을 보호하는 데 급
급했다. 반면, 아마존은 인터넷이라는 강력한 신기술을 활용하여
새로운 기능과 서비스로 고객을 만족시킬 방법을 고민했다. 그렇
다고 해서 시장에서의 공격적인 성향을 줄인다는 뜻은 아니다. 그
것은 한발 앞으로 나아가는 데 필요한 것을 알아내기 위해 거꾸로
고객의 입장에서 생각한다는 의미다. 베이조스는 이렇게 지적했다.
"워런 버핏이 말한 오래된 이야기가 있다. 그의 책상에는 3개의 상
자가 있다. 인 박스(틀에 박힌 사고), 아웃 박스(창조적 사고) 그리고 아
주 어려운 박스다. 무한 루프에 빠져서 결정을 내릴 수 없는 어려운
문제를 대할 때마다, 우리는 이렇게 말해 간단한 문제로 바꾸려 한
다. '음, 어떤 것이 소비자에게 더 좋을까?'"**26**

아마존은 좀 더 세부적으로 들어가 다음 세 가지 요소를 하나로
포용하는 새로운 제안을 한다. 첫 번째는 제품이나 서비스를 출시
할 때 배포하는 보도자료의 요약본으로, 제품이나 서비스를 설명
하고 그것이 고객에게 필요한 이유 등을 기술한 것이다. 두 번째 요
소는 '자주 묻는 질문'을 요약한 것으로, 고객이 알고 싶어 하는 것
이나 제품이나 서비스에서 만나게 되는 문제를 예상한 것이다. 세
번째 문서는 고객 경험의 목업mock-ups이나 스크린 숏을 비롯한 고
객과 제품의 상호작용을 설명한 것이다. 각각의 '역방향 작업' 세부

사항에 접근하는 방식은 다양하다. 핵심은 고객의 입장에서 시작하여 그들이 원하는 것을 듣고, 그들에게 즐거움을 주는 새로운 제품이나 서비스를 발명한 다음, 가능한 한 최고 수준으로 개별화하는 것이다.[27]

아마존에는 아웃사이드 인 사고를 보여주는 몇 가지 서비스가 있다. 아마존은 온라인 사업을 시작한 지 불과 1년 만에 고객들에게 도서 리뷰를 제공하기 시작했다.[28] 리뷰는 대부분 긍정적인 내용이었지만 부정적인 평도 있었다. 베이조스는 리뷰가 고객이 원하는 책을 고르는 데 도움이 될 것으로 생각해 좋은 리뷰와 나쁜 리뷰를 모두 공개하기로 했다. 아마존은 또한 높은 등급과 낮은 등급(별 5개, 별 4개… 등)으로 분류한 고객의 평가 점수를 평균 내어 발표했다. 웹에 올라온 거의 모든 것에 대한 고객 후기를 접할 수 있는 요즘에는 이것이 당연한 것처럼 보이지만, 아마존이 이런 관행을 시작했을 때만 해도 사정은 그렇지 않았다. 일부 출판사들은 아마존이 독자들의 긍정적인 리뷰만 올려주길 바랐다. 어떤 사람은 베이조스가 책을 혹평해서가 아니라 책을 홍보해서 돈을 벌었다는 사실을 사람들이 모른다며, 그의 방식을 비난했다. 아웃사이드 인 사고를 하는 베이조스는 다른 사람들이 어떻게 생각하는지 알면 구매를 결정하는 데 도움이 되기에, 결국엔 고객도 혜택을 받는다고 응수했다. 리뷰를 제공하면 신뢰하게 되고 결국 충성도가 높아져 장기적으로 볼 때 수익성에 도움이 된다는 것이다.

아웃사이드 인 사고를 뚜렷하게 보여주는 또 다른 사례는 고객의 제품 구입 여부를 알려주기로 한 아마존의 결정이다. 예를 들어, 책을 많이 사는 사람들은 몇 년 전, 심지어 몇 달 전에 책을 사놓고도 이를 잊어버릴 때가 있다. 사놓고 읽지 않으면 그렇게 된다. 베이조스는 책을 좀 덜 팔더라도 고객이 이미 갖고 있는 것을 주문할 경우엔 알려주어야 한다고 생각했다. 그리고 베이조스는 고객이 그런 기능을 중요하게 여길 것으로 보았다. 이 기능은 또한 책의 반품을 방지하므로 고객이나 아마존 모두 반송과 재입고 비용을 추가로 부담할 필요가 없게 만든다.

이 두 가지는 소비자의 삶을 한층 편하고 좋게 만드는 고객 중심의 마인드를 잘 보여주는 사례다. 물론 아마존이 그토록 고객에게 집착하는 것은 이타적인 이유에서가 아니라 경쟁 우위를 점하기 위해서일 것이다. 아마존의 이런 집요함을 가장 잘 드러내는 사례는 그들이 개발해 특허를 낸 '원클릭One Click' 체크아웃 과정이다. 배송 정보와 신용카드 데이터 등 고객의 모든 상세 정보를 아마존 데이터베이스에 저장해 두면, 제품을 주문할 때 클릭 한 번으로 모든 절차가 단번에 일괄 처리된다. 다른 여러 기능도 그렇지만 요즘 우리는 거의 모든 전자상거래에서 간소화된 이런 종류의 주문 방식을 당연하게 여긴다. 하지만 도입 당시엔 대단히 참신한 아이디어여서, 아마존에게 확실한 경쟁 우위를 가져다주었다. 사실 아마존의 원클릭 특허는 독창적인 아이디어도 아니었고, 어떤 면에서는 불공평한 특허로 악명이 높았다. 일부에서는 그런 일반적인 절차에 왜 특허를 주느냐며 의아해하는 목소리도 있었다. 하지만 그 때문에 경쟁 업체들은 체크아웃 절차를 여러 단계로 나눌 수밖에 없었고, 꼭 원클릭 서비스를 제공하고 싶으면 아마존에 라이선스 수수료를 지급해야 했다. 원클릭은 아마존이 고객과 그들 자신에게 가장 이익이 되는 일을 하기 위해 얼마나 부지런히 노력하는지 잘 보여주는 이야기다.[29]

고객 측정 지표 추적

아마존은 자신들의 고객 중심 철학을 보완하기 위해 고객 측정 지표 세트를 마련해 놓고 주기적으로 점검하고 확인한다. 고객 측정 지표는 재무 지표보다 훨씬 범위가 넓고 또 중요하다. 아마존의 452개 내부 목표 어디를 보아도 순이익이나 영업이익과 같은 표준 지표는 찾을 수 없다고 베이조스는 강조한다.[30] 그래서인지 고객 측정 지표를 다루는 아마존의 접근법은 다른 기업에 비해 훨씬 엄격하다. 어떤 기업은 고객 측정 지표가 아예 없거나 있어도 오해의 소지가 있는 방법으로 사용한다. 고객 측정 지표는 기업의 전략적 성장 플라이휠과 연결되며, 앞서 언급했듯이 아마존의 경우 그것은 최상의 제품 선택, 최저 가격, 가장 빠른 배송을 의미한다. 예를 들어, 아마존은 판매된 제품마다 고객 서비스 센터에 걸려오는 통화 수를 추적하여 그 수를 줄이려고 한다. 그들은 서비스 센터와의 통화를 고객이 필요로 하는 것을 제공하지 못했다는 신호로 간주한다. 이는 어디선가 기능 장애가 생겼다는 뜻이며, 이런 신호를 받으면 단순히 당면한 문제를 해결할 것이 아니라 오류의 진상을 파악하여 재발을 막아야 한다. 베이조스는 이렇게 지적했다.

> 우리가 생각하는 완벽한 고객 경험이란 고객이 우리와 대화할 필요를 느끼지 못하는 서비스다. 고객이 우리와 통화를 원할 때마다 우리는 이를 결함으로 간주한다. 그동안 나는 고객이 판매자와 얘기할 게 아니라 그들의 친구들과 얘기하게 만들어야 한다고 수도 없이 말해 왔다. 그래서 우리는 고객 서비스 정보를 모두 동원하여 고객이 우리와 통화하려는 근본 원인을 찾으려고 한다. 어디가 잘못됐는가? 왜 그 고객은 전화해야 했는가? 왜 그들은 가족과 대화하는 데 보내야 할 시간을 우리와 얘기하는 데 쓰는가? 어떻게 해야 이 문제를 바로잡을 수 있는가?[31]

아마존의 수백 가지 목표 중 80% 정도는 회사가 고객의 요구를 얼마나 잘 충족시키고 있는가 하는 문제와 관련되어 있다. 그중에서도 다양한 상품군, 가격, 배송이라는 세 가지 필수 요건은 특히 그렇다. 예를 들어, 아마존은 그들의 웹 페이지가 몇 분의 1초 만에 뜨는지 그 시간을 추적한다. 그들은 원하는 제품을 찾는 데 시간이 걸리는 것을 당연하다고 생각하지 않는다. 또한 그들은 수백만 종에 이르는 제품의 재고 여부뿐 아니라 수십억 건의 주문에 대한 배송 시간까지 추적한다. 좀 더 복잡한 측정 지표에는 고객이 한 번

클릭할 때의 수익과 페이지 전환당 수익, 즉 아마존이 고객의 요구를 얼마나 잘 충족시키고 있는지에 대한 '평가' 척도 등이 있다.

베이조스는 그의 팀이 측정 지표를 추적하고 활용하여 회사의 운영 방식을 개선해 주기를 기대한다. 브래드 스톤은 저서《아마존, 세상의 모든 것을 팝니다》에서 이를 제대로 처리하지 못한 한 임원의 사례를 소개한다. 베이조스는 아마존의 고객 서비스 센터를 책임지고 있던 그 임원에게 고객이 전화를 하면 얼마 뒤에 통화가 가능한지 물었다. 베이조스가 고객 문의 전화를 없애고 싶어 하는 만큼이나 그 임원도 아마존에 걸려오는 전화를 잘 관리하고 싶었을 것이다. 그 임원은 베이조스에게 대기 시간이 평균 1분 미만이라고 말했다. 하지만 그런 답변을 뒷받침해 주는 확실한 측정 지표를 말하지 않은 것이 문제였다. 답을 들은 베이조스는 그 자리에서 회의 탁자에 놓인 스피커폰으로 아마존의 고객 서비스 번호를 눌렀다. 베이조스는 임원들이 지켜보는 가운데 전화가 연결되는 데 걸리는 시간을 쟀다. 서비스 직원이 전화를 받은 것은 거의 5분이 지나서였다. 베이조스는 고객 서비스 센터 직원에게 감사하다고 말한 뒤 전화를 끊었고, 방금 임원들이 목격한 것을 반박할 자료를 갖고 있지 않은 그 임원을 호되게 질책했다.[32]

베이조스는 대부분의 경우 측정 지표가 더 나은 결정을 내릴 수 있는 데이터를 제공한다고 믿는다. 그는 닷컴이 붕괴하던 시기에 그의 회사가 겪었던 위기를 예로 들었다. 그때 아마존은 2년도 안 되는 기간 동안 기업 가치의 90% 이상을 잃었다. 그러나 베이조스는 회사의 내부 측정 지표가 모두 긍정적이라는 사실에 주목했다. 고객 수가 급격히 증가하고 있었고 주문 처리의 결함은 빠르게 줄어들고 있었다. 그는 직원들을 향해 고객에게 계속 집중하고 아울러 아마존의 브랜드 가치를 높이는 일에 주력하라고 독려했다. "아마존이 사업을 계속할 수 있는 것은 1달러짜리를 90센트에 팔기 때문일 뿐"이라고 말하는 사람들의 비판을 그는 간단히 일축했다.[33] 그의 측정 지표는 아마존이 어느 정도 성장하게 되면 이익을 내고 주가도 반등하리라는 사실을 알려주고 있었다. 물론 이것도 나중에는 터무니없을 정도로 과소평가한 것으로 드러났지만.

핵심 원인 개선하기

베이조스는 시간이 아무리 지나도 고객이 여전히 원할 만한 사항 몇 가지를 알아내어 그 분야의 성과를 개선하면, 확실한 성공을 보장받을 수 있다고 주장한다. 베이조스는 공개적인 자리에서 미래에 달라질 부분을 예측해 달라는 질문을 자주 받는다. 그러나 여전히 바뀌지 않을 부분은 무엇이냐는 질문은 좀처럼 나오지 않는다. 베이조스는 두 번째 질문도 첫 번째 질문 못지않게 중요하다고 생각한다. 앞서 언급했듯이 아마존의 고객들은 제품군의 다양성과 가격 그리고 배송에 관심이 많다. 그는 고객들이 다양하지 않은 상품군과 더 비싼 제품 혹은 더 느린 배송을 원할 때가 오겠느냐고 농담한다. 고위직 리더들의 주요 임무는 변하지 않는 고객 요구를 확실하게 처리해 주는 것이다. 그는 고객들이 요구하기 전에 아마존이 먼저 그 부분을 찾아내 개선해야 한다고 생각한다. 그렇게 하려면 내부를 우선 개선하고 고객에게 가장 많은 영향을 미치는 분야를 세세한 곳까지 들여다보고 관심을 기울여야 한다.

"좋은 임원 중에 고객에게 큰 영향을 주는 조치를 취하지 않는 경우는 본 적이 없습니다. 그들은 그런 조치를 매우 중요하게 여기기에, 방법론을 정하는 과정 내내 이를 조사하고 확인합니다."[34] 베이조스는 그렇게 말했다. 아마존의 가격 정책도 그중 하나다. 그는 충성도가 높은 고객층을 유지하는 데 가격이 결정적 역할을 한다는 사실을 잘 알고 있기에, 그들이 구매하는 상품이 꼭 최저 가격은 아니더라도 낮은 가격에 제공되고 있다는 것을 알려주고자 애쓴다. 그는 아마존의 가격 책정의 세부적인 내용까지 챙기고 있다며 이렇게 말했다.

> 나는 지금도 소비자가 접하게 되는 가격을 무모할 정도로 끌어내릴 방법을 끊임없이 검토하고 조사하면서 조직의 모든 사슬에서 그 일을 하는 실무자들과 이야기를 나눕니다. 실제로 경쟁력을 갖추고 고객들에게 가능한 한 최저 가격에 제품을 제공할 수 있도록 모든 것을 확실히 해두려 하죠. 이런 문제는 파급력이 매우 크기 때문에 헤딩 레벨 1부터 헤딩 레벨 5까지 모두 직접 관여합니다.[35]

아마존은 또한 회사의 효율성을 높이는 데 많은 투자를 한다. 그래야 가격을 낮게 유지할 수 있기 때문이다. 아마존의 대형 풀필먼트 센터를 개선하는 것도 그런 이유에서다. 풀필먼트 센터 중에는 축구장 20개를 합친 정도의 크기인 곳도 몇 곳 있다. 규모가 큰 센터들이 연말 연휴 기간에 발송하는 패키지는 하루에 100만 개가 넘는다. 아마존은 현재 8세대 센터를 운영하고 있으며 매 세대는 이전 세대보다 더 나은 방식으로 운영된다.[36]

이들은 그다지 대수롭지 않은 문제까지 개선 대상에 포함시킨다. 베이조스는 고객들이 보내온 이메일을 수시로 검토하여 필요하면 팀원들에게 재전송한다. 문제가 생기면 결함의 근본 원인을 파악해서 바로잡아야 한다. 어떤 고객도 같은 불편을 두 번 겪어서는 안 된다. 아마존의 한 임원은 이렇게 말했다. "고객 불만사항은 우리의 업무 처리 방식에 관해 무언가를 알려주는 신호이므로 우리는 그것들을 일일이 조사합니다. 말하자면 고객들이 벌이는 감사인 셈이죠. 우리는 그것들을 귀중한 정보 소스로 취급합니다."[37] 어떤 고객이 포장을 뜯기가 힘들다고 지적한 이후, 아마존은 포장 방식을 당장 수정했다.

아마존은 문제를 심각한 정도severity에 따라 분류하여 시급한 것부터 해결한다. 웹 페이지 로딩 문제는 심각한 비상사태의 대표적인 항목으로, 아마존에서 통하는 용어로 'Sev-1'에 해당되기 때문에 필요한 모든 자원을 동원해서 서둘러 해결해야 한다. 급하지 않은 문제는 'Sev-5'로 분류된다. 베이조스가 직원들에게 보내는 이메일은 별도로 분류하는데, 비공식이지만 'Sev-B'로 통하기도 한다. 베이조스가 '?' 표시만 해서 포워딩한 이메일은 문제가 어떻게 발생했는지 알아낸 뒤 이를 고치기 위해 무엇이 필요한지를 판단하여 빨리 답장해 달라는 뜻이다.[38] 특히 아마존의 리더십 원칙에는 베이조스가 말하는 심층 분석deep dives의 중요성을 강조한 항목이 있다. "리더들은 모든 단계의 업무를 조율하고, 세부적인 부분까지 계속 관심을 가지고 수시로 결과를 평가하며, 측정 지표와 실제 사례가 다를 때는 이를 의심해 봐야 한다. 리더가 소홀히 해도 되는 업무는 없다."[39]

고객이 원하는 것

아마존의 대표적인 사업들이 성공할 수 있었던 것은 고객이 원하는 것에 귀를 기울이고 그것을 찾아내어 제공했기 때문이라고 베이조스는 지적한다. 그는 실례로 아마존 웹 서비스AWS 그룹을 들었다.

우리가 AWS에서 구축한 기능 중 90~95%는 고객이 우리에게 바라는 것을 기반으로 추진되었습니다. 우리의 새로운 데이터베이스 엔진인 아마존 오로라Amazon Aurora가 그 대표적인 사례입니다. 고객들은 기존의 상업용 데이터베이스 제공 업체의 독점적 성격과 높은 비용, 라이선스 계약에 실망을 드러냈습니다. 그리고 많은 기업이 마이에스큐엘MySQL이나 포스트그레스Postgres 같은 보다 개방적인 엔진을 택했지만, 원하는 성과를 내지 못해 고전하고 있습니다. 고객들은 우리에게 그런 불편한 비효율을 없앨 수 없는지 묻곤 했습니다. 오로라를 만든 건 그런 이유에서 였죠. 오로라는 상용商用 엔진의 내구성과 가용성을 보유하고 마이에스큐엘과 호환되며 일반적인 마이에스큐엘보다 성능이 최대 5배까지 뛰어나지만, 가격은 기존 상업용 데이터베이스 엔진의 10분의 1밖에 안 됩니다.[40]

베이조스에 따르면, 고객의 말에 귀를 기울이는 것은 성공하는 기업을 만드는 데 필요한 것 중 일부일 뿐이다. 또 다른 것도 있다. 그리고 어쩌면 그 일이 훨씬 더 복잡할지 모른다. 바로, 고객을 대신하여 새로운 제품과 서비스를 발명하는 것이다. 필요한지조차 모르는 것을 만들어 내는 일은 고객이 할 일이 아니라고 베이조스는 말한다. 그것은 아마존의 일이다. 아마존 프라임 서비스가 대표적인 예로, 이는 일정한 연회비로 무제한 배송을 제공하는 서비스다. 아마존이 프라임을 제공하기 전까지 고객들은 그것의 필요성을 느끼지 못했다고 베이조스는 수시로 강조한다. 현재 1억 명이 넘는 사람들이 이 프로그램에 등록되어 있는데, 미국 내 두 가구 중한 가구꼴이다. 프라임은 또한 새로운 방식을 실험한 다음 매년 개선해 가는 좋은 사례이기도 하다. 예를 들어, 프라임에는 현재 영화나 TV 쇼 스트리밍 같은, 배송 이외의 다양한 혜택이 포함되어 있다. 그들의 목표는 사람들이 프라임에 가입하지 않는 것은 큰 실수라고 느낄 정도로 중요한 기능을 많이 갖추는 것이다. 프라임 이야기는 이제 아마존의 에코에서 우리가 보게 될 이야기와 상당히 비슷하다. 아마존 에코 역시 고객이 요청한 것은 아니지만 지금은 많은 사람이 높이 평가하고 있다.

아마존이 고객을 위해 고안해 낸 것 중에는 엄청난 위험을 감수해야 하는 것도 있다. '본문 검색search Inside the Book' 같은 것이 대표적인 경우다. 아마존은 고객들에게 책의 일부를 읽을 수 있게 해주면 도움이 되리라고 판단했다. 하지만 출판사의 동의를 끌어내기가 쉽지 않았다. 또한 책을 스캔하는 일은 비용은 물론 시간도 많이 걸렸다. 아마존은 먼저 12만 권을 골라 샘플을 제공했는데, 이런 기능을 채택하기 위해서는 데이터베이스의 성능부터 대폭 향상시켜야 했다. 하지만 베이조스와 그의 팀은 그렇게 하는 것이 고객들을 위한 길이고 그래서 꼭 해야 한다는 생각으로 밀어붙였다. 프라임 서비스를 제공하는 일도 위험하기는 마찬가지였다. 아마존의 자체 분석에 따르면 배송비가 비싸기 때문에 이 서비스를 론칭할 경우 상당한 손실이 초래될 것이 불 보듯 뻔했다. 하지만 베이조스는 고객들이 최소 구매 금액 제한이 없는 무제한 배송을 좋아한다는 사실을 알았기에 그 프로그램을 강행했다. 프라임이야말로 고객이 좋아하는 아마존의 핵심 노하우인 셈이다.

아마존이 고객을 대신해 발명한 또 다른 사례는 킨들 리더기다.

베이조스는 대중이 음악을 스트리밍 하는 방법으로 애플의 아이팟을 얼마나 빨리 받아들였는지, 그로 인해 아마존에서 제공하는 CD를 포함한 음악 CD의 판매량이 얼마나 크게 감소했는지를 똑똑히 지켜보았다. 그 외 사업 모델을 신형화하지 않아 새로운 기술이 등장했을 때 주저앉은 회사가 얼마나 많은지도 그는 익히 알고 있었다. 코닥이 대표적이다. 고객에게 더 좋은 서비스를 제공하는 데 주력할수록 베이조스를 두렵게 하는 것이 있었다. 다른 회사가 e-리더기를 개발하여 온라인 도서 판매에서 아마존이 차지하는 시장지배력을 약화시키지 않을까 하는 것이었다. 아마존은 복잡하고 정교한 기기를 만든 경험이 없었지만 베이조스는 킨들을 밀어붙였다. 고위 임원들 중에는 킨들에 아무리 많은 돈을 쏟아부어도 고객이 원하는 수준의 제품은 만들어 내지 못할 것이라며 반대하는 사람도 있었다. 하지만 아마존의 운영 원칙 중에는 반대 의견을 낼 수는 있지만, 일단 결정이 나면 자신의 생각과 달라도 무조건 수용하고 따른다는 조항이 있다. 아마존의 한 팀원은 이렇게 썼다.

> 이사회에서 킨들 프로젝트를 결정할 때 제프는 하고 싶다고 말했습니다. 당시 내 생각은 이랬어요. '우리는 유통사업을 하는 소프트웨어 회사다. 하드웨어에 관해서는 아는 것이 전혀 없지 않은가?' 나는 하드웨어를 만드는 회사에서 일했기 때문에 그것이 얼마나 복잡한 일인지 알고 있었습니다. 그래서 말했죠. "이건 하지 않는 게 좋을 것 같습니다." 생산하기도 어려울 뿐만 아

니라, 출시 날짜를 맞추기도 힘들 것 같다고 덧붙였어요. 실제로 내 예측은 대부분 적중했죠. 하지만 그런 건 문제가 되지 않았습니다. 당시 제프는 그렇게 말하더군요. "고객을 위한 일이라면 해야죠." 나는 동의하지 않았지만 열심히 따랐습니다. 그래서 아주 기쁩니다.[41]

유효슈팅 늘리기

베이조스는 개발 프로젝트에 막대한 자금을 투입해도 수익을 내는 경우는 극소수에 불과하고 대부분은 실패한다는 사실을 알고 있다. 그래도 성공은 수많은 실패를 정당화한다. 게다가 실패를 통해 배울 수 있기 때문에 장기적으로 보면 회사에 이익이 된다. 아마존을 분석하는 사람들은 이런 접근법을 '준비, 발사, 조준'인가 아니면 '준비, 조준, 발사'인가를 놓고 벌이는 선택의 문제라고 설명한다.[42] '준비, 발사, 조준'은 실수를 용인하고 심지어 실수를 피할 수 없다는 베이조스의 생각을 반영하는 발상이다. 소심하게 이것저것 따지다 새로운 기회를 놓치는 것은 용납되지 않는다. 베이조스는 이례적일 정도로 실험을 대폭 지원해야 한다고 생각하며, 현재 아마존의 사업 모델이 아닌 분야에서도 그렇게 해야 한다고 말한다. 최근에 아마존은 더 좋고 저렴한 의료 상품과 서비스를 제공하고자 핵심 역량을 의료 산업에 투입하고 있다.

사실 아마존은 이런 방침을 고집하다가 많은 실패를 맛보았다. 아마존은 옥션Auctions이라는 이베이eBay와 비슷한 사이트를 개설했고, 그다음에도 역시 비슷한 지숍zShops을 론칭했다. 하지만 둘 다 실패해 지금은 모두 폐쇄되었다. 그러나 아마존은 이 일로 많은 노하우를 배웠고, 그것을 기반으로 지금 널리 쓰이는 마켓플레이스Marketplace를 만들었다. 마켓플레이스에서는 제3자가 생산한 제품을 판매한다. 베이조스는 이렇게 적었다.

> 이 에피소드는 사실 우리 회사의 역사에서 하이라이트에 해당하는 부분입니다. 그리고 이는 우리의 끈기와 무모한 집착이 갖는 의미를 잘 보여주기 때문에 나는 사내에서도 수시로 언급하죠. 기본 발상은 이런 겁니다. 여기 물건을 파는 웹사이트가 있습니다. 우리는 거기에 큰 규모의 상품군을 보유하려고 하죠. 그런 상품군을 갖추는 방법 중 하나는 다른 셀러, 즉 제3자 판매자를 우리 웹사이트로 초대하여 함께 윈-윈할 수 있는 상황을 만드는 겁니다. 그래서 옥션을 시작했는데, 결과가 마음에 들지 않았습니다. 그리고 또 지숍을 만들었는데 정찰제 판매였지만 제3자는 여전히 별도의 구역에 머물게 했습니다. … 역시 마음에 드는 결과를 얻지 못했고요. 우리의 제3자 사업이 정말로 큰 도약을 한 것은 단일 상세 페이지single-detail-page 모델을 채택하고 나서였습니다.[43]

아마존은 불법적인 수단이나 상표 도용 혹은 제품 위조 여부 등 제3자의 제품을 계속 관리해야 한다. 따라서 마켓플레이스의 성공은 아직 진행형이다. 마켓플레이스 모델은 회사에 엄청난 수익을 안겨주지만, 아마존의 고객들에게 제품을 제공하는 공급 업체의 엄청난 숫자만으로도 회사는 큰 숙제를 떠안게 된다.

아마존이 벌였다 실패한 사업 중에 가장 눈에 띄는 것은 파이어폰Fire Phone이다. 시장에서 2년도 버티지 못한 파이어폰은 회사에 1억 7,000만 달러의 손실을 입혔으며, 언론과 대중의 혹평을 덤으로 받았다. 일시적이지만 브랜드에도 오점을 남겼다. 그러나 아마존이 파이어폰을 통해 배운 몇 가지와 그런 실패 속에서 개발한 역량은 음성인식 가정용 기기인 에코의 성공에 큰 발판이 되었다. 베이조스는 실패와 발명을 '분리할 수 없는 쌍둥이'라고 부른다. 그는 새로운 것을 시도하려면 불가피한 실패에 대한 내성을 키워야 한다고 믿는다.[44]

CEO로서 베이조스가 해야 할 역할 중에는 대부분의 리더가 혁신적인 아이디어에 '노'라고 말할 때 '예스'라고 말하는 것도 포함된다. 그는 아마존이라는 혁신 기계의 실험 횟수를 늘려 효과 있는 것과 효과가 없는 것을 알아내려고 애쓴다. 마켓플레이스를 비롯한 모든 성공 사례의 뒤에는 새로운 특징과 서비스로 이어지지 못한 크고 작은 실패들이 쌓여 있다.[45] 예를 들어, 아마존은 구매하는 물품과 구매 패턴이 비슷한 고객들을 서로 매칭하는 실험을 했다. 이 서비스는 한발 더 나아가 구매 이력이 가장 유사한 고객들을 서로 매칭했다. 그렇게 되면 자신의 도플갱어가 무엇을 샀는지 알 수 있어, 고객은 자신이 사고 싶거나 사면 좋을 것 같은 품목을 늘릴 수 있다. 하지만 베이조스는 자신과 동료들이 유익하다고 생각한 특징을 고객이 무시한다며, 고객들은 그런 특징의 가치를 전혀 알아보지 못하고 그래서 사용하지 않는다고 탄식했다.[46]

데이 1 문화

베이조스는 바람직한 아마존 문화를 '데이 1 Day 1'이라는 용어로 설명한다. 데이 1은 25여 년 전 창업 당시 아마존에서 일했던 사람들의 마음가짐을 뜻한다. 세월이 흐를수록 회사의 초창기 성장을 견인했던 에너지와 대담성은 약해지게 마련이다. 그는 경이적인 성공에 고립되어 아마존의 문화가 현실에 안주해 굳어지는 것을 원치 않는다. 아마존은 65만 명이 넘는 직원으로 미국 내 민간 고용 2위 기업으로 성장했지만, 베이조스는 여전히 소규모 스타트업의 정신을 유지하려고 안간힘을 쓴다.[47] 이 같은 그의 노력이 실패로 끝나면 결국 회사는 고사할 수밖에 없다. '데이 2 = 정체'이기 때문이다.[48]

베이조스는 직원들에게 아마존도 다른 기업들과 마찬가지로 언젠가는 망할 것이라고 말한다. 다만 그들의 목표는 고객 집착을 통해 운명의 그날을 최대한 연기하는 것이다. 고객에게 집착하면 흔한 위험을 피할 수 있고 점점 고립되는 불상사도 방지할 수 있다. 회사 규모가 계속 커지고 갈수록 복잡해질 때는 특히 그렇다. 아마존은 남들에겐 다 있는 시스템과 프로세스도 갖추지 못한, 소규모 스타트업으로 시작했다. 모든 직원이 긴밀히 협력해 가며 인터넷이라는 전혀 새로운 방식을 통해 책을 팔고 배송했다. 고객에 깊숙이 맞춰진 초점은 어느덧 이 회사의 DNA에 각인되었다. 데이 1 환경은 소규모 스타트업에는 친숙하지만 아마존처럼 크게 성장한 기업에서는 보기 힘들다. 베이조스는 그런 환경이 폭발적인 성장으로 이어진 그들만의 독특한 문화를 지속시키는 힘이라는 사실을 잘 알고 있다.

아마존의 데이 1 문화는 강도 높은 직업정신을 강조한다. 한번은 아마존의 타운홀 미팅에서 한 직원이 업무 환경이 너무 힘겹다며 하소연하자, 베이조스는 그에게 이렇게 답했다. "우리가 무엇 때문에 여기에 있지? 과제를 완수하기 위해서야. 그것이 최우선이지. … 그것이 아마존의 DNA야. 능력이 뛰어난 것도 아니고 가진 것을 모두 쏟아부을 열정도 없다면, 여기는 자네에게 어울리는 직장이 아닌 것 같군."[49] 부담이 큰 아마존의 업무 환경을 두고 일부 사람들은 가혹하다고 표현한다. 베이조스는 그런 평가를 인정하지 않는다. "업무의 강도가 중요합니다. 나는 항상 우리 문화가 친근하긴 해도 강도는 높다고 말합니다. 다른 대안이 없는 한 우리는 이 같은 강도를 계속 고수할 겁니다."[50] 일부 직원들은 그의 말을 일을 최우선으로 여기라는 뜻으로 받아들인다. 아마존에서는 이런 말을

103

3장 | 고객 최우선주의

쉽게 들을 수 있다고 누군가는 지적했다. "워라밸work and life balance, 즉 일과 삶의 균형을 운운하는 사람은 자기 일을 좋아하지 않는 사람들이다."[51] 아마존은 고객을 대신하여 아이디어를 제시할 가능성이 크고 그래서 고객 집착이라는 문화 속에서 번창하는 '미셔너리missionaries(친경영진 노동자)'를 확보하려고 애쓴다. 그럴 의향이 없는 사람들은 이 같은 문화가 맞지 않다고 느껴 떠날 것이다. 그래서 베이조스는 자신들의 문화가 스스로 강화되는 속성을 지닌다고 믿는다.

아마존은 또한 직원을 채용할 때도 고객 중심을 기준으로 삼는다. 아마존은 경쟁사나 단기 실적보다 고객에 초점을 맞추는 사람을 고용한다. 아마존의 어느 고위 임원은 이렇게 말했다.

> 면접에서 지원자의 적합성 여부를 평가할 때 우리는 리더십 원칙leadership principles을 지침으로 삼습니다. 모든 것을 고객에 최적화시킬 것인지 아니면 경쟁 업체보다 앞서나가는 쪽에 초점을 맞출 것인지 택해야 하는 상황이 많습니다. 우리도 경쟁사가 신경 쓰이는 것은 사실이지만, 그래도 고객에 집중하는 쪽을 택합니다. 경쟁자에게 너무 초점을 맞추는 지원자는 우리 회사에는 적합하지 않습니다.[52]

아마존은 능력이 뛰어나면서 아울러 자신들의 문화에도 잘 맞는 인재를 채용하기 위해 '바 레이저bar raiser'라고 부르는 직원을 활용한다. 이들은 고객 집중을 포함하여 잠재 고용자를 평가하는 데 탁월한 능력을 스스로 입증한 직원들로, 신규 채용의 '적중률'을 높이기 위해 전문 분야에 속하지 않는 지원자를 인터뷰한다. 이들에겐 채용 책임자가 지원자의 인터뷰를 계속 진행하고 싶어 해도 채용을 거부할 권한이 있다. 새로운 지원자에게 승인을 통보하려면, 면접 팀이 만장일치로 합의해야 한다. 베이조스는 사람을 잘못 고용하는 것보다는 50명을 인터뷰한 뒤 아무도 채용하지 않는 편이 낫다고 생각한다.[53]

베이조스는 또한 2016년 주주서한에서, 데이 1 문화는 '고속 의사결정'을 중시한다는 점을 강조했다.[54] 데이 2 기업은 옳은 선택을 할 때도 빨리 결정하지 못하지만, 이와 달리 활기가 넘치는 문화는 탁월한 결정을 빨리 내린다. 그래야 빠르게 움직이는 이점을 취할 수 있기 때문이다. 하지만 그렇다고 해서 모든 결정을 똑같이 빠르게 내려야 하는 것은 아니다. 돌이킬 수 없는, 즉 그가 '일방통행 문one-way door'이라고 부르는 결정이 더러 있는데, 이런 결정에는 더 많은 시간과 더욱 엄격한 과정이 요구된다.[55] 그러나 대부분은 정보가 완벽하지 않은 상태에서 이루어지는 결정으로, 원하는 정보의 70% 정도가 채워졌을 때 결단한다. 단, 결정을 잘못 내렸을 때는 신속하게 바로잡는다. 그래야 잠재적 피해를 최소화하는 것은 물론, 다른 부서에 있는 사람들도 자신감을 갖고 과감하게 자신의 일을 추진할 수 있기 때문이다.

아마존의 이와 같은 태도는 사람들이 회의석상에서 의견 차이를 잘 드러내지 않거나 이미 내려진 결정을 적극 받아들이지 않는 회사와 대조적이다. 두 가지 모두 시간을 낭비하고 기업의 실적 전반을 저해하는 행동이다. 아울러 의견이 일치하지 않는 부분을 가능한 한 빨리 표면화하여 고위층 리더들이 신속하게 해결책을 찾을 수 있게 해야 운영을 효과적으로 할 수 있다. 베이조스는 제3자 판매자가 아마존의 주요 제품 페이지에 목록을 올릴 수 있게 허락한 결정을 잘못된 조율의 사례로 든다. 이 같은 결정은 아마존 내부에서 많은 논란을 일으켜 일부 직원들의 저항까지 초래했는데, 그 결과 운영 공백이 생기는 바람에 단계적 강화를 통해 문제를 신속하게 해결해야 했다.

고객 중심의 위험

고객 중심에 단점이 없는 것은 아니다. 고객에 집착하는 기업은 그들이 시장에 약속한 기대치를 채우지 못하게 될까 봐 늘 걱정한다. 베이조스가 지적한 대로, 고객들의 눈길을 사로잡았던 서비스도 어느 순간 평범한 것이 되고 만다. '이틀 내 배송'이 그런 경우다. 기업이 스스로 만들어 낸 기대치를 충족시키지 못하면 그 기업은 자신이 이룩한 성공의 희생양이 될 수밖에 없다.

리더가 말이나 행동에서 일관성을 지키지 못하는 것도 문제다. 예를 들어, 베이조스는 경쟁자들보다 고객에 집중할 것을 강조했고 시간이 가면서 그런 메시지를 더욱 강화했다. 그러나 그는 한 주 주서한에서 아마존의 제3자 매출 증가세를 설명하면서 이베이와 비교했다.[56] 베이조스가 이처럼 매우 공공연하게 타사와 자사를 비교한 것은 경쟁자보다 고객에 더 집중해야 한다고 강조했던 과거의 발언에 비춰볼 때 매우 의외였다. 물론 아마존이라고 경쟁자들을 의식하지 않은 것은 아니겠지만, 그전까지 경쟁자들보다 고객이 먼저라는 자신들의 메시지를 이탈한 적은 거의 없었다. 그 외에 고객 중심에 도사린 함정에는 다음과 같은 것들이 있다.

창안보다는 대응

고객을 기쁘게 하고자 애쓰는 기업은 현재의 니즈에 대응하는 정도의 점진적인 개선에 안주하기 쉽다. 이런 회사들은 어느 정도의 대응력을 갖추고 있을지 모르지만 반드시 창의적이라고 할 수는 없다. 앞서 언급했듯이, 웬만한 경우 고객들은 파격적으로 새로운 제품과 서비스까지는 꿈꾸지 않는다. 베이조스는 아마존 프라임을 요구한 고객이 없었다는 사실을 자주 강조한다. 그래서 고객 집착은 창의적인 발명과 혁신적인 제품 그리고 서비스에 장기 투자하려는 의지와 결합되어야 한다. 베이조스가 자신을 비판하는 사람이나 심지어 동료들과 이사진까지 무시해 가며 킨들과 아마존 웹 서비스 같은 혁신 사업에 투자한 것은 그다운 결단이었다. 고객에 집착하는 사람들은 그들의 즉각적인 요구를 충족시키는 데만 급급하지 않도록 조심해야 한다. 고객 집착의 두 가지 측면인 대응과 창안을 모두 소중하게 취급하고 추구할 필요가 있다. 이를 볼 때 아마존은 고객의 말에 귀를 기울이면서도 그들이 필요한 줄도 모르는 것까지 그들에게 주는 회사의 좋은 사례다.

현실보다 핑곗거리

아마존은 데이터 기반 사업이다. 이들은 아마 회사 경영에 필요한 측정 지표를 개발하고 사용하는 일에는 세상 누구보다 훈련이 잘되어 있는 회사일 것이다. 초등학교 6학년 때 선생님들의 성과를 평가하는 설문조사를 만들었다는 일화가 있을 정도로 베이조스는 숫자를 좋아한다.[57] 그러나 그는 자신이 소중하게 여기는 것에 대해서도 의심을 품는다. 측정 지표도 그렇지만 프로세스가 결과보다 더 중요한 경우가 많다. 그것이 결과를 얻기 위한 것이라고 해도 말이다. 아무리 좋은 의도로 사용해도 측정 지표는 고객의 즐거움을 얻지 못하는 것에 대한 대안이나 심지어 핑곗거리로 전락하기 쉽다. 베이조스는 1997년 처음으로 보낸 주주서한에서 이렇게 언급했다.

> 좋은 프로세스는 고객을 돕는 데 도움이 됩니다. 하지만 자칫 방심하면 프로세스 자체가 목적으로 둔갑할 수 있습니다. 큰 조직에서 아주 흔히 볼 수 있는 현상이죠. 프로세스는 원하는 결과에 대한 프락시proxy(핑곗거리)가 됩니다. 결과를 그만 들여다보고 프로세스를 제대로 실행하고 있는지 확인해야 합니다. … 그래

서 항상 물어야 하죠. 우리가 이 프로세스를 장악하고 있는가?
아니면 프로세스가 우리를 장악하고 있는가?[58]

이 같은 덫을 피하려면 고객의 항의를 무겁게 받아들여야 한다.
예를 들어, 고객이 주문한 물품을 받지 못했다고 항의한다고 하자.
하지만 측정 지표에는 물품이 배송된 것으로 되어 있다. 알고 보니
기사가 물품을 옆집에 놓았는데, 고객이 옆집 문 앞을 확인하지 않
고 전화를 건 것이다. 데이터를 중시하고 치밀한 분석을 즐기는 베
이조스이지만, 그는 고객의 항의와 데이터가 충돌할 때 항의가 정
당한 경우가 많다고 믿는다. 데이터 수치에 결함이 있어 고객들의
경험을 정확하게 반영하지 못하는 것도 문제다. 아마존은 사업 운
영과 관련된 측정 지표를 기꺼이 받아들이지만 전적으로 신뢰하지
는 않는다.

직원보다는 고객

리더가 고객에 너무 집착하면 직원들을 목적을 위한 수단 정도
로 여기기 쉽다. 고객 중심 사고에 매몰되면 직원들에게 터무니없
이 무리한 요구를 하게 될 수도 있다. 게다가 회사의 높은 기준에
미치지 못하는 사람들을 가혹하게 대할 위험이 생긴다. 일부에서
는 아마존과 베이조스가 직원들의 진을 빼는 기업 문화를 조성한
다고 비난한다. 유난히 무더웠던 날 풀필먼트 센터에서 직원들이
열사병으로 쓰러질 때까지 별다른 조치를 취하지 않은 사건은 유

명하다. 그들이 에어컨을 설치하지 않았던 것은 분명 돈을 아끼기 위해서였고, 그럼으로써 가격을 낮게 유지할 수 있었다.[59] 아마존은 이 사건이 알려지자 센터 주차장에 구급차를 대기시키는 방식으로 대응했다. 풀필먼트 센터에 에어컨을 설치한 것은 나중의 일이었다. 고객 중심이든 아니든, 강박적 집착은 직원들이 마땅히 받아야 할 배려와 존중을 소홀히 하게 될 위험을 항상 안고 있다.

이 시대 가장 위대한 비즈니스 리더

지난 20년 동안 제프 베이조스에 필적할 업적을 쌓은 기업가를 꼽는다면, 몇 손가락만으로도 충분할 것이다. 하지만 그 역시 많은 실패를 겪었다. 베이조스도 자신의 실수를 숨기지 않는다. 파이어폰이 가장 눈에 띄지만 다른 실패 사례도 여럿 있다. 음식 배달 서비스 아마존 레스토랑Amazon Restaurants, 여행 서비스 데스티네이션Destinations, 지역 단위 오프라인 공동 구매를 돕는 아마존 로컬Amazon Local 등이 그에 해당한다. 베이조스는 2018년도 주주서한에서, 혁신에 따른 리스크를 감안할 때 앞으로도 수십억 달러를 허공에 날리는 일은 언제든 또 발생할 것이라고 인정했다. 어떻게든 실수를 줄여야겠지만 아마존의 규모가 계속 커지면 더 크고 값비싼 비용을 초래하는 실수를 예상하지 않을 수 없다고도 했다. 그렇지 않다면 이 기업은 생존에 필요한 과감한 베팅을 하지 않고 있

다는 의미가 된다.[60]

아마존은 정치적 실수도 저질렀다. 뉴욕에 본사를 설립해야 한다고 오판했다가 대중의 저항과 정치권 일부의 반발로 결국 없던 일로 했다. 개인적인 실수도 있었다. 애인에게 보낸 베이조스의 문자가 언론에 공개된 것이다. 어떤 이들은 세계에서 가장 치밀해야 할 테크놀로지 리더가 어떻게 그런 전자 서신이 공개되지 않으리라 생각했느냐며 어이없어 했다. 베이조스는 그답게 자신의 통신문을 게재한 매체를 향해 모든 것을 투명하게 공개하겠다며 당당히 맞섰고, 그 매체는 자신들도 낯 뜨거운 사진을 똑같이 공개하겠다면서 그를 위협했다. 2019년 초에 벌어진 이 같은 소동으로 한바탕 곤욕을 치른 이후, 베이조스는 아마존 직원들과 함께 자체적으로 타운홀 미팅을 진행했다. 그는 직원들에게 자신보다 한해를 더 순조롭게 시작한 사람이 있으면 손을 들어보라고 했다. 거의 모든 사람이 손을 들었지만 베이조스는 손을 들지 않은 사람이 몇 명 있는 것을 보고 신세 한탄인지 동정인지 모를 어투로 말했다. "거 참, 안 됐군요."[61]

베이조스는 아마존을 사회에 유익한 영향을 주는 기업으로 만들고 싶어 하지만, 언론과 정부와 대중들의 반감은 갈수록 심해지는 분위기다. 아마존의 영향력과 권력에 대한 공격은 그 어느 때보다 거세 그들을 규제하고 심지어 회사를 해체해야 한다는 목소리까지 나온다. 아마존은 1990년대 후반에 마이크로소프트가 독점금지 소송을 당했을 때처럼 사업 모델과 관행에 강력한 제동이 걸릴 위기에 처해 있다. 이제 베이조스는 수십 년 전 반스앤노블이 아마존의 존립을 위협했을 때 사용했던 비장의 무기를 다시 꺼내들 것 같다. 바로 고객 집착이다. 늘 그랬듯이 그것이 아마존만의 비범한 성장 비결이니까.

핵심 요약

▶ 제프 베이조스는 전략적인 플라이휠을 기반으로 집요하리만큼 고객 중심적인 회사를 만들어 폭발적인 성장을 이루었다.

▶ 그는 시대와 관계없이 늘 고객이 원하는 것을 출발점으로 삼는다. 더 많은 선택, 더 낮은 가격, 더 빠른 배송이 그것이다.

▶ 아마존은 또한 혁신에 집중 투자하여, 고객이 지금은 잘 몰라도 곧 소중히 여기게 될 상품과 서비스를 만든다.

▶ 대기업의 여느 리더 못지않게 베이조스도 기업 문화에 깊은 관심을 갖고 있다. 그가 말하는 '데이 1'의 혜택을 유지하기 위해서다.

4장

위대한 제품

일론 머스크와 테슬라

품질의 측면에서 볼 때 강박적 성격은 매우 중요하다.
그런 맥락이라면 강박증 환자가 되는 것도 나쁘지 않다.[1]

일론 머스크

대중은 일론 머스크의 업적뿐 아니라 그의 도발적인 성격에도 매력을 느낀다. 그의 트위터 팔로워는 약 2,200만 명이다. 하긴 정부 자금으로 수십 년의 경험을 축적한 NASA도 해내지 못한 일을 해낸 리더가 세상에 몇이나 되겠는가? 대마초를 피우기 딱 좋아 보이는 장소에서 위스키를 홀짝거리며 인터뷰를 진행하는 리더는 또 몇이나 될까? 대부분의 CEO는 쓸데없는 잡음을 일으키지 않으려고 애쓰지만, 머스크는 조금도 개의치 않고 오히려 논란을 자초한다.

그러나 정작 우리가 머스크에게 주목하게 되는 것은 지금까지 상상으로만 존재했던 제품 중에서도 가장 혁신적이고 높이 평가받는 제품들을 그가 실제로 세상에 내놓았기 때문이다. 자신의 자동차 회사에 붙인 이름만 봐도 알 수 있듯, 머스크는 자신이 인류에게 더 나은 미래를 가져다줄 혁신적인 제품을 창조하는 사람이라고 생각한다. 그동안 머스크는 자본집약적인 산업 분야에서 수십억 달러 규모의 회사를 설립하여 기반이 탄탄하고 자원이 풍부한 회사들에 계속 도전해 왔다.

- 테슬라는 탁월한 기능으로 수많은 자동차상을 수상했다. 2013년에 〈모터트렌드Motor Trend〉는 테슬라 S를 '올해의 자동차'로 선정하면서 '미국이 여전히 위대한 것을 만들 수 있다는 것을 보여준 확실한 물증'이라고 선정 이유를 밝혔다.[2] 또 어떤 평론가는 신형 테슬라가 '우리의 테스트에서 그 어떤 자동차보다 뛰어난 성능을 발휘하여 〈컨슈머리포트Consumer Reports〉의 등급 시스템을 무색하게 만들었다'고 썼다.[3]

- 스페이스X는 액체 연료 로켓을 쏘아 올리고 국제우주정거장에 우주선을 보내 도킹시키는 데 성공한 최초의 민간 기업이다. 최초는 이것뿐이 아니다. 이 회사는 재사용이 가능한 로켓을 발사한 뒤 지구로 돌아온 로켓을 대서양에 떠 있는 드론십drone ship에 착륙시켜, 적절한 비용으로 우주 탐사와 상업적 서비스를 할 수 있다는 희망을 갖게 했다. 스페이스X의 장기 목표는 화성으로 여행할 우주선을 제작하는 것이다.

- 솔라시티Solar City는 일반 대중이 이용할 수 있는 태양에너지 사업을 선도하고 있다. 이들은 일반 주택과 상업용 건물에 태양광 패널을 설치한다. 이 회사는 또한 대규모 태양열 단지를 건설하고 있으며, 정전이 발생해도 3만 가구에 전력을 공급할 수 있는 대규모 시설을 호주에 완공했다.

- 페이팔PayPal은 머스크와 그의 파트너들이 2002년에 이베이에 15억 5,000만

달러를 받고 매각한 선구적인 온라인결제 시스템이다. 페이팔은 현재 3억 명에 가까운 이용자를 가진 제3자 온라인결제 분야의 선두주자다.[4]

▶ 보링Boring은 도시에서 사람과 제품을 이례적인 속도(지금은 288mph이지만 최고 760mph까지 올릴 예정이다)로 이동시키는 지하 시스템을 개발하는 초기 단계의 스타트업 운송 회사다.[5] 이 회사는 현재 로스앤젤레스와 라스베이거스에서 시제품을 시험 중이다.

2개의 벤처기업에서 드러난 머스크의 리더십만 봐도 알 수 있듯이, 그는 경력 초기부터 혁신적인 제품을 꿈꾸었다. 그동안의 과정을 돌이켜보며 그는 말했다. "우리는 할 수 있는 한 최고의 제품을 만드는 데 온 힘을 모았습니다. Zip2와 페이팔은 모두 제품 중심적인 회사였어요. 우리는 믿을 수 없을 만큼 수준 높은 고객 경험이 될 만한 무언가를 만들어야 한다는 강박증에 사로잡혀 있었죠. 그것이 대단한 영업 인력을 확보하는 것보다, 기막힌 마케팅 요령이나 12단계 프로세스 등을 생각해 내는 것보다 훨씬 더 효과적인 판매 수단이었습니다."[6] 머스크는 미국 자동차 제조 업체들을 사례로 들면서 겉만 그럴듯한 제품으로는 성공하기 힘들다고 말했다. 이에 반해 그는 자신의 자동차를 혁신적이고 흥미로운 제품으로 설계한다. 이는 자동차 회사들이 바다 건너에서 밀려오는 경쟁에 떠밀려 명맥만 겨우 유지하기 급급한 나라에서 무시할 수 없는 업적이다. 머스크와 비슷한 생각으로 기술 기업에 투자하는 어느 벤처 캐피털리스트는 제품에 모든 것을 집중시키는 것이 사업 성공의 열쇠라며 이렇게 말했다.

> 내가 투자했던 위대한 회사들은 공통된 특징을 가지고 있습니다. 창업자나 최고 경영자가 제품에 집착한다는 점이죠. 제품에 관심을 갖고 제품을 잘 알고 제품과 친숙한 정도가 아니라, 제품에 집착합니다. 무슨 토론을 하든 이야기는 다시 제품으로 돌아갑니다. 고객을 주제로 삼아도 얘기는 실제로 고객이 제품을 어떻게 사용하며 제품이 고객에게 어떤 가치를 가져다줄 것인가 하는 문제로 귀결되죠. 엔지니어가 아닌 사람들까지 포함하여 초창기 팀은 오로지 제품에만 집중합니다. 첫째도 제품, 둘째도 제품, 셋째도 제품이에요.[7]

117

하지만 기업이 성장하게 되면 실제로 어떤 일이 벌어지는가? 스티브 잡스는 성공하는 기업일수록 중간관리자 층이 두터워져, 고위 리더들이 제품 개발이나 엔지니어링, 제조 과정의 세부적인 업무를 수행하는 사람들과 격리된다고 지적했다. 그 결과 "그들은 더 이상 제품에 대한 본능적 느낌도 열정도 갖지 않습니다. 그래서 어쩌다 열정이 남다른 창의적인 직원이 있어 무슨 일을 제대로 해보려고 하면 다섯 겹으로 막혀 있는 경영진을 차례로 설득해야 하죠."[8] 이런 회사는 과거의 업적에 기대어 잠시 연명할 수는 있지만, 다음 세대를 위해 바람직한 제품을 개발하는 데 필요한 집중력과 추진력을 갖추기 어렵다. 스티브 잡스는 기업의 이윤은 위대한 제

4장 | 위대한 제품

품에서 나온다고 생각했다. 다만 이윤 자체는 그의 목표가 아니었다. 그는 전기 작가에게 말했다. "훌륭한 제품을 만들겠다는 직원들의 의욕으로 수명이 지속되는 회사를 세우는 것이 내 꿈이었습니다. … 이윤이 아니라 제품이 동기인 회사 말입니다."[9]

머스크는 자신이 일하는 시간 중 80%는 설계와 엔지니어링에 투입된다고 말한다. 그는 또한 수완이 좋은 마케터로, 자신의 제품에 대한 대중의 관심을 집중시켜 수요를 창출하는 요령을 알고 있다. 머스크는 화성으로 보낼 로켓에 대한 지지를 유도하기 위해 스페이스X 팰컨 로켓에 테슬라를 실었다. 그는 자동차 운전석에 마네킹을 앉히고, 발사된 후 지구를 떠나 질주하는 로켓 속 테슬라에 앉아 있는 이 '우주인' 사진을 공개했다. 차 계기판에는 '겁먹지 말라'라는 문구가 적혀 있었다. 이 로켓은 수억 년 동안 궤도를 돌 것이다. 머스크의 마케팅 아이디어를 보여주는 또 다른 사례는 그의 제품 설계다. 테슬라 S의 가장 강력한 버전은 출발하여 60mph까지 속도를 올리는 데 2.27초밖에 걸리지 않는다. 일반 자동차로도 이례적인 속도이지만 전기자동차에선 더더욱 놀라운 가속 기능이다. 운전자가 차량 제어 화면에 '고속 급가속ludicrous acceleration'이라고 표기된 옵션을 작동시키면 이런 가속도가 나온다.[10]

이 같은 혁신에도 불구하고 테슬라의 운명은 여전히 불투명하다. 머스크는 최근까지 여러 차례에 걸쳐 테슬라의 생산과 수익성에 대한 약속을 지키지 못해, 자신과 회사와 주가에 대한 지지도를 잠식시켰다. 〈월스트리트저널The Wall Street Journal〉은 지난 5년 동안

118

머스크가 공언해 놓고 평균 1년 가까운 기간 동안 지키지 못한 약속이 10개라고 지적했다.[11] 공약을 남발하는 그의 버릇과 폭스바겐의 도전 등 여러 요인으로 인해 테슬라는 공매도 규모가 가장 큰 주식이 되었다. 이는 테슬라가 실패한다는 데 베팅한 영리한 사람들이 그만큼 많아졌다는 뜻이기도 하다. 심지어 머스크조차도 자신의 자동차 회사를 주류에 편입시키는 데 성공할 확률은 10%밖에 안 된다고 말한다.

테슬라는 2019년에 목표생산량을 달성하고 기록적으로 짧은 기간에 중국 공장을 새로 가동하면서 다시 박차고 나갈 계기를 마련했다. 테슬라는 미국 역사상 가장 가치가 높은 자동차 회사로 올라섰다. 테슬라의 미래에 대해서는 사람들의 견해가 크게 엇갈리지만, 그를 비판하는 자들도 머스크가 대담한 도전을 멈추지 않고 그로 인한 위험 앞에 조금도 물러서지 않는다는 사실만큼은 인정한다. 그는 페이팔을 매각해 얻은 돈에서 1억 달러를 스페이스X에, 7,000만 달러를 테슬라에, 1,000만 달러를 솔라시티에 투입하는 등 새로운 벤처기업 세 곳에 투자했다고 밝힌 바 있다. 머스크는 기업가들이 자신의 돈은 투자하기 꺼리면서 다른 사람의 돈을 위험한 사업에 끌어들인다며, 이는 잘못된 행태라고 꼬집기도 했다. 그는 이 같은 결정을 했던 당시를 돌아보며 말했다. "흔히들 수중에 많은 돈이 들어오면 위험한 일을 하려 들지 않습니다. 하지만 내 관심사는 돈이 아니라 인류의 미래와 관련된 문제를 해결하는 것이었습니다."[12]

제품에 대한 머스크의 집착은 사회에 도움이 될 만한 것을 만드는 것에서 시작된다. "나는 세상을 변화시키거나 미래에 영향을 미치는 일에 관심이 많습니다. 사람들이 '우와, 이게 어떻게 된 일이지? 어떻게 이런 일이 가능하지?' 하며 놀랄 만한 신기술 말입니다."[13] 테슬라의 영향으로 전기자동차가 많아지면 내연기관으로 인한 환경 피해도 줄어들 것이다. 태양전지판은 기존의 발전소, 특히 석탄을 태우는 재래식 발전소의 폐해를 줄일 수 있다. 머스크에 따르면, 스페이스X는 우리가 다행성 종족multiplanetary species이 될 수 있는 수단을 제공한다.

그러나 모든 제품이 꼭 혁명적이어야 하는 것은 아니다. 가능한 한 많은 사람의 삶을 좀 더 편하고 보람 있게 만들어 주는 제품도 얼마든지 생각할 수 있다. 예를 들어, 페이팔은 화성에 식민지를 건설할 목적으로 만드는 로켓에 비하면 기여도가 작을지 모르지만, 사람들의 온라인 구매를 용이하게 해준다는 점에서 가볍게 볼 수 없는 아이디어다. 머스크는 제품에 집중하는 기업의 첫 번째 목표는 크든 작든 사람들의 복지에 기여하는 무언가를 만드는 것이어야 한다면서 다른 기업가들의 분발을 촉구한다.

특히 기술 분야에 종사하는 기업들은 세상을 더 나은 곳으로 만드는 것이 자신들의 목표라고 주장한다. 페이스북의 사명은 '사람들에게 공유 능력을 부여함으로써 세상을 더 개방적이고 더욱 긴밀하게 연결시키는 것'이다. 그러나 일부 사람들은 데이터 프라이버시 문제를 관리하는 페이스북의 방식이 사실상 가능한 한 많은 사람을 그들의 사이트에 접속시켜 오래 머물게 함으로써 사용자 정보를 최대한 많이 알아내고 이를 이용해 광고 수익을 창출하는 것이라며 비판하기도 한다. 실제로 사용자 정보는 페이스북의 가장 귀중한 자산으로, 특정 고객 집단에 도달하기 위해 많은 돈을 지급하려는 사람들에게 표적 광고를 제공할 수 있게 해준다.[14] 물론 좋은 일을 하는 것과 돈을 버는 것이 꼭 배타적인 것은 아니다. 그러나 페이스북의 행태를 보면 정작 그들의 핵심 운영 방침은 성장과 이윤 쪽인 것 같다.

테슬라나 스페이스X에 대해서는 이 같은 비판을 들이대기 어렵다. 머스크의 회사들은 징말로 큰 꿈을 담은 사명을 기반으로 추진되기에 그들이 성공한다면 대단한 결과를 만들어 낼 것이다. 사실 전기자동차는 머스크가 등장하기 전부터 이미 시장에 존재했다. 하지만 그 범위가 한정되어 있었고, 운전 경험이 시원치 않았으며, 설계도 어설펐다. 따라서 전기자동차를 타려는 사람이 많지 않았다. 만약 테슬라가 나오기 전에 전기자동차를 본 사람이라면 열성적인 환경주의자였을 가능성이 크고, 그래서 성능이 기대에 못 미쳐도 기꺼이 감내했을 것이다. 그러다가 테슬라가 모든 것을 바꿔 놓았다. 테슬라가 내놓은 자동차는 빠르고 매력이 넘쳤다. 테슬라는 단순히 전기로 움직이는 차를 넘어 신분의 상징이 되었고, 그런 인기를 바탕으로 전기자동차 산업 전반에 활기를 불어넣었다.[15] 머스크는 다른 제조업자들도 전기자동차 생산에 동참해 주길 바라면서 그 이유를 이렇게 설명했다. "우리는 지금 역사상 가장 위험한 실험을 하고 있는 중입니다. 환경 재앙이 닥치기 전에 이산화탄소를 얼마나 처리할 수 있는지 알아보는 실험 말입니다."[16] 폭스바겐, 메르세데스, 포드 같은 자동차 제조 업체들은 몇 년 동안 전기자동차를 등한시했지만, 이제는 그들도 전기자동차 생산과 판매에 적극 열의를 보이고 있다. GM은 앞으로 4년 안에 20종의 전기자동차를 선보일 계획이다. 자동차 산업의 지반을 흔든 것은 머스크이지만, 더 막강한 경쟁자들이 퍼스트 무버로서의 그의 이점을 잠식하게 되면 그는 스스로 이룬 성공의 희생양이 될 수도 있다.

효용성과 신뢰도 그리고 아름다움

머스크는 스페이스X와 테슬라의 CEO이지만 동시에 수석 디자이너 겸 제품설계사다. 그는 금융이나 마케팅 혹은 영업 분야에서 평범한 경력을 쌓은 CEO가 아닌, 엔지니어링과 디자인 전문 지식을 갖춘 사람이 기업을 이끌어야 한다고 생각한다.[17] 적어도 제품에 중점을 두는 기업의 CEO라면 다른 분야보다 디자인과 엔지니어링에 과감히 도전해야 한다는 것이다. 그는 어려운 문제를 대할 때마다 자신에게 똑똑히 보이는 것들이 다른 사람들 눈에는 왜 안 보이는지 이해할 수 없다며 답답해한다. 그렇게 해서 잘 될 경우 현재보다 뚜렷하게 개선된 제품을 얻을 수 있는데 말이다. 그는 이렇게 썼다.

> 확실한 기반을 굳힌 거대한 경쟁자들이 버티고 있는 시장에 진출하려면, 그들보다 훨씬 좋은 제품이나 서비스를 갖고 있어야 한다. 뚜렷한 차이가 없다면 사람들은 항상 신뢰를 주었던 브랜드를 계속 구매할 것이다. 그래서 조금 더 나은 정도로는 경쟁할 수 없다.[18]

머스크도 잡스처럼 제품을 우선시한다. 그래서 마케팅 등 다른 분야에 투입된 돈을 제품 디자인과 제조 등 핵심 분야로 되돌린다. 그는 리더와 기업이 신호보다 잡음에 신경을 쓴다며, 그런 데 힘을 쏟다가는 정작 중요한 것에 집중하지 못하게 된다고 경계했다.

> 많은 회사가 혼란스러워하는 것이 바로 이 부분입니다. 그들은 제품 개선과 아무 관련도 없는 곳에 돈을 씁니다. 테슬라는 광고에 돈을 쓴 적이 없습니다. 우리는 자동차의 성능을 최대한으로 높이기 위해 모든 돈을 R&D와 제조, 설계에 투자합니다. 그리고 그것이 우리가 가야 할 길이라고 생각합니다. 어떤 회사든 끊임없이 이런 질문을 해야 합니다. "이것이 인력을 투입할 만한 일인가? 그래서 제품이나 서비스가 더 좋아지는가?" 그렇지 않다면 그런 시도는 중단해야 합니다.[19]

더 좋은 제품을 만들려면 세 가지 요건을 충족시켜야 한다. 우선 기존 제품보다 확실히 낫다는 인상을 주어야 한다. 그다음, 시간이 갈수록 더욱 믿음이 가는 성능을 보유해야 한다. 그리고 아름다워야 한다(머스크는 '섹시하다'라는 표현을 쓴다). 결국 디자인은 단순한 외관이나 장식의 문제가 아니라 기능 전반의 문제다.[20] 머스크는 그가 만드는 자동차에서 이 세 가지 목표를 극대화하려 하기에 그의 제품에 대한 고객 만족도는 매우 높다. 그는 말했다. "우리가 추구하는 것은 플라톤이 말하는 완벽한 자동차의 이데아입니다. 그게 실제로 어떻게 생겼는지 누가 알겠어요? 하지만 우리는 가능한 모든 부분에서 흠잡을 데 없는 차를 만들려고 합니다. 어느 정도의 불완전함은 늘 따라다니겠지만, 우리는 이를 최소화하여 모든 면에서 즐거움을 주는 차를 만들고자 노력하죠."[21]

예를 들어, 테슬라 자동차는 배터리로 구동되는데 출시되었을 당시 그 배터리는 기존의 어떤 제품보다 성능이 월등히 뛰어났다. 테슬라의 배터리는 휴대폰이나 컴퓨터 같은 작은 전자 기기에서나 볼 수 있는 리튬이온 기술을 사용했다. 가볍고 강력하며 한발 앞선 기술로 만들어진 덕에 가격 또한 낮출 수 있었다. 무엇보다 리튬이온 배터리의 독특한 구조 덕분에 첫 번째 모델 S는 한 번 충전으로 425km 이상 주행할 수 있게 되었다. 이 같은 주행거리는 당시 다른 전기자동차에서 사용하던 배터리의 2배 이상이며, 대부분의 가솔린 엔진 차량의 탱크 당 주행거리에 한층 더 가까워진 것이었다. 이 덕분에 그간 전기자동차가 대중적으로 인기를 얻는 데 한계로 지적되어 왔던 '주행거리 불안감range anxiety'이 크게 줄었다. 아울러 새로운 기술로 엄청나게 빠른 차를 만들 수 있다는 것도 그에 못지않게 중요한 가능성을 보여줬다.

머스크는 배터리에 대한 욕심을 멈추지 않았다. 성능 못지않게 중요한 것이 미적 감각이었다. 그는 직원들에게 이렇게 말했다. "기왕 만들 거면 아름답게 만들자. 그게 매출에 영향을 주지 않는다고 해도 나는 아름다운 것이 좋아."[22] 미감에 대한 그의 관심은 테슬라의 문고리만 봐도 알 수 있다. 그는 독특한 손잡이를 원했다. 운전자가 차량에 가까이 접근하면 튀어나오는 손잡이는 주행할 때는 도어 패널 안으로 들어간다. 아주 간단해 보인다. 하지만 웬만한 자동차에서는 이런 손잡이를 볼 수 없다. 설계와 제조 방법이 엄청나게 복잡하기 때문이다. 혹여나 손잡이가 안정적으로 작동하지 않으면 차에 탈 수 없다. 열이나 추위, 얼음, 비 등 다양한 조건에서 수천 번을 사용해도 일관성 있게 작동해야 한다. 그리고 또 안전해야 한다. 닫히는 중에 혹시 손가락이 끼이면 즉시 도어가 멈춰야 한다. 일부 엔지니어들의 반발에도 불구하고 머스크는 자신이 원하는 대로 도어의 손잡이를 만들었고, 이제 그것은 테슬라의 대표적인 특징이 되었다.

이런 점에서 머스크는 스티브 잡스를 많이 닮았다. 잡스도 기업의 성공에는 제품의 디자인이 결정적인 역할을 한다고 강조했다. 위대한 기업은 위대한 제품의 결과물이라는 사실을 두 사람은 간접적으로 보여주었다. 잡스는 어느 자리에서, 마이크로소프트가 어렵게 얻은 성공에 대해서는 아무런 이의도 제기할 생각이 없다고 말했다. 다만 잡스가 정작 거부감을 느낀 것은 마이크로소프트가 만드는 것이 그가 보기에 독창성으로나 미적으로나 봐줄 만한 특징이 없는 3류 제품이었다는 것이었다. 게이츠나 발머 같은 사람이 리더로 있는 한 마이크로소프트의 직원들은 자신이 만든 것에 애정을 갖기 힘들 것이라는 얘기였다.

대담한 생각과 디테일

머스크는 강박적일 정도로 획기적인 기술에 집착한다. 그는 머릿속에서 아이디어가 '끝도 없이 폭발'해 도무지 스위치를 끌 수 없다고 말한 적도 있다. "밤늦은 시간까지 서성거릴 때가 있어요. … 어떤 문제와 씨름하다가 그중 몇 가지 단서를 거의 찾아냈다 싶으면, 몇 시간이고 생각하며 끝까지 파헤치곤 합니다."[23]

앞에서 지적한 대로 테슬라의 설립자들과 머스크는 그들 사이에서 리온Li-ion 에너지 시스템으로 통하는, 리튬으로 만든 배터리가 시중에 나와 있는 그 어떤 배터리보다 월등히 우수하다고 믿었다. 이 배터리를 차량에 장착하면 니켈을 기반으로 하는 기존의 배터리나 납축전지보다 훨씬 더 빨리 가속할 수 있고 배터리 수명도 크게 늘어나기 때문이다. 하지만 리튬 배터리가 비싸다는 게 문제였다. 이를 자동차에 사용하려면 디자인과 제조 방식을 혁신하여 비용을 떨어뜨려야 했다. 머스크는 일단 리온 배터리를 채택하기로 결정부터 했다. 그런 뒤 비용 효율적인 방식으로 리튬 배터리를 대량생산하는 힘겨운 작업에 온 역량을 집중시켰다.

이와 같은 획기적인 발상은 스페이스X에서도 뚜렷하게 드러난다. 머스크는 재사용 가능한 로켓을 만들면 우주여행과 운송비용을 절감할 수 있으리라 판단했다. 그렇게 되면 화성 여행 같은 거창한 목표도 경제적으로 가능한 범위 안에 들어온다. 하지만 우주 산업에 종사하는 사람들은 대부분 그런 로켓은 설계가 불가능하다고 생각했다. 정부의 대규모 지원을 받아서 수십 년간 경험을 축적해온 NASA조차 재사용할 수 있는 로켓을 만들지 못하고 있었다. 그렇다고 단념할 머스크가 아니었다.

한 직원의 말에 따르면, 머스크에겐 로켓 설계나 제조 경험이 전혀 없었지만 그는 이 문제와 관련된 교본이나 기술 매뉴얼을 닥치는 대로 섭렵한 다음 자신을 지도해 줄 이 분야의 권위자를 물색했다고 한다. 또한 이 분야 최고 인재들을 고용하여 그들의 머릿속에 있는 지식을 자기 것으로 만들었다. 한 직원은 말했다. "처음에는 내가 맡은 분야를 얼마나 잘 알고 있는지 시험하는 줄 알았어요. 하지만 얼마 지나지 않아 그가 무언가를 배우려고 한다는 것을 알았습니다. 그는 상대방이 알고 있는 것을 90% 자기 것으로 만들 때까지 묻고 또 묻습니다."[24] 머스크의 학구열은 단순히 다른 사람들의 성과나 지식을 흡수하려는 것이 아니었다. 오직 재사용할 수 있는 로켓이라는 실현 불가능해 보이는 과제에 도전하기 위해서였다. 그의 직원 중 한 명은 머스크가 이 분야에서 명성을 얻은 전문가들에게 수시로 도전했고, 새파란 신예에게 면박을 받은 적도 있다고 전했다.[25] 그들은 머스크를 가능한 것과 불가능한 것을 구분하지도 못하는 순진한 초보자로 여겼다.

머스크는 베이조스나 잡스와 마찬가지로, 획기적인 아이디어는 혁명적인 것을 창조하는 과정에서 시작에 불과하다고 생각한다. 훌륭한 제품은 수백 가지 디테일을 기반으로 만들어지기에 리더는 디자인과 제조의 세부적인 부분까지 꿰고 있어야 한다는 것이다. 하지만 경영 전문가들은 머스크의 생각과 달리 고위직 리더들은 세부적인 운영에 간섭하지 말아야 한다고 주장한다. 그래봐야 리더만이 할 수 있는 전략적인 업무를 처리할 시간만 줄어든다면서. 고위 임원이 세부적인 내용까지 간섭하고 챙기면 실무자의 사기가 떨어지며, 실무자들은 자신이 맡은 분야는 고위직에 있는 사람들이 아닌 자신이 관리해야 한다고 믿기 때문이다.

하지만 머스크는 리더가 개입하지 않으면 직원들의 정신 상태가 해이해져 결국 제품이 피해를 입는다고 생각한다. 그는 '나노 매니저nano-manager'를 자처하며, 자신이야말로 디테일의 중요성을 아는 사람이라고 자랑스럽게 말하곤 한다. 그리고 이는 일부에서 말하는 마이크로 매니지먼트micromanagement(미시경영)와 달리, '세심한 운영과 자동차 디자인의 디테일에 대한 실질적인 집착'을 실천하는 자기만의 방식이라고 주장한다.[26] 제품에 대한 그의 해박한 지식은 디자인뿐 아니라 제조와 물류, 마케팅 등 테슬라의 비전을 실천하는 문제에도 여실히 반영되고 있다. 머스크는 사업을 전투에 비유하면서, 리더는 전시에 군대와 함께 최전방에서 지휘해야 하며 사무실만 지켜서는 생산되고 판매되는 제품을 온전히 이해할 수 없다고 말한다.

부정적 피드백 구하기

머스크는 자신들의 제품이 시장 점유율을 유지하거나 높일 수 있을 만큼 좋다고 생각하는 순간 그 기업은 정체될 수밖에 없다고 생각한다. 기업은 현재의 제품에 만족하지 말고 끊임없이 개선해 가야 한다. 그렇지 않으면 누가 언제 이디서 더 나은 제품으로 그들의 고객을 빼앗아갈지 모른다는 것이다.[27]

초기 조업 과정에 머스크가 대응한 방식을 보면 이런 문제를 대하는 그의 태도를 짐작할 수 있다. 차량들이 조립 라인에서 나오면 그는 매의 눈으로 자신이 원했던 모습과 조금이라도 다른 부분이 없는지 아주 미세한 곳까지 살펴서 찾아냈다. 미등이나 내·외장 부품의 좀처럼 눈에 띄지 않는 정렬 불량, 위에서 아래로 내려갈수록 틀어짐이 조금씩 커지는 보디 패널, 톤이 살짝 맞지 않는 페인트 마감 등, 웬만한 CEO들이 놓치거나 다른 사람에게 검사를 위임하는 세부사항을 그는 직접 살폈다. 머스크는 한 인터뷰에서, 아무리 사소한 결함이라도 테슬라에서 문제점이 발견될 때는 마치

누군가가 자신의 눈을 단검으로 찌르는 것 같은 아픔을 느낀다고 말했다.[28]

머스크는 또한 제품을 개선하기 위해 사용자들에게 부정적인 피드백을 요청하곤 한다. 사실 누군가가 자신이나 그의 회사 혹은 제품을 업신여기면, 발끈하면서 적극 방어해 온 그였기에 그런 조치는 다소 의외다. 그는 말했다. "영화 〈스카페이스Scarface〉에서 주인공이 했던 말처럼, '자기가 파는 마약에 취하기'는 쉽다. 혁신을 두려워하지 말고, 뭔가 제대로 풀리지 않을 때 잘 돼간다고 애써 현실을 외면하지 말고, 어설픈 방법으로 해결하려 들지도 말아야 한다."[29] 가장 좋은 피드백은 친구들로부터 나오는 경우가 많다. 친구들은 진정으로 자신을 걱정해 주기 때문이다. 하지만 친구들도 상대의 기분을 상하게 하는 것이 싫어서 정직한 피드백을 주지 못할 때가 있다. 따라서 경험이 많은 리더는 친구들의 의견을 얻기보다 일부러 부정적인 피드백을 따로 구할 방법을 찾는다. 그들은 사람들이 그런 피드백을 주길 꺼릴 때도 끈질기게 요구한다. 실제로 머스크는 고객들과 테슬라 자동차에서 빠진 것이 무엇인지, 또 잘못된 부분은 어디인지 이야기 나누길 좋아한다. 고객과 친구 들이 테슬라의 좋은 점을 아무리 칭찬하고 설명해도 차를 더 좋게 만드는 데는 별다른 도움이 되지 않기 때문이다. 그는 자신이 테슬라의 장점은 잘 알고 있지만, 다른 사람들이 약점으로 여기는 것은 혹시 모를 수도 있다고 생각하는 것이다.

열심히 아주 열심히

머스크는 혁명적인 제품을 만들려면 치열한 직업의식을 가져야 한다고 생각한다. 자신의 성공을 본받고 싶다면, 밤늦게까지 일한 다음 잠자리에서도 제품에 대한 꿈을 꿀 정도가 되어야 한다면서 말이다. 휴가도 휴식도 없이 일주일에 7일을 그렇게 살라고 한다.[30] 서던캘리포니아 대학교의 졸업식 연설에서 그는 사업을 꿈꾸는 사람들에게 이렇게 조언했다.

> 우선 … 혼신의 힘을 다해 일해야 합니다. 혼신의 힘을 다한다는
> 것이 어떤 겁니까? 저는 남동생과 회사를 처음 차릴 때 집을 구
> 하지 못해서, 작은 사무실을 빌려 소파에서 잠을 자고 샤워는
> YMCA로 가서 했습니다. 돈이 없어서 컴퓨터도 한 대뿐이었죠.
> 낮에는 웹사이트 작업을 하고 밤에는 코딩을 했습니다. 온종일
> 일주일에 7일을 말입니다. … 그렇게 혼신의 힘을 다해 열심히
> 일하세요. 깨어있는 시간에는 쉬지 말고 일하세요.[31]

머스크의 파격적인 직업의식은 그의 회사에도 그대로 적용된다. 그는 테슬라와 스페이스X의 사명을 강조하며 이렇게 말했다. "주당 40시간 일해서는 혁명적인 자동차나 로켓을 만들 수 없습니다. 그런 식으로는 안 됩니다. 일주일에 40시간으로는 화성에 사람을 이주시키지 못합니다."[32] 그의 일주일 일과는 이렇다. 머스크는 로

스앤젤레스의 스페이스X에서 한 주를 시작하여, 노던캘리포니아로 올라가 테슬라에서 며칠을 보낸 뒤, 금요일에 다시 스페이스X로 돌아간다. 보통은 그렇게 한 주가 지나가지만, 간혹 네바다로 건너가 솔라시티를 둘러볼 때도 있다. 최근 인터뷰에서 그는 테슬라에서 3~4일 동안 줄곧 현장을 지켰다고 했다. 모델 3 제조에 문제가 생겨 직원들 곁을 떠날 수 없었다는 것이다. 사무실이나 공장의 작업 현장에 없을 때도 직원들은 마음만 먹으면 언제든 그를 만날 수 있다. 그는 직원들에게 필요하면 망설이지 말고 자신에게 연락하라고 말한다. "문제 해결에 도움이 된다면 나는 하루 24시간 1주일에 7일 이용 가능한 사람입니다. 일요일 새벽 3시에 전화해도 됩니다. 아무 문제없어요."[33]

일에 대한 머스크의 집착은 대학교 재학 시절 그가 친구에게 한 말에서도 드러난다. "안 먹고 살 수 있는 방법이 있고 그래서 일을 더 많이 할 수 있다면, 난 먹지 않을 거야. 한 끼 먹겠다고 자리 잡고 앉지 않아도 영양분을 섭취할 방법이 있다면 좋겠어."[34] 친구는 그 말이 너무 단호해서 놀랐다고 회상했다. 머스크와 함께 일했던 사람들도 비슷한 경험을 얘기한다. 한 전기 작가는 이렇게 썼다. '사람들이 머스크에게서 흔히 놓치는 것이 있다. 그의 결단력과 헌신이다. 나는 실리콘밸리의 내로라하는 사람들을 거의 다 인터뷰해 봤지만 머스크 같은 사람은 본 적이 없다. 아무리 열정이 넘치는 CEO라고 해도 그들에게 일은 일일뿐이다. 하지만 일론에게 일은 생사를 넘나드는 고통과 전쟁, 그 사이에 있는 무엇이다."[35]

직업의식을 놓고 보자면 머스크만 그런 건 아니다. 스티브 잡스는 애플의 맥Mac 팀에게 하루 14~18시간씩 1주일에 7일을 일하라고 다그쳤다. 그들은 2년 이상을 그렇게 했다. 그는 자신의 팀원들이 젊고 일을 사랑했으며 혁명적인 제품을 만드는 데 필요한 시간을 쏟아부을 열정이 있었다고 했다. 빌 게이츠도 폴 앨런과 마이크로소프트를 만들던 이십 대 내내 그런 식으로 일했다.[36] 우버의 트래비스 캘러닉과 알리바바Alibaba의 마윈馬雲도 마찬가지다. 지난 수십 년 동안 창업의 역사를 장식했던 위대한 성공 사례에서 일과 삶의 균형은 사치에 지나지 않았다.

특수부대

머스크는 테슬라와 그의 다른 회사의 엔지니어링과 제조 같은 핵심 분야에 우수한 인재들을 확보하기 위해서 남다른 공을 들인다. 기업들이 기술집약적인 분야에서 실패하는 이유는 우수한 인재를 많이 확보하지 못하기 때문이라고 그는 지적했다.

> 기업은 제품이나 서비스를 만드는 사람들의 모임입니다. 따라서 대단한 인재를 끌어들이고 그들에게 동기를 부여하는 능력에 성패가 좌우됩니다. 제품이나 서비스는 회사의 목적이에요. 사람들은 이런 기초적인 진리를 가끔 잊습니다. 훌륭한 인재들이 들

어와 공동의 목표를 향해 함께 일하고 집요하게 그 목표를 완벽하게 달성하겠다는 의식을 가진다면, 그런 노력은 결국 훌륭한 제품으로 귀결될 겁니다.[37]

그런데 대기업들은 똑똑하고 창의적인 사람들을 보유하는 것보다 관료주의적 프로세스를 개발하는 데 더욱 힘을 쏟는다고 머스크는 지적한다.[38] 그가 원하는 것은 공동의 목표를 달성하기 위해 헌신할 수 있는 인재들이다. 베이조스와 마찬가지로, 그도 성공하는 기업은 초창기의 정신자세만 봐도 싹이 보인다고 말했다.

창업 단계에 있는 기업들에게 내가 가진 철학을 강조하고 싶습니다. 특수부대를 운영해야 한다는 주장입니다. 우수한 기량은 이 부대의 최소 커트라인입니다. 신생 기업이 대기업으로 성공하려면 그렇게 접근해야 합니다. 우리는 그런 자세를 어느 정도 고수했지만 몇 군데에서 방향을 잃을 때도 없지 않았습니다. 우리 기준에 미치지 못해 내보낸 사람들에게 문제가 있다고 생각하지는 않습니다. 그건 특수부대와 정규군의 차이일 뿐이죠. 정말 힘든 역경을 딛고 의미 있는 회사로 성장하려면, 조직 전반에서 강도 높은 헌신을 아끼지 않는 인재들이 있어야 합니다.[39]

머스크는 직원을 뽑을 때 기술직은 물론 지위가 낮은 사람들까지 직접 인터뷰한다. 스페이스X에서 엔지니어 200명을 처음 채용할 때도 그는 후보들을 직접 인터뷰했다. 그는 인터뷰에서 문제를 제시한 다음 그 문제를 해결하는 지원자들의 방법을 확인한다. 그는 일반적인 경로를 거쳐 내놓는 답변을 원하지 않는다. 그가 듣고 싶은 것은 결과를 얻는 과정에서 나타나는 풍부한 디테일이다. 그는 문제를 제대로 해결한 사람들은 그 과정에 개입된 요소들을 절대로 잊지 않는다고 했다.[40] 머스크는 또한 지원자를 평가할 때 어떤 비범한 일을 성취하는 데 필요한 끈기와 의지가 있는지를 살핀다. 테슬라가 채용 인터뷰에서 자주 하는 질문은 이런 것들이다. "테슬라에서는 평일에 늦게까지 일하고 주말에도 일해야 합니다. 아마 정시에 출근하고 퇴근하는 직장이 익숙할 겁니다. 근무시간이 길어질지도 모르는데 어떻게 생각합니까?"[41] 머스크는 또 묻는다. "테슬러에서 근무하게 되면 실력을 계속 키워야 합니다. 당연히 장점과 단점이 있죠. 특수부대원이 되는 것은 멋진 일이지만, 이는 또한 혼신의 힘을 다해 열심히 일해야 한다는 의미도 되니까요. 아무나 할 수 있는 일은 아닙니다."[42]

제품 중심의 위험

머스크는 대단한 제품을 만드는 데 집착하지만, 여기에는 중대한 단점이 있다. 또 그중 몇 가지는 그가 이룬 놀라운 업적을 훼손하기도 한다.

삶보다는 일

모든 것을 일에 쏟아붓는 강도 높은 열의는 머스크의 성격과 잘 부합된다. 어떤 직원은 머스크를 몇 년 동안 쉬지 않고 24시간 돌아가고 있는 기계로 정의하면서, 그 기계는 한 주 단위로 가동시간을 쪼개 자신이 이끄는 3개의 회사에 나누어 쓴다고 했다. 좀 쉬어가면서 스트레스도 풀라고 권하는 사람들에게 머스크는 말했다. "누군가가 저에게 해변에 누워서 하루를 보내라고 한다면 그런 고역도 없을 것 같아요. 상상만 해도 끔찍한 노릇이죠. 아마 돌아버릴 겁니다. 독한 마약이라도 먹어야 할지 모르겠네요. 지루해서 견딜수 없을 테니까. 나는 바짝 긴장한 상태가 좋아요."[43] 머스크 스스로도 인정하듯, 그는 육체적으로나 정신적으로 거의 부서질 때까지 자신을 밀어붙인다.

테슬라는 스페이스X가 그랬던 것처럼 그동안 위태로운 순간을 여러 차례 겪었다. 2018년에 머스크는 〈뉴욕타임스 The New York Times〉와의 인터뷰에서 테슬라를 경영하며 받게 되는 스트레스를 설명하면서 감정적으로 약한 모습을 드러내기도 했다.[44] 그의 입으로 '최악의 해'라고 불렀던 시기에 그는 테슬라 모델 3의 공격적인 생산 목표를 달성하기 위해 여러 차례 힘든 고비를 넘겨야 했다. 당시 그는 회사 운영에 필요한 자금을 조달하기 위해 자동차의 생산과 판매를 늘리는 한편, 상당한 액수의 부채를 상환해야 하는 난제를 안고 있었다. 머스크는 이렇게 말했다.

회사를 세우면 재미있을 거라 생각하는 사람이 많습니다. 천만의 말이죠. 별로 재미없어요. 재미있는 기간도 있지만 끔찍한 기간도 많지요. 특히 CEO라면 회사의 모든 안 좋은 문제 중에서도 특히 최악의 문제들만 골라서 안고 있다고 봐야 합니다. 제대로 진행되고 있는 일에 시간을 할애하는 건 의미가 없죠. 잘못되어가는 일을 바로잡는 데 시간을 투입해야 합니다. … CEO는 그런 문제로 심한 압박을 받아요. 그래서 웬만한 고통에는 끄떡하지 않는 투지가 있어야 합니다.[45]

머스크는 자신의 과중한 업무량 탓에 본의 아니게 말실수를 하고 그로 인해 자신과 회사에 피해를 입힌 사실을 인정한다. 구설수에 오른 그의 몇 가지 행동으로 일부에서는 그를 조직을 효율적으로 이끌 소질이 없는 골칫거리로 낙인찍은 적도 있다.[46] 한때 머스크를 지지했던 한 투자 회사는 그의 무모한 행동으로 인해 적어도 가까운 장래에 테슬라에 추가로 투자하는 일은 없을 것이라고 통고했다.[47] 한 애널리스트는 테슬라의 주가를 평가절하하면서 이렇게 썼다. '문제는 CEO인 일론 머스크의 종잡을 수 없는 행동이다. … 그의 행동이 기업 가치 측면에서 가장 중요한 테슬라 브랜드의 이미지를 손상시키고 있는 것이 아닌가 걱정된다.'[48] 또 다른 월스트리트의 한 분석가는 머스크가 인터뷰 도중 대마초를 피웠다는 보도를 언급하면서 말했다. "상장 회사를 경영해서는 안 되는 사람의 행동이다."[49]

프로세스보다는 창의성

제품을 중시하는 리더는 프로세스를 걸림돌로 볼 위험이 있다. 그들은 혁신적인 제품을 디자인하고 그렇게 함으로써 어려운 과제를 해결하는 창의적인 사람들을 선호한다. 평소에도 머스크는 프로세스를 신뢰하지 않는다고 말했다. 그에게 프로세스는 복잡한 문제에 대한 관료적 대응일 뿐이다. 똑똑하고 지략이 풍부한 사람들은 그런 것이 없어도 까다로운 문제를 간단히 해결한다는 것이다. 그는 이렇게 썼다.

> 나는 프로세스를 믿지 않는다. 사실 신입사원 인터뷰에서 '중요한 건 프로세스'라고 말하는 지원자를 볼 때면 일단 나쁜 징조로 받아들인다. 생각이나 아이디어를 프로세스로 대체하려는 대기업이 많은 것이 문제다. 그들은 사람들에게 복잡한 기계의 작은 톱니바퀴가 되라고 한다. 그렇게 하면 똑똑하지도 창의적이지도 않은 사람들만 자리를 지키게 된다.[50]

물리학 학위를 소지한 머스크는 무엇보다 자신을 엔지니어로 인식한다. 문제는 그가 제품 설계를 넘어 제조에서도 어느 정도의 재능을 입증할 수 있는가 하는 점이다. 그는 범상치 않은 것들을 설계할 수 있다는 사실을 증명했지만, 그것들을 대량생산할 수 있을지에 대해서는 의구심을 갖는 사람들이 있다. 테슬라는 생산 목표에서 상당한 진전을 이루었지만 지속적으로 생산량을 늘려가려면 자체 역량을 새로 입증해야 한다.

머스크의 접근법은 스티브 잡스가 애플에서 했던 방식과 대조적이다. 잡스는 애플의 생산 작업을 팀 쿡Tim Cook에게 위임했고, 팀 쿡은 애플이 필요로 하는 제품의 생산량과 품질을 책임졌다. 잡스는 디자인과 마케팅에 집중한 반면, 쿡은 애플의 까다로운 요구를 충족시킬 수 있는 벤더와 계약하는 등 운영 부분을 효과적으로 관리했다. 현재 테슬라에는 팀 쿡이 잡스를 위해 한 일을 머스크를 대신하여 처리해 줄 사람이 없다.[51] 머스크는 모델 3의 생산 능력을 제한했던 제조상의 여러 문제를 어느 정도 해결한 것 같다. 과거 머스크를 과소평가했던 사람들의 우려도 기우였던 것으로 판명되었다. 그러나 그의 회사가 커지고 새로운 경쟁자가 계속 나타난다면 도전은 더욱 거세질 것이다. 제조업 전문가들은 기업이 탁월한 실적을 올리려면 숙련되고 훈련된 프로세스 리더와 함께 강력한 조직 프로세스가 필요하다는 데 입을 모은다.

직원보다는 제품

성공하는 기업가는 아이디어를 현실로 바꿀 수 있는 팀과 조직을 만든다. 문제는 강박증에 사로잡힌 리더들, 특히 제품에 집착하는 리더일수록 직원이나 다른 요소를 소홀히 한다는 점이다. 그들은 종종 자신을 위해 일하는 사람들에게 터무니없는 목표를 제시한 후 일이 계획대로 되지 않으면 가혹하게 대응한다. 잡스나 베이조스처럼 머스크도 최고 수준의 제품을 만들어 내는 데 필요한 재능이나 헌신이 부족한 사람들에게는 인내심을 보이지 않는다.

머스크는 기업은 오로지 훌륭한 제품을 만들기 위해 존재한다고 생각한다. 이런 말은 그와 같은 열정을 가진 사람들에게는 영감을 줄지 모르지만, 자칫 열의가 과열되면 회사가 심한 스트레스를 유발하는 작업 환경으로 바뀌기 쉽다. 다른 사람들이 비현실적이라고 여기는 높은 표준을 설정하고 시행하는 것도 분명 나름대로 이점이 있다. 하지만 야심찬 목표를 세우고 직원들을 장시간 근무 체제에 몰아넣은 뒤 끊임없이 압박해 대는 기업 문화는 머스크 경영 철학의 숨길 수 없는 단점이다. 이를테면 테슬라는 18개월 목표를 세우고 모델 3을 연간 50만 대씩 생산하기로 정했는데, 이는 이전보다 10배나 빠른 생산 속도다. 그 결과 머스크가 '생산 지옥'이라고 부르는 시기가 이어졌다. 한 직원은 목표 달성을 위해 막무가내로 밀어붙이는 그의 추진력을 이렇게 요약했다. "머스크는 상대방의 기분 같은 건 아랑곳하지 않는다. 상대방이 어떤 일로 감정이 상하는지 곰곰이 생각해 본 적도 없을 것이다. 그가 아는 것이라곤, 원하는 것은 일단 얻어내고 봐야 한다는 것이다. 그의 소통 스타일에 맞추지 못하는 사람은 견디기 힘들다."[52] 머스크는 자신이 세운 회사의 기대에 미치지 못하는 사람들에 대해 이렇게 말했다.

> Zip2에는 실력이 대단한 소프트웨어 엔지니어들이 몇 명 있었습니다. 하지만 코드를 짜도 내가 그들보다 훨씬 더 잘했어요. 그래서 그냥 끼어들어 망할 놈의 코드를 고쳤죠. … 답답해서 기

다릴 수 없었으니까. 지금도 마찬가지예요. 나는 언제든 개입해서 코드를 고칩니다. 그러면 5배는 더 빨리 돌아가겠죠. 멍청이들 같으니. 한번은 누군가가 화이트보드에 양자역학 방정식, 그러니까 양자 역학의 확률을 써놓았어요. 그런데 단단히 잘못 알고 있더군요. 그래서 그랬죠. "어떻게 저따위로 써놓을 수 있지?" 그리고 그 친구 보라고 바로잡아줬어요. 그 뒤로 그는 날 싫어했어요. 그때 깨달았죠. 공식은 바로잡았는지 모르지만, 그의 생산성을 떨어뜨리고 말았다는 것을. 좋은 일 처리 방식이 아니라는 건 분명해졌죠.[53]

머스크는 기대에 못 미치는 직원들을 가혹하게 몰아붙이는 것으로 유명하다. 그의 첫 벤처에서 일했던 한 직원은 이렇게 말했다. "회의를 마치고 나올 때면 사람들의 얼굴에 불쾌한 기색이 역력했어요. 물론 그가 다정한 역할만 했다면 지금 있는 자리에 이를 수 없었겠죠. 그는 의욕이 대단했고 또 자신만만했습니다."[54] 또 퇴사한 어떤 직원은 테슬라에서의 경험이 믿을 수 없을 만큼 멋졌지만, 머스크가 자신과 직원들에게 끊임없이 들이댄 요구 때문에 두 번 다시 거기서 일할 생각은 없다고 잘라 말했다.[55] 일론 머스크의 세밀한 부분까지 파헤쳤지만 대부분 찬양하는 내용으로 전기를 채운 애슐리 반스Ashlee Vance는 그렇게 썼다. '그가 내세우는 공감은 특이하다. 그는 개인의 욕구와 필요를 생각하지 않고 인간을 하나의 종 전체로 느끼는 것 같다.'[56]

머스크가 얼마나 직원들을 거칠게 몰아붙이는지는 핵심 임원직의 높은 이직률만 봐도 어느 정도 짐작할 수 있다. 2018년 1월부터 1년 사이 테슬라를 떠난 임원은 88명으로, 자발적으로 그만둔 사람도 있지만 머스크가 직접 해고한 경우도 꽤 된다.[57] 그만둔 사람 중에는 최고 재무 책임자, 엔지니어링 책임자, 최고 회계 책임자, 엔지니어링 디렉터, 국제서비스 상무, 자율주행 상무, 성능 엔지니어링 책임자, 최고 인사 책임자 등이 포함됐다. 일부 투자자들은 이 같은 높은 이직률을 크게 우려하면서 머스크의 경영 스타일이 회사의 규모와 맞지 않는다고 말한다. 그의 과도한 자기주장과 실질적인 현장 개입이 유능한 인재들로 하여금 회사를 떠나게 만든다는 것이다. 전기 작가의 말에 따르면, 한 직원이 근무시간이 너무 길어서 가족을 볼 시간이 없다고 하소연하자, 머스크는 회사가 파산하면 가족을 실컷 볼 수 있을 거라 대꾸했다고 한다.[58] 머스크는 그런 말을 한 적이 없다고 부인했지만, 직원들의 전적인 헌신이 없이는 성공할 수 없다는 그의 신념이 달라지지는 않을 것이다.

이 시대의 에디슨인가?

강박적 집착이 창조적인 지성을 만나면 리더와 조직을 놀라운 수준으로 끌어올린다. 테슬라가 어수선한 혼란기를 벗어나자 머스크에게 유독 목소리를 높이던 비평가들도 입을 다물었다. 그러나

후세 사람들이 머스크를 이 시대의 토머스 에디슨으로 평가할지, 니콜라 테슬라로 볼지는 아직 확정하기 이르다. 머스크는 두 사람을 모두 높이 평가하지만, 정작 존경하는 쪽은 토머스 에디슨인 것 같다. 두 사람의 업적을 어떻게 생각하느냐는 질문에 그는 이렇게 답했다.

> 자동차 회사 이름을 테슬라로 한 것은 … 우리가 교류 유도전동기를 사용하기 때문입니다. 이를 개발한 당사자가 테슬라였으니까요. 테슬라는 사실 요즘 사람들이 생각하는 것보다 좀 더 많은 언론의 주목을 받을 자격이 있습니다. 하지만 솔직히 나는 테슬라보다 에디슨을 더 좋아합니다. 에디슨은 그의 발명품을 시장에 내놓았고 또 세상에 널리 보급했지만, 테슬라는 그렇게 하지 못했으니까요.[59]

일론 머스크가 앞으로 얼마나 더 제품을 개선하고 자신의 의지를 관철시켜 세상의 주목을 이끌어 낼지는 알 수 없다. 2019년에 테슬라는 상당한 실적을 올렸고 덕분에 현재 기업 가치도 GM과 포드를 합친 것보다 높다. 그의 회사가 여기까지 오는 데는 그의 강박적인 성격이 큰 역할을 했다. 문제는 그와 그의 팀이 이 같은 성격의 단점들을 얼마나 잘 관리할 수 있는가 하는 점이다.

▶일론 머스크는 위대한 제품이 위대한 회사를 만든다고 생각한다. 기업은 사회를 변화시키고 고객에게 즐거움을 주는 제품을 만드는 데 온 힘을 집중시켜야 한다.

▶그는 '최전선에서 지휘해야 한다'는 소신을 가진 테크놀로지 분야의 비저너리다. 그래서 자신이 이끄는 기업, 그들이 만드는 제품의 설계와 운영의 세부적인 사항까지 치밀하게 체크하고 관여한다.

▶그의 목표는 디자인과 엔지니어링 분야에 탁월한 재능과 의욕을 갖춘 사람들을 곳곳에 배치하는 것이다.

▶그는 자신과 그의 팀을 극한까지 밀어붙인다. 하지만 그렇게 하다가는 자신이 애써 쌓아올린 것을 훼손할 수도 있다.

5장

쥐어짜는 성장

트래비스 캘러닉과 우버

트래비스의 가장 큰 장점은 목표를 위해서라면 벽도 뚫고 나간다는 것이다.
트래비스의 가장 큰 약점은 목표를 위해서라면 벽도 뚫고 나간다는 것이다.[1]

마크 큐번 Mark Cuban

146   트래비스 캘러닉은 로스앤젤레스의 평범한 교외에서 어린 시절을
보냈다. 토목기사였던 그의 아버지는 앞으로 정보기술이 더욱 중
요해질 것으로 보고, 자식들에게 최고 사양의 컴퓨터를 사주었다.[2]
광고판매 이사였던 그의 어머니는 캘러닉이 여러 기업 활동에 관
여하는 데 큰 영향을 주었다. 캘러닉은 열 살 때부터 집집이 돌며
스테이크용 나이프를 팔았고, 십 대 시절엔 자선행사 티켓을 팔았
으며, 고등학교 마지막 해에는 직접 대입 준비학원을 차려 운영했
다. 수학광이기도 했던 그는 그때부터 이미 연쇄 창업가의 면모를
드러냈고, 그 역시 자신이 물건을 파는 데 남다른 소질이 있다는 것
에 자부심을 가졌다.

트래비스는 컴퓨터공학을 전공하기 위해 UCLA에 등록했지만, 학

위를 따는 일보다는 회사를 만드는 것에 더 관심이 많았다. 그래서 4학년 때 학교를 그만두고 대학교 친구들이 만든 작은 스타트업에 합류했다. 스카워Scour라는 초기 형태의 P2P 파일공유 서비스 업체였다. 이는 당시 그보다 더 유명했던 냅스터Napster와 유사한데, 사람들이 인터넷을 통해 인기 있는 미디어 파일을 교환할 수 있게 하는 서비스였다. 스카워는 똑똑하고 야심은 크지만 경험이 부족한 창업가들이 모여서 만든, 어수선한 스타트업이라는 고정관념에 딱 어울리는 회사였다. 스카워에 근무했던 한 직원은 "정말 산만했어요. 일을 하면서도 우리가 도대체 무얼 하는지 몰랐죠"라고 말했다.[3]

영업 수완이 남달랐던 캘러닉에게 인기 영화와 음악을 무료로 제공하는 건 일도 아니었다. 스카워는 곧 수백만 명의 사용자를 확보했다. 문제는 캘러닉의 고객이 다운로드하고 있는 영화와 음악을 제작하는 미디어 회사들이 스카워가 자신들의 지적재산을 훔치고 있다고 판단했다는 것이었다. 그들은 스카워를 문 닫게 하고자 2,500억 달러의 지적재산권 침해 소송을 벌였다. 이는 캘러닉이 스웨덴의 GDP보다 높다고 볼멘소리를 할 만큼 큰 액수였다. 결국 이를 감당하기 힘들게 되자 캘러닉은 영리하게 파산선고를 했다.

하지만 얼마 가지 않아, 캘러닉은 또다시 회사를 차렸다. 레드스우시Red Swoosh라는 회사였다. 레드스우시는 파일을 전송할 때 엔드유저의 데스크톱 유휴 컴퓨팅 성능을 활용할 수 있는 기업 소프트웨어를 판매했다. 재미있는 것은 캘러닉의 타깃 고객이 인터넷을 통해 영화 같은 대용량 파일을 더 빠르고 저렴하게 전송하길 원하는 미디어 회사들, 즉 스카워를 폐업하게 만든 회사들이라는 사실이었다. 그는 자신의 회사를 망하게 한 사람들을 상대로 사업하는데 아무런 거리낌이 없었다. "나를 고소한 33명의 소송 당사자들을 고객으로 바꿔놓은 거죠. 그러니까 나를 고소한 저 친구들이 내게 돈을 주는 겁니다."[4]

이후 7년 동안 캘러닉은 기술과 경영, 재정 쪽에서 튀어나오는 수많은 문제를 해결하느라 동분서주했다. 그러다 직원 급여에서 소득세로 원천징수해야 할 돈을 내지 않아 국세청으로부터 11만 달러의 추징금을 부과 받았다. 그는 세금을 내지 않은 것을 파트너 탓으로 돌렸지만, 파트너는 그 돈을 사업에 유용하기로 결정하는 자리에 캘러닉도 있었다며 반박했다. 자신이 구속될 수도 있다는 생각에 캘러닉은 추징금을 구하고자 새로운 투자자들을 찾았고 마침내 회사를 구했다. 레드스우시가 살아남을 수 있었던 것은 오로지 연이은 좌절 속에서도 지칠 줄 모르고 다시 일어선 캘러닉의 회복력 때문이다. 종내 그의 공동 창업자는 사업에서 손을 뗐고 회사를 매각하기 위해 추진했던 협상도 결렬됐다. 하지만 회사를 포기할 수 없었던 그는 부모의 집으로 다시 들어가 3년 동안 수입도 없이 버텼다. 그렇게까지 한 이유를 묻는 기자의 질문에 캘러닉은 대답했다. "한 번 사랑에 빠지면 연인이 아무리 못되게 굴어도 어쩔 도리가 없는 것 아닌가요?"[5] 꺾일 줄 모르는 그의 회복력은 레드스우시가 아카마이Akamai에 1,900만 달러에 팔리면서 보상받았다. 캘러닉이 챙긴 돈은 300만 달러로 추정된다.[6]

캘러닉은 힘들게 얻은 모처럼의 휴가를 제대로 즐기기로 마음 먹고 세계여행으로 한 해를 보내면서 다음 행로를 모색했다. 여행에서 돌아온 그는 샌프란시스코에 자리를 잡은 뒤 창업 벤처 몇 곳에 투자하면서 자신의 '터무니없는' 기준을 만족시킬 아이디어를 계속 찾았다. 기준이라면, 다른 사람에게 얘기할 때 자기도 모르게 들뜨게 되는 아이디어여야 한다는 것이었다. 그의 구미를 당기는 아이디어는 캐나다 태생의 기업가로 최근에 자신의 회사 스텀블어폰StumbleUpon을 이베이에 매각한 개릿 캠프Garret Camp의 머리에서 나왔다. 캘러닉이 캠프를 알게 된 것은 생각이 비슷한 기업가들이 모여 새로운 사업 구상을 교환하는 자리에서였다.[7]

캠프가 구상한 스타트업은 그가 샌프란시스코에 살면서 겪었던 경험이 비탕이 되었다. 그는 치가 있었지만 도심에서 운전하는 것을 좋아하지 않아서 택시를 자주 이용했다. 하지만 샌프란시스코의 택시 수는 수요에 크게 못 미쳤기에 서비스를 도통 신뢰할 수 없었다. 그는 빨리 잡히지 않는 택시 때문에 갈수록 짜증이 심해졌다. 택시 회사에 전화해 차를 호출해도 제때 도착하지 않아 발을 동동 구를 때가 한두 번이 아니었다. 그래서 생각해 낸 방법이 여러 회사에 전화를 건 다음 제일 먼저 도착한 차를 타는 것이었다.[8] 시간이 흐르면서 결국 택시 회사들은 자신들이 보낸 택시 기사를 허탕 치게 만드는 캠프의 수법에 질려서, 그를 블랙리스트에 올리고는 그의 호출에 응하지 않았다.

캠프는 손님과 택시를 기술적으로 매칭하면 기다리는 시간을

149

줄일 수 있겠다는 생각이 들었다. 마침 아이폰이 출시되었는데, 아이폰에는 이동 감지 기능이 있어 휴대폰의 GPS와 함께 사용하면 시내를 오가는 운전자를 추적하는 것이 가능했다. 캠프는 자신의 아이디어가 사업성이 있다고 보고 자동차와 승객의 위치를 연결하여 승차 시간을 단축시키는 앱을 설계했다. 이 앱은 또한 승차하기 전에 총 주행 비용을 정확하게 추정할 수 있었다. 그는 새로운 회사를 우버캡Uber-Cab으로 정했다. 다른 회사의 어떤 서비스보다 우월하다는 자신감에서 붙인 이름이었다.

캠프는 캘러닉에게 경영을 맡기면 갓 만든 기업의 성장 잠재력을 극대화할 수 있으리라 판단했다. 한번은 두 사람이 회의에 참석하기 위해 파리에 갔는데, 캘러닉이 캠프에게 에펠탑을 걸어서 올라가자고 제안했다. 도시를 좀 더 잘 보기 위해서라면 그 정도의 수고는 아무것도 아니지 않느냐며 그를 설득했다. 캠프는 그가 특이한 친구라고 생각했다. "그렇게 밀어붙이는 기질이 마음에 들었죠. 빅 아이디어를 실행에 옮기려면 두둑한 배짱이 필요할 텐데, 캘러닉이 바로 그런 인물 같다는 인상을 받았습니다."[9] 캘러닉과 우버의 전투적인 기질을 두고 어떤 기자는 이렇게 썼다. '우버는 실로 평생을 투견장에서 보낼 사나운 핏불테리어로 태어났다.'[10]

하지만 우버캡의 진로에 대해서는 두 사람의 생각이 달랐다. 둘 다 캠프의 소프트웨어가 획기적이라는 사실엔 공감했지만, 캠프는 옐로캡이나 기존의 리무진 서비스보다 더 나은 것을 원하는 사람들을 위해 고급 서비스를 제공하는 리무진 사업을 염두에 두고 있었다. 그는 택시보다 비싸지만 더 빠르고 보다 신뢰할 수 있는 서비스를 제공하고 싶었다. 하지만 캘러닉은 저비용 고품질 서비스로 가야 규모를 키울 수 있다고 주장했다. 캘러닉이 내세운 서비스의 모토는 '모든 시민의 개인 기사'였다. 캘러닉은 요금을 내리면 고객이 많아져 수요가 창출되고 더 많은 자동차가 도로를 달리게 되면서 결과적으로 승차 시간이 빨라질 테니 운전자들에게 더 많은 돈이 돌아갈 것이라고 캠프를 설득했다. 저비용으로 접근해야 기존의 고급 서비스보다 더 나은 서비스를 제공할 수 있다는 것이었다. 이것이 바로 컨설턴트들이 말하는 '선순환'이다. 한 쪽의 성공이 다른 쪽의 성공에 힘을 보태고, 그로 인해 긍정적 루프가 계속 확대되는 방식이다. 캘러닉은 자신의 사업 모델이 전 세계 도시에서 사람들의 이동 방식을 근본직으로 바꿔놓을 것이라고 믿었다. 그래서 샌프란시스코 같은 도시의 부유층에게나 통하는 기술 기반의 리무진 서비스보다는 자신의 방식이 훨씬 더 큰 성장 잠재력을 갖고 있다고 주장했다.

무엇보다 캘러닉에게는 빅 아이디어가 하나 더 있었다. 풀타임 기사를 고용해 회사 차를 몰게 할 것이 아니라, 자기 차로 사업하는 독립적인 운전자들로 운영하는 아이디어였다. 어떻게 보면 엔드유저의 데스크톱 유휴 컴퓨팅 성능을 활용하는 레드스우시와 비슷했다. 캘러닉은 다른 사람이 소유한 차의 유휴 시간을 이용하려 한 것이다. 거기에는 매우 중요한 이점이 있었다. 독립 운전자를 이용하면 우버를 택시 회사가 아닌 자영업자에게 소프트웨어를 지원하는 기술 기업으로 주장할 수 있었던 것. 설립자 입장에서도 운전기사를 고용하는 것보다 계약제로 운영하면 수많은 규제와 제약을 피해 대부분의 도시와 마을에서 여타 택시들과 경쟁할 수 있으니 유리했다. 캠프는 캘러닉의 계획에 찬성했고, 그에게 막대한 지분을 넘겨 캘러닉을 최대 주주로 만들어 주었다.[11] 그렇게 우버는 캘러닉을 CEO로 세워 이제 막 떠오르기 시작한 온디맨드on-demand 원클릭 경제에서 가장 가치 있는 기업으로 가는 첫발을 내디뎠다.

승객들은 즉시 우버를 환영했고 우버는 진입하는 도시마다 빠른 속도로 세력을 키워갔다. 휴대폰의 버튼 하나만 누르면 몇 분 안에 택시가 도착했기 때문에 사람들은 더는 거리에서 옐로캡을 찾아다니거나 기존의 리무진 서비스를 이용할 필요가 없었다. 요금이 얼마나 나올지 궁금해하지 않아도 됐다. 결제가 자동으로 이루어지기에 현금은 물론 신용카드도 필요 없었다. 캘러닉이 말한 '저비용의 사치'가 기정사실의 혜택이 되면서, 회사는 무섭게 성장했다. 우버의 가장 큰 경쟁사인 리프트Lyft도 승차 서비스를 제공했지만, 우버의 초창기 같은 블랙 리무진이 아닌 차주들이 운전하는 일반 승용차로 서비스를 제공하고 있었다.

리프트를 설립한 사람들은 아프리카 여행 중에 사람들이 당연하게 합승하는 모습을 보고 아이디어를 얻었다. 운전자와 탑승자 모두에게 도움이 되는 승차공유 방식이었다.[12] 캘러닉은 처음에 리프트의 방식을 거부하면서, 자신들의 새로운 블랙 리무진과 달리 아무 자동차에나 승차공유 서비스를 허락하면 안전을 보장하기 어려울 거라고 관계당국에 말했다. 하지만 리프트의 인기가 올라가자, 캘러닉은 입장을 바꿔 리프트의 방식을 채택했다. 그 결과 우버는 창립 10년 만에 750억 달러의 가치를 지닌 역사상 가장 빠르게 성장한 신생 기업 중 하나로 우뚝 서게 되었다.[13] 우버는 현재 전 세계에 2만 2,000명의 직원을 거느리고 390만 명의 운전자로 하루에 1,400만 명의 승객을 태우고 있다.[14] 많은 이가 우버가 곧 교통의 미래라고 말한다.

혁신가의 놀이터

캘러닉은 자기 사신을 현실 세계의 문제를 해결하는 창조적 실용주의자로 여겼다. 한번은 자신을 어려운 문제를 즐기는 수학자에 비유하며 말했다. "어려운 문제를 만나면 힘이 솟습니다. 그런 문제는 흥미로울 뿐만 아니라 해법도 놀랍죠."[15] 그는 잘못된 통념이 지배하는 곳이 바로 '혁신가의 놀이터'라고 설명하면서, 그곳이야말로 창의적이고 집념이 남다른 사람들에게 엄청난 기회를 제공한다고 했다.[16] 혁신가들은 남들이 불가능하다고 말하는 곳에서 기회를 볼 수 있어야 한다. 또한 역경에 처해도 소신을 굽히지 않고 자신의 생각을 실행할 수 있는 끈기도 필요하다. 남들이 불가능하다고 믿는 것을 추구할 때 겪어야 하는 도전과 불안도 자기 같은 사람들에게는 일부러 찾아먹는 쓴 약일 뿐이라고 캘러닉은 말했다.[17]

승차공유는 A 지점에서 B 지점까지 더 빠르고, 더 저렴하고, 더 안전하게 갈 수 있도록 설계된 개념이었다. 그러나 캘러닉과 그의 팀은 두 가지 난제에 부딪혔다. 첫째는 기술적인 것으로, 도시의 복잡한 교통 상황과 들쭉날쭉한 소비자 수요를 극복하면서 가능한 한 효율적으로 사람들에게 차를 보내는 방법을 찾는 문제였다. 이를 해결하려면 정교한 로지스틱 플랜과 사람들이 필요로 하는 곳에 자동차를 배치하는 소프트웨어, 적절한 수의 운전자가 확보되어야 했다. 휴대폰의 우버 아이콘을 누르면 5분 안에 사람들이 차에 탈 수 있도록 수요와 공급을 매칭하는 것이 관건이었다.

두 번째 난제는 정치적 문제였는데, 이는 더욱 까다로웠다. 우버가 택시나 리무진 서비스의 경쟁 상대가 될 수 있다고 생각한 사람은 거의 없었다. 캘러닉은 미국의 거의 모든 도시와 마을에서 독점적으로 운영되는 이들을 싸잡아 '택시 카르텔'로 단정했다.[18] 이런 정치적 문제를 해결하려면 규제가 가장 심한 산업을 뒤에서 봐주는 힘 있는 이해당사자들과 정면으로 맞서야 했다. 그는 택시 업체와 택시 및 리무진 운전기사 그리고 그들을 지지하는 지역 정치인들의 격렬한 저항에 부딪혔다. 게다가 그들에겐 재력이 있었다. 결국 캘러닉은 시민들에게 아주 편리한 서비스를 제공한 다음 그들을 움직여 지방 정부를 압박하는 전술을 택했다. 그가 우버를 론칭할 때 작성한 일종의 내부 영업지침서인 플레이북playbook은 시간이 지나면서 더욱 정교하게 다듬어져 우버가 들어가는 도시에서 적극 활용되었다.

처음에 뉴욕 시장은 뉴욕시에서 우버의 운영을 제한하려 했다. 그러나 우버가 대대적인 홍보 캠페인을 벌인 덕분에 수천 명의 시민들이 나서서 우버의 시내 서비스를 제한하지 말 것을 청원했고, 이에 시장이 한발 물러서면서 없던 일이 되었다. 캘러닉은 변화를 이끌어 내기 위해 힘 있는 특수 이익단체들과 늘 거리를 유지했다. 또한 로비스트와 홍보 회사들을 앞세워 자신의 명분을 설득했다. 이처럼 서비스를 계속 개선하면 잘못된 부분도 바로잡힐 것이라고 생각했다.

우버의 빠른 성장은 곧 캘러닉이 이끄는 회사의 전망이 아주 밝다는 의미였다. 마크 저커버그나 제프 베이조스 등 잘 알려진 테크노 분야의 창업자들이 그랬던 것처럼, 캘러닉도 리드하면서 리드하는 법을 배웠다. 막상 거대하고 복잡한 기업을 경영해 보니 스카워와 레드스우시에서 그가 경험했던 것과는 딴판이었다. 캘러닉은 성공한 기술 기업을 기웃거리며 모방할 만한 관행이 없는지 살폈다. 그리고 아마존이 내세우는 일련의 가치관에 주목했다. 우버는 자신들의 원칙을 기반으로 콘텐츠와 스타일에서 그들만의 독특한 가치관을 만들어 냈다. 바로 '챔피언 정신'이었다. 챔피언 정신은 사업과 일에 완전히 몰입하는 것에서 시작된다. 그는 학생들에게 이렇게 말했다.

아이디어와 사랑에 빠지세요. 그 아이디어만 쫓아가세요. 그렇게 하면… 이기든 지든 해볼 만한 일이 될 겁니다. … 일이 좋아

서 하는 기업가와 그렇지 않은 기업가가 맞붙으면 누가 이기겠습니까? 해보나 마나 한 싸움이죠.[19]

캘러닉의 경영 철학에 따르면, 자신이 가진 모든 것을 사업에 쏟아붓는 사람이 챔피언이다. 그는 '모든 것을 경기장에 내놓는다.' 기업을 세우려는 사람은 자신의 능력을 의심하지 말고 뚝심으로 밀고 나가야 한다면서 그는 이렇게 말했다. "공포는 병이고, 이에 대한 해독제는 돌진하는 자세입니다. … 미친 듯이 돌진하고 이를 악물고 성공을 향해 악착같이 기어가야 합니다. 쉬운 길은 없습니다."[20] 캘러닉은 자신에게는 그런 능력이 있다고 보았다. 영화 〈펄프 픽션*Pulp Fiction*〉에는 난감한 상황이 발생할 때마다 호출되는 윈스턴 울프Winston Wolfe라는 캐릭터가 등장한다. 주인공 중 하나가 누군가를 살해한 뒤 그에게 도움을 청하자, 그는 사건이 벌어진 차와 함께 시신을 깔끔히 처리한다. 캘러닉은 자신을 영화 속 울프처럼 웬만한 사람들이 감당하기 힘든 난감하고 혼란스러운 상황을 정리하는 해결사로 여겼다.[21]

캘러닉은 또한 생산적 갈등이라면 피해야 할 이유가 없다고 생각했다. 그는 이를 두고 '원칙에 따른 대립principled confrontation'이라고 불렀다.[22] 사상이나 사람, 제도나 법률이 진보를 가로막고 있다면 피하지 말고 도전해야 한다고 믿었다. 그는 택시 회사와 규제기관들이 타성에 갇혀 대중교통 문제를 개선할 의지를 보이지 않고 오히려 혁신적인 기술과 접근법을 막는다고 보았다. 그들은 자신들의 구역에서 우버 같은 혁신적 회사의 운영을 방해함으로써 고객의 이익보다 자신의 재정적, 정치적 이익만 추구하는 부패 집단에 지나지 않는다는 것이다.

예를 들어, 미국 플로리다주의 마이애미데이드 카운티Miami-Dade County는 승객들이 적어도 60분 전에는 자동차 서비스를 예약해야 하고 한 번 탈 때마다 80달러 이상의 요금을 지급하게끔 규정하고 있었다. 캘러닉은 그가 의도했든 하지 않았든, 기술 혁신의 확산을 막으려는 정부와 맞서 싸우는 이들을 대변하는 투사 역할을 맡았다. 그는 우버에 적대적이었던 샌프란시스코 당국의 대응에 관한 질문을 받았을 때 이렇게 지적했다. "우리는 완전히 합법적입니다. 그런데 정부는 우리더러 문을 닫으라고 말합니다. 그런 명령을 받으면 시키는 대로 하든가 아니면 자신이 믿는 것을 위해 싸우든가 해야 합니다."[23] 캘러닉은 모든 도시를 싸워서 이겨야 할 격전지로 보고, 공격적인 전술로 특수 이익단체들을 여론의 압박에 굴복시키기로 마음먹었다. 이를 위해 그는 원칙에 따른 대립이라는 자신의 신념을 공유하는 사람들로 회사를 꾸리고자 애썼다. 우버에 지원했던 한 사람은 이렇게 회상했다. "올해 거기서 면접을 봤는데, 그동안 받았던 질문 중에 가장 공격적인 질문이었어요. … 그들은 '옳다고 믿기' 때문에 고의로 법을 어긴 사례를 제시하면서 제게 비슷한 경험을 한 적이 있는지 물었습니다. 그런 문화적 인터뷰는 어디에서도 본 적이 없습니다."[24]

캘러닉의 입장에서는 처한 현실에 반기를 드는 것이 우버의 지상 과제이자 도덕적 책무였다. 그가 부패한 기관으로 규정한 집단과 맞서 싸우는 저항운동가의 정신으로 무장하지 않고서는 살아남을 방법이 없었다. 그를 아는 사람은 이렇게 말했다. "규범을 전복시킬 때 그는 진정 번창한다."[25] 알파벳Alphabet의 회장이었던 에릭 슈미트Eric Schmidt는 캘러닉을 가리켜 이렇게 말했다. "(그는) 가장 순수한 형태의 연쇄 창업가 그 자체로, 그에 수반되는 장·단점을 모두 갖추고 있습니다. 그는 투사입니다. … 그런 점에서 그는 친해지기 힘든 부류죠. 그는 동의하지 않겠지만."[26] 우버의 한 투자자는 좀 더 직설적으로 이야기했다. "이 바닥을 송두리째 뒤흔들려면 개자식이란 소리 정도는 들을 각오를 해야 하죠."[27]

실수와 비행 그리고 스캔들

캘러닉은 무모하리만큼 성장에 집착했다. 하지만 정도가 지나쳐 다른 것들을 너무 등한시한 것이 문제였다. 엄밀히 말해, 그는 사람들을 한 지점에서 다른 지점으로 이동시키는 가장 효율적인 방법을 찾는 데만 몰두했다. 그는 이 문제를 통해 자신의 수학적 기질과 지력을 시험해 보기로 작정하고, 전 세계 도시에서 우버의 공급과 수요를 맞추기 위해 온 힘을 쏟았다.[28] 그러나 캘러닉의 발언과 행동을 보면, 실제로는 우버의 성장을 추구하는 데 걸림돌이 되는 적들을 치워버리는 것이 그의 1차 목표인 것처럼 보였다. 미국의 전

농구선수이자 기업인으로서 레드스우시에 투자했던 마크 큐번은 캘러닉의 그런 성향을 잘 알았다. 그래서 그가 사람들에게 꼭 필요한 서비스를 만드는 것보다 전투에서 이기려는 자신의 욕구를 앞세울까 봐 걱정했다.

캘러닉은 자신의 지칠 줄 모르는 추진력이 역효과를 낼 수 있다는 사실을 인지하지 못했다. 그래서 그와 그의 회사는 사회적으로나 윤리적으로, 아니 어쩌면 법적으로 넘어서는 안 될 경계까지 자주 넘나들었다. 그중에는 캘러닉의 명성과 회사의 브랜드를 손상시키는 다양한 홍보물도 포함됐다. 특히 우버의 기업 문화와 시장에서의 활동과 관련된 몇 가지 조치는 회사에 상당한 피해를 초래했다. 가령 이런 것들이다.

▶ 캘러닉은 규제당국과 정치인들을 멀리했는데, 그들이 택시 산업을 필요 이상으로 비호한다고 보았기 때문이다. 그는 어떤 자리에서 우버는 정치적 투쟁을 하는 중이라며 이렇게 말했다. "우리 쪽 후보는 우버이고 상대는 택시라는 한심한 작자입니다. 그쪽을 좋아하는 사람은 아무도 없어요. 성격도 별로예요. 하지만 그는 정치라는 기계와 조직에 촘촘히 얽혀 있어 많은 사람이 신세를 지고 있습니다."[29] 캘러닉은 리프트 같은 경쟁사를 가리켜 말할 가치도 없는 우버의 복제품이라고 폄하했을 뿐 아니라, 우버의 관행을 문제 삼는 고객을 향해서도 공격의 수위를 낮추지 않았다. 그는 한 인터뷰에서 우버의 서지 프라이싱surge pricing(탄력요금제)을 비판한 사람들을 가리켜 수요와 공급이란 경제 법칙도 모르는 무식한 자들이라며 언성을 높였다.

▶ 우버는 공항 같은 도시의 특정 지역에 우버 자동차의 출입을 제한하려는 시당국의 감시를 따돌리기 위해 비밀 소프트웨어를 사용했다. 정부 규제기관의 단속 공무원으로 의심되는 사람들의 휴대폰에 가짜 앱을 올려 우버 차량의 실제 위치를 추적하지 못하게 한 것이다. 이 소프트웨어는 한 번 설치되고 나면 차량의 위치를 계속 거짓으로 알려주기 때문에 제한구역에서 운행하는 운전자들도 적법한 장소에 있는 것처럼 위장할 수 있었다.

▶ 우버는 아이폰을 몰래 식별하여 추적했다는 사실을 애플에 숨겼다. 사실 원래는 계정 사기를 막기 위한 조치였다. 우버는 당시 예약 건수를 근거로 운전자들에게 금전적 보상을 해주고 있었는데,[30] 윤리의식이 부족한 운전자들이 아시아에서 도난당한 아이폰으로 가짜 계정을 만들어 가짜로 승차 예약을 하는 데 이용하고 있었기 때문이다. 우버는 가짜 계정을 찾아내기 위해 각 아이폰에 핑거프린트fingerprint라는 식별 코드를 심어두는 솔루션을 개발했고, 이는 사용자가 전화기를 리셋한 후에도 그대로 남았다. 이 숨겨진 코드 덕분에 우버는 도난당한 전화기가 부정한 방법으로 사용되는 것을 막을 수 있었다. 하지만 초기화된 휴대폰에는 이전 소유주의 정보를 전혀 남기지 않는다는 애플의 방침을 알고 있던 우버가 이른바 '지오펜싱geofencing'이라는 소프트웨어를 통해 애플의 감시를 피하려고 한 게 문제였다. 애플은 결국 우버의 속임수를 적발했고, CEO인 팀 쿡은 캘러닉에게 이런 행위를 당장 중단하지 않으면 아이폰에 우버 앱을 올리지 못하게 막겠다고 통보했다.

▶ 우버는 꼬박 1년 동안 5,700만 명의 운전자와 탑승자 계정의 개인정보가 담긴 데이터를 해킹당했지만 이것이 유출된 사실을 알리지 않았다. 해커 2명의 신원을 확인하고서도 그들에게 자료를 파기하는 조건으로 10만 달러를 지급한 뒤

그들의 침입 사실을 비밀에 부친 것이다. 우버는 그 돈이 그들의 소프트웨어를 공격하는 해커들에게 '버그 현상금bug bounty'이란 명목으로 지급한 예방 차원의 보상이라고 보고했다. 이 같은 사실이 알려지자 사용자들과 언론은 우버가 해킹 사실을 은폐한 것도 문제이지만, 고객과 투자자 들에게 부정적인 이미지를 주지 않기 위해 범죄자들에게 몸값까지 지급했다며 비난했다. 적어도 제3자의 데이터 침해로 인해 개인정보가 도난당한 사실을 승객과 운전자에게 알리지 않은 것은 무책임한 처사라는 것이 사람들의 일반적인 시각이었다.[31]

▶ 우버는 자율주행차 기술과 관련하여 경쟁사에서 빼낸 기밀문서를 취득했다는 혐의를 받았다. 구글 알파벳의 산하 기업인 웨이모Waymo는 자사의 임원이었던 앤서니 레반도프스키가 불법으로 다운받은 1만 4,000개의 기밀문서를 우버로 가져갔다며, 자사의 자율주행차 기술 관련 지적재산 도용 혐의로 우버를 고소했다. 우버는 알파벳에 약 2억 4,500만 달러의 손해배상금을 지급하는 것으로 합의를 보았다.[32]

▶ 우버는 캘리포니아주 당국의 허가를 받지 않은 상태에서 자율주행 테스트를 강행했다. 테스트 과정에서 우버 차량은 적색 신호를 무시하고 통과했으나 우버는 해당 차량을 운전자가 제어하고 있었기에 자율주행차로 규정할 수 없다고 해명했다. 하지만 나중에 공개된 비디오테이프에서 운전자가 차량을 제어하지 않았다는 사실이 밝혀졌고 주정부는 운영을 중단시켰다. 일부에서는 운전자의 자율주행차 통제 정황은 물론 적색 신호 위반 등도 신고 사항이기에 처음부터 해당 차량을 등록조차 하지 않은 게 아니냐는 의심을 제기했다.[33]

▶ 우버에서 1년간 근무한 엔지니어 수전 파울러Susan Fowler가 여성에게 적대적인 사무실 분위기를 블로그에 올리면서 우버 문화의 불온한 일면이 크게 부각되

었다.[34] 그녀는 상사에게 성추행당한 사실을 상부에 보고했지만 아무런 조치도 받지 못했다는 사실까지 폭로했다. 파울러의 블로그가 입소문을 타자 다른 직원들도 앞다퉈 사내의 차별적 관행과 행동을 신고하면서, 상사와 동료들로부터 괴롭힘을 당했다는 비슷한 주장이 이어졌다. 우버는 여론의 압박에 못 이겨 회사 안팎에서 벌어진 관련 사건을 조사하는 한편, 직원들이 인사과에 제출한 200여 건의 민원에 대해 때늦은 조치를 시작했다. 종내 직원 20명이 해고되었고 회사의 경영 방침 및 관행에 많은 변화가 이루어졌다. 아울러 성별의 편견을 해소하기 위해 회사의 보상 관행을 검토하고, 최고 운영 책임자를 임명하여 일반적인 운영상 결함을 시정하는 등 우버에는 몇 가지 변화가 뒤따랐다.[35]

캘러닉은 연이어 터지는 문제들을 어떻게든 해결해야 했다. 주요 임원직의 공백과 갈수록 부정적으로 바뀌는 언론의 기사들, 회사의 보상 정책에 항의하는 운전자들의 파업, 택시 업체들의 항의, 규제기관과 경쟁사들에 의한 법적 조치, 통제가 안 되는 여성 차별적 '브로 문화bro-culture'에 대한 공격 등이 발등에 떨어진 불이었다. 캘러닉은 이 문제에 대한 자신의 과오를 시인했다. "내가 우버를 다소 과격하게 옹호했다는 사실을 인정해야겠군요. 또한 나를 설명할 때 어떤 글자 'A(주홍글씨)'를 사용하는 사람들이 있다는 사실도 인정합니다. … 글쎄요, 나나 우리 회사가 완벽하지 않다는 것부터 인정해야겠지요. 다른 사람들처럼 우리도 실수를 합니다."[36]

하지만 그 정도의 공개 사과로는 최대 주주들을 안심시킬 수 없었다. 초기 투자자인 미치 카포Mitch Kapor와 프레다 카포Freada Kapor

는 공개서한을 썼다. '우버에서는 이전에도 이런 일이 여러 번 있었다. 불미스러운 일이 공개될 때마다 전원이 참석하는 회의를 열어 사과하고 변화를 다짐하는 식으로 대응했지만, 늘 그렇듯 빠르게 공격적 사업 행태로 돌아섰다.' 캘러닉은 우버의 문제점을 상기시키는 인물이 되었다. 일부 기관투자자들은 캘러닉이 CEO 자리를 고수하는 한 부정적인 폭로 공세가 멈추지 않을 것이라며 우려했다. 기업공개 시 예정된 배당금을 받기도 전에, 수십억 달러에 달하는 그들의 투자액에 대한 가치가 잠식당할 위험에 처한 것이다.

이윽고 벤처캐피털 벤치마크Benchmark가 주도하는 한 기관투자자 단체가 캘러닉에게 CEO 자리를 내놓으라고 촉구했다.[37] 그들은 캘러닉이 이미 회사에 부담스러운 존재가 되었기에 새로운 리더십 체제를 갖출 필요가 있다고 목소리를 높였다. 한 이사회 임원은 말했다. "회사가 현재의 태도를 고집할 경우 우리는 우버 전체와 그 구성원인 운전기사, 승객, 직원, 주주 모두가 위험해진다는 결론을 내릴 수밖에 없었습니다."[38]

때마침 캘러닉은 보트 사고로 어머니가 사망하고 아버지가 중상을 입었다는 비보를 받았다. 한 달 후, 캘러닉은 우버의 CEO 직을 사임했다. 그는 이렇게 말했다. "세상 그 무엇보다 우버를 사랑하지만, 개인적으로 어려운 시기를 맞아 이만 물러나 달라는 투자자들의 요청을 받아들이기로 했습니다. 이제 우버는 또 다른 싸움에 힘을 분산하지 않고 다시 사세를 키우는 일에만 집중할 수 있을 겁니다."[39]

우버를 새로 이끌게 된 다라 코스로샤히Dara Khosrowshahi는 캘러닉이 비범한 회사를 만들었다며 전임자를 칭송했다. 동시에 그는 회사의 잘못을 지적하면서 기본적으로는 캘러닉도 "우리의 사업 방식과 관련하여 타협을 모색했다는 점에서" 책임을 면하기는 어려울 것이라고 했다. "죄가 있다면, 자만했던 죄, 다른 사람보다 더 잘 안다고 생각했던 죄"였을 거라며 코스로샤히는 이렇게 덧붙였다. "지금 우리가 확실하게 알고 있는 것은 위험할 정도로 빠르게 성장하다 보면 문화적인 문제가 은폐될 수 있다는 사실입니다. 옳지 못한 일을 한 것에 대해서는 변명의 여지가 없습니다."[40]

영웅인가 악당인가?

어떤 결과를 놓고 특정 개인에게 과도한 공이나 비난을 돌리다 보면, 흔히 말하는 '기본적 귀인 오류fundamental attribution error'를 범하게 된다. 그것이 오류인 이유는 좀 더 자세히 들여다보면 개인적 차원이 아닌 더 큰 힘이 작용했다는 사실이 금방 드러나기 때문이다. 개인의 역할에만 초점을 맞추면, 쉽게 설명할 수 없는 광범위한 역학관계를 한 사람의 책임으로 돌려 복잡한 세상을 단순화시키는 오류가 발생한다. 스티브 잡스가 픽사Pixar를 사들인 뒤에 이 영화사가 얼마나 놀라운 성공을 거두었는지 생각해 보라. 픽사는 기술적 혁신과 비평가들에게 호평을 이끌어 낸 영화들을 제작하여 애니메이션 산업에 큰 획을 그었다. 잡스는 그가 투자한 돈과 경영에 대한 입김으로 픽사의 성공에 긍정적인 영향을 주었다. 하지만 블록버스터를 연달아 제작하는 픽사의 능력에 중추적 역할을 한 에드 캣멀Ed Catmull과 존 래시터John Lasseter라는 또 다른 리더의 역할도 절대 간과해서는 안 된다. 그렇다면 오늘의 픽사를 만드는 데 가장 중요한 역할을 한 인물은 누구인가? 잡스는 이미 애플에서 쌓은 명성 때문에 세 사람 중 가장 눈에 띄고 실제로도 많은 공적이 있긴 하지만, 셋 중 어느 한 사람을 빼놓고는 픽사의 성공을 말할 수 없다.[41]

우버의 경우도 그 성공과 실패를 트래비스 캘러닉 한 사람으로 설명하려면 무리가 따른다. 그의 리더십의 영향력을 축소해서도 안 되지만, 우버 스토리를 이해하고 거기서 교훈을 얻으려고 할 때는 캘러닉 이외의 요소들까지 폭넓게 고려해야 한다. 다만, 그렇긴 해도 우버에 대한 평가가 캘러닉에서부터 시작되는 것은 어쩔 수 없다. 긍정적으로 보자면 캘러닉의 리더십 덕분에 우버는 주목할 만한 기업이 되었다. 획기적인 승차공유 기법을 개발한 것은 캠프이지만, 회사의 성장 전략과 사업 운영의 틀을 마련한 것은 캘러닉이다. 캘러닉이 아니라면 누가 그 정도 기간에 그와 같은 놀라운 속도로 회사를 성장시켰겠는가? 그는 우버가 초창기에 갖춰야 할 모든 요건을 기의 완벽하게 마련할 수 있는 역량을 지닌 인물이었다. 그는 분석의 귀재였고, 창의적인 방법으로 복잡한 문제를 해결했으며, 자본을 조달하는 데 남다른 수완을 발휘하는 것은 물론, 일을 실행하는 능력 또한 뛰어났다. 캘러닉이야말로 회사의 성장을 견인하는 데 없어서는 안 될 사람이라고 판단한 개릿 캠프의 안목은 한 치도 어긋나지 않았다. 어떤 평론가는 이렇게 말했다.

> 기존의 판세를 흔드는 것은 결코 쉬운 일이 아니다. 그래서 많은 사람이 실패한다. 캘러닉은 승차공유 앱으로 운송 업계의 기존 질서를 무너뜨리기 위해 법적 위협을 떨쳐내고 택시 업계의 저항도 무시하면서 규제 장벽을 뚫고 나갔다. … 상대가 규칙을 만드는 사람들이라고 해도 그들이 제시하는 해결책이 자신의 비전과 맞지 않으면 그는 타협하지 않았다. 우버 차량을 호출하는 것이 시내에서 이동하는 가장 쉬운 방법이 되도록 만드는 것, 그것이 그의 비전이었다.[42]

우버처럼 빠르게 성장하는 기업을 만드는 사람은 흔치 않다. 우버는 매일 수백만 명에 이르는 시민들의 편한 발이 되어 준다. 식료품 배달처럼 우리의 생활을 변화시키고 있는 수많은 온디맨드 서비스의 대표적 모델이다. 캘러닉의 퇴진을 요구했던 한 임원도 그가 이룬 업적만큼은 인정하면서 이렇게 썼다. '앞으로의 역사 책은 @travisk에 많은 분량을 할애할 것이다. 세상에 이처럼 지속적인 영향을 끼친 기업가는 쉽게 찾을 수 없다.'[43] 캘러닉이 사임한 뒤 그를 다시 데려와야 한다는 탄원서가 우버 사내에 돌았을 때도 서명한 사람이 1,000명을 넘었다. 한 직원은 페이스북에 캘러닉을 옹호하는 글을 올리며 그가 '지금까지 어느 누구도 엄두를 내지 못한 차원에서 더 크고 더 빠르고 더 파괴적으로 생각하게끔' 사람들을 고취시켰다고 했다.[44] 캘러닉의 지지자들도 그의 실수는 인정하면서도 그것은 우버가 장애물을 만났을 때 공격적으로 접근해야 했기에 일어난 불가피한 일이라고 그를 두둔했다. 우버의 전 개발자경험 책임자인 크리스 메시나Chris Messina도 캘러닉을 평가하려면 운송 산업 전반의 맥락을 고려해야 한다고 말했다. 그는 이전 실리콘밸리의 성공 사례와 비교할 때 "우버가 활약하는 환경에는 다른 규칙에 의해 움직이는 기득권 층이 훨씬 많이 버티고 있다"면서, "그런데도 같은 기준을 들이대며 캘러닉과 그가 창조한 문화를 평가하는 것이 과연 적절한가? 이것이 진정 사과 대 사과의 비교란 말인가?"[45]라고 질문했다.

그런가 하면 우버의 빠른 성장과 분산된 조직 구조로 인해 실수가 발생하는 혼란스러운 환경이 조성되었다고 말하는 사람도 있다. 우버는 웬만한 회사들이 경험해 보지 못한 속도로 확장했지만, 불미스러운 일을 예방하는 데 필요한 문화나 관행, 인재 모두 부족했다. 구글의 고위 임원이자 당시 야후의 CEO였던 마리사 메이어Marisa Mayer는 캘러닉을 두둔하면서, 그가 사내의 일탈 행위(특히 차별과 관련된 혐의)를 알지 못한 것 같다며 이렇게 말했다. "규모가 너무 커서 다루기 힘들었을 겁니다. … 그래도 나는 그가 경이로운 리더라고 생각해요. 우버는 희한할 정도로 흥미롭습니다. … 그는 몰랐던 것 같아요. 회사가 그렇게 빨리 커지면 어려워질 수밖에 없죠."[46]

그러나 캘러닉은 성장을 견인하는 사람이었기에 자신이 만든 회사에서 벌어진 불미스러운 일을 관리하지 않은 책임에서 발을 빼기 어렵다. 좀 더 직설적으로 말해, 그는 대부분의 문제에 원인을 제공한 장본인이었다. 실리콘밸리의 경영진들은 회사의 규모가 커질 때의 어려움을 자주 입에 올리는데, 그렇기 때문에 사세가 확장될 때 리더는 큰 회사를 경영하는 데 필요한 공식적, 비공식적 프로세스를 더욱 적극 개발해야 한다. 리더들은 성장을 촉진하는 방식과 거기에서 비롯된 혼란을 관리하는 문제를 놓고 끊임없이 논쟁을 벌인다. 우버도 예외가 아니었기에 이해 못 할 바는 아니지만, 그렇다고 그것이 저질러진 일에 대한 핑계가 될 수 없다. 캘러닉이 리더로서 신중하게 처신하지 못한 탓도 있었으니까. 그는 일찍이 리더로서 자신이 가진 강점과 한계를 뚜렷하게 드러냈지만, 훨씬 더 규모가 크고 그래서 더 많은 영향과 가시성을 가진 회사를 거느리는 입장에 있었다는 사실도 외면해서는 안 된다. 리더로서 그가 저지른 다음과 같은 세 가지 실수는 그가 겪은 일을 통해 무언가를 배우려는 사람들이 특히 유념해야 할 부분이다.

귀를 막다

캘러닉은 저명한 회사의 리더라면 당연히 갖춰야 할 정서적, 사회적 지능이 결여된 모습을 심심치 않게 보여주었다. 언론은 그를 두고 남들이 두려워하는 일을 하고 남들이 감히 말하지 못하는 것을 표현하는 새로운 유형의 리더라고 칭찬했다. 대부분의 기업가들은 공개적인 성명을 낼 때 정치적으로 문제가 되지 않도록 언행에 조심하면서 이미지 관리에 신경 쓰는데, 캘러닉은 일반적인 정서를 전혀 고려하지 않고 자신의 신념과 전술을 가감 없이 드러낸 것이다! 그렇다 보니 자제하지 못하고 자신과 회사에 해가 되는 발언을 할 때가 많았다.

한 공개 토론회에서, 그는 자율주행차의 미래를 묻는 질문에 대해 자율주행차는 불가피한 선택이라며 두 가지 이유를 댔다. 첫째는 자율주행차의 안전성이었다. 연간 100만 명이 교통사고로 사망하는 현실을 고려할 때 자율주행차보다 확실한 대안은 찾기 어렵다는 것이다. 둘째로 비용 효율성을 들었다. 비용 절감이야말로 우버의 성장을 촉진할 수 있는 요인인데, '차 안의 다른 친구' 즉 운전기사에게 들어가는 비용이 크므로 자율주행차가 실현되면 비용 효율성이 커진다고 했다. 이에 덧붙여 그는 돈을 절약하려면 운전기사부터 없애야 한다고 말했다. 그의 말이 틀린 것은 아니었지만, 우버의 고객들에게 서비스를 제공하기 위해 열심히 일하는 수천 명의 운전기사들은 그의 말을 곱게 받아들이지 않았다.[47]

이뿐만이 아니었다. 캘러닉은 자신의 말이 초래할 파급효과를 제대로 가늠하지 못할 때가 많았다. 어느 인터뷰에서, 진행자가 우버의 성공으로 그의 생활이 바뀌었는지 물었을 때였다. 그는 여성들이 성공한 기업의 리더에게 특별한 매력을 느끼는 것 같다면서 그 때문에 자신은 가끔 우버를 '부버boober'라고 부른다고 말했다. 가슴boob 큰 여자를 사귀기 좋은 우버라는 뜻이었다. 이 같은 발언은 수많은 고객을 불쾌하게 만들었다. 캘러닉의 정서적 지능에 문제가 있음을 보여준 세 번째 사례는, 마이애미에서 워크숍을 갖기 전 그가 직원들에게 보낸 메모에서였다. 거기서 그는 직원들에게 당부를 한답시고 CEO가 하라는 것(멋진 섹스 타임을 가지세요)과 하지 말라는 것(다른 직원과 성관계를 갖지 마세요)을 구분하며, 단서를 달았다. "첫째, 상대방에게 잠자리를 같이 할 특권을 요청했다가 확실하게 '좋아요! 당신이라면 하겠어요'라는 답을 듣지 못하면 하지 마세요. 둘째, 당신들 두 사람(혹은 그 이상)이 같은 지휘계통 소속이라면 안 됩니다. 그래요. 그 말은 이번 여행에서 트래비스는 독수공방한다는 뜻입니다."[48] 이 메모는 언론에 유출되었고, 예상대로 비난 일색의 헤드라인이 걸렸다.

윤리적 도전[49]

더욱 치명적인 결함은 어떤 대가를 치르더라도 이기고야 말겠다는 캘러닉의 맹목적인 집념이었다. 비전이 남다른 회사를 세우는 부류 중에는 살아남고 번영하는 데 필요한 일이라면 물불을 가리지 않는 터프가이들이 많다. 캘러닉은 더욱 극단적이어서 윤리적이거나 합법적인 선을 아슬아슬하게 넘나들며 자신의 이력을 쌓았다. 그의 첫 회사인 스카워는 음악과 영화를 불법으로 다운로드했다는 이유로 미디어 회사들로부터 고소당했다. 이어서 세운 레드스우시는 직원들의 임금에서 원천징수해야 할 세금을 일반 사업에 부적절하게 유용해 세간에 이슈가 됐다. 우버는 또 어떤가. 캘러닉은 직원과 운전기사와 고객들 그리고 경쟁 업체에 부적절한 행동을 했다는 이유로 비난받았다. 어떤 점에서 그는 에너지 회사 엔론Enron의 회장이었던 또 다른 과격한 CEO 제프 스킬링Jeff Skilling과 닮았다. 스킬링은 사기와 내부자 거래 등의 혐의로 감옥에 갔다. 물론, 캘러닉은 그가 저지른 어떠한 불법 행위에 대해서도 유죄판결을 받지 않았다. 그러나 그의 행동은 회사의 성장을 다른 무엇보다도 중시했다는 점에서 스킬링과 유사하다. 어떤 평론가는 지적했다. "우버는 실리콘밸리의 자본주의 이드id를 구체적으로 드러냈다. 그들은 이기기 위해 어떤 대가도 마다하지 않겠다고 다짐할 뿐 그런 충동을 뉘우치지는 않는다."[50]

위대한 운동선수가 그렇듯 위대한 리더가 항상 존경할 만한 행동을 하는 것은 아니다. 그들에게는 괄목할 만한 업적을 이룰 자질이 있지만, 그 때문에 의아한 행동을 하기도 한다. 어떤 위대한 면모를 갖추었다고 해서 그들이 다른 부분에서도 놀라운 자질을 보여줄 것으로 추측한다면 너무 순진한 발상이다. 최고의 리더들은 사회에 이익이 되는 제품과 서비스를 생산하지만, 그렇게 하기 위해 정작 그들이 택하는 방식을 보면 불쾌하기 짝이 없거나 심지어 여러 사람에게 피해를 주는 경우도 많다. 그런 점에서는 캘러닉도 예외가 아니어서 그의 공격적 성향이 우버에 도움이 될 때도 있었지만 해를 끼칠 때가 더 많았다. 그만 그런 것도 아니다. 스티브 잡스는 때론 그의 행동에 이의를 제기하는 애플 안팎의 사람들의 뒤통수를 치고 그들을 응징했다. 일론 머스크가 초창기에 자신이 설립한 기업에서 리더십을 제대로 발휘하지 못했던 데는 그를 위해 일하는 사람들에게 너무 가혹했던 탓도 있었다.

그렇다면 의문이 들지 않을 수 없다. 리더가 넘지 말아야 할 선을 넘을 때는 어느 순간인가? 언제 득보다 실이 많은 행동을 하는가? 넘어서는 안 되는 윤리적 경계란 무엇인가? 그들이 고객이나 직원 혹은 주주 등 이해관계자의 눈 밖에 나고 더 이상 회사를 이끌어갈 수 없게 되는 순간은 언제인가?

집착이 유별난 리더들은 반드시 그들을 보호해 줄 수 있는 사람들을 주변에 두어야 한다. 강점이 약점으로 바뀌는 위험을 무릅써가며 리더가 지나칠 정도로 소신을 밀어붙일 때는 누군가가 나서서 고언을 해주어야 한다. 하지만 캘러닉의 주변에는 성장을 위해서라면 물불을 가릴 필요가 없다고 생각하는, 같은 부류의 사람들만 있었던 것 같다. 그들은 캘러닉과 너무 닮았거나 그게 아니라면 회사에 악영향을 주는 스캔들을 막을 권한이 부족했던 것으로 보인다. 운영이나 인적 자원, 법률적 차원에서 특히 캘러닉이 물러나기 전 몇 해 동안 우버를 소용돌이 속에 빠뜨린 실책을 막지 못한 책임은 마땅히 캘러닉의 핵심 참모들이 져야 한다. 상사에게 도전하는 것은 결코 쉬운 일이 아니지만, 제대로 기능하는 팀이라면 그런 변명을 해서는 안 된다. 우버에서는 캘러닉을 제지할 사람이 아무도 없었다. 캘러닉 이후 우버 사장으로 취임했던 제프 존스Jeff Jones는 6개월 만에 사임하면서 이렇게 말했다. "이제 분명해진 것은 내 경력을 이끌어온 리더십에 대한 신념과 방법론이 우버에서 내가 보고 경험했던 것과 맞지 않다는 것과 그래서 승차공유 사업의 사장직을 계속할 수 없다는 사실입니다."[51]

몰락의 서사

캘러닉의 리더십에서 보이는 세 번째 패착은 그와 우버의 진화 스토리를 통제하지 못한 부분이다. 우버 초기에 언론은 사람들이 환영하는 승차공유 서비스를 만든 그의 과단성에 찬사를 보냈다. 대기업의 CEO임에도 그가 서던캘리포니아 해변의 서퍼에게나 어울릴 법한 말투를 쓰는 것도 대중에게 큰 매력으로 작용했다. 한 인터뷰에서 그는 첫 창업에 실패하여 실의에 잠겨 있을 때 70대에 메가폰을 잡은 우디 앨런Woody Allen의 모습에서 큰 용기를 얻었다며 이런 생각을 했다고 말했다. "저 양반은 늙었어. 그런데도 여전히 하고 있잖아! … 그래, 좋아. 내게도 기회는 있어. 인마, 넌 할 수 있다고."[52] 또 다른 연설에서는 회사 설립자 개릿 캠프가 만든 우버 소프트웨어를 언급하며 말했다. "나는 미래에 살고 있습니다. 버튼 하나만 누르면 차가 바로 나타나는 세상 말이죠. 난 화끈한 뚜쟁이죠. 개릿은 이런 개떡 같은 걸 발명한 사람이고요."[53] 수십억 달러에 이르는 기업을 이끄는 CEO의 말투로는 적합해 보이지 않는다. 그런데도 이를 매력으로 여긴 사람들이 많았다. 글로벌 시장조사 기관 CB인사이트 CEO 아난드 산왈Anand Sanwal은 우버 초기에만 해도 일반 대중뿐 아니라 뉴스 매체들까지 이 회사와 그를 긍정적인 시선으로 보았다고 지적했다.

우버의 서사는 설득력이 대단했다. 보호막에 숨어서 굼뜨게 움직이는 산업 세계에 어느 날 무모한 창업자가 나타나 이들을 공략하여 판을 바꾸고, 사람들이 좋아하는 대단한 가치를 지닌 서비스를 만들어 냈다. … 그러면서 규제기관과 경쟁자들을 향해 가운뎃손가락을 치켜세웠다.[54]

하지만 언론과 대중이 캘러닉의 말과 행동 그리고 그가 우버에서 만든 문화를 트집 잡기 시작하자, 전반적인 정서는 그에 불리한 쪽으로 움직여갔다. 우버의 이미지는 시민들의 삶을 향상시키기 위해 헌신하는 투지만만한 스타트업에서, 이기기 위해서라면 물불을 가리지 않는 비신사적인 기업으로 바뀌었다. 그동안 100억 회가 넘는 승차를 제공한 우버의 빛나는 실적도 악성 여론의 미로 속에서 온데간데없이 사라졌다.[55] 사실 여론을 악화시키는 데 한몫한 사건이 있었다. 캘러닉이 우버 리무진의 뒷좌석에 앉아서 요금 정책에 불만을 토로하는 운전자 파우지 Fawzi와 벌인 언쟁이었다. 이 장면은 영상에 담겨 만천하에 공개되었다.

파우지는 우버가 운전자들에게 합당한 보상을 해주지 않는다고 항의했다. 캘러닉은 발끈했다. "똥을 싸질러놓고도 치우지 않으려는 인간들이 있다니까. 그저 뭐가 됐든 전부 다른 사람에게 책임을 떠넘기지. 잘 해보셔." 운전기사가 이 장면을 찍어 인터넷에 올린 이유에 대해서는 많은 논란이 일었다.[56] 우연이 아닌 악의적인 의도를 가지고 제작한 것이라고 말하는 사람도 있었다. 하지만 영상이 공개되자마자 캘러닉은 자기 회사의 최전방에서 일하는 사람들에게 일말의 관심도 없으면서, 돈만 밝히는 CEO로 전락하고 말았다. 결국 캘러닉은 직원들에게 보내는 메모를 통해 좀처럼 하지 않는 공개 사과까지 했다.

아마 지금쯤 제가 우버 기사를 무례하게 대한 동영상을 보셨을 겁니다. 부끄러운 짓을 저질렀다는 말로는 모자라겠죠. 여러분의 리더로서 제가 해야 할 일은 사람들을 이끄는 것입니다. … 그러려면 우리 모두를 자랑스럽게 만드는 행동부터 해야겠죠. 분명한 것은 제가 해서는 안 될 행동을 저질렀다는 거고요. 어떤 말로도 해명할 수 없을 것입니다. 동영상 속의 인물이 저라는 걸 부인할 수 없습니다. 이에 대한 비판은 한 가지를 확실하게 일깨워줬습니다. 리더인 제가 근본적으로 변화하고 성숙해야 한다는 것을. 이를 위해 지도부의 도움이 필요하고 그 결정을 받아들일 의향이 있다는 점을 처음으로 인정합니다. 파우지와 우버의 운전기사들과 승객 여러분 그리고 우버 직원 전부에게 머리 숙여 사과드립니다.[57]

주목해야 할 사건은 또 있다. 우버의 고위 임원인 에밀 마이클Emil Michael이 부당한 기사를 쓴 기자들의 뒤를 캐는 것이라면 100만 달러라도 들일 용의가 있다며 언성을 높인 일이다. 마이클이 지목한 것으로 보이는 기자는 새라 레이시Sarah Lacy였다. 그녀는 기사를 통해 우버의 여성차별적 문화를 여러 차례 꼬집었고, 독자들에게 결국 자신은 휴대폰에서 우버 앱을 삭제했다고 말했다.[58] 레이시는 당연히 마이클의 발언을 자신에 대한 명예훼손으로 여겼고, 마음에 들지 않는 기사를 막으려는 대기업의 위협으로 받아들였다. 추측이긴 하지만, 다른 기자들도 그들과 같은 일을 하는 사람을 향한 위협에 분노하고 이를 언론의 자유에 대한 공격으로 간주했을 것이다. 마이클의 발언이 담긴 계정이 이슈가 되자, 그는 사과하면서 비공개를 전제로 한 발언이었고 이는 자신과 우버가 진정으로 믿는 바가 아니라고 해명했다.[59] 하지만 언론사들은 그의 사과의 진정성을 믿지 않는 것 같았다.

또한 캘러닉은 많은 사람이 택시를 이용하는 시간대에는 가격을 인상하는 서지 프라이싱이란 요금정책 때문에 고객에게도 외면당했다. 고객들은 우버가 아쉬울 때만 자기들을 이용한다고 여겼다. 이에 대해 캘러닉은 항공사나 호텔 등 다른 업종 역시 그렇게 한다고 반박했다. 수요가 몰리는 성수기에 가격을 올린 것은 사실이지만, 그 덕분에 더 많은 운전자가 도로에 나오고 그래서 승차 시간이 빨라지고 서비스도 개선된다는 주장이었다. 하지만 서지 프라이싱은 홍보가 제대로 되지 않은 요금제였다. 승객들은 눈보라 같은 악천후나 택시 파업 중에 요금을 크게 올리는 행태를 곱지 않은 시선으로 보았다. 우버는 승객이 탑승하기 전에 최고 가격이 적용되고 있으니 요금이 많이 나올 수 있다는 점을 알렸다고 해명했지만, 그 정도로는 우버의 요금인상 관행에 대한 부정적인 인식을 바꿀 수 없었다. 종내 캘러닉의 이미지는 고객을 전혀 신경 쓰지 않는 탐욕스럽고 냉담한 CEO라는 인식으로 굳혀졌고, 그로 인해 경쟁자들에게 '비윤리적인 리더'라고 공격할 만한 구실을 주었다.[60]

캘러닉 정도는 아니지만, 이와 유사한 비판을 받은 리더들은 다른 곳에서도 얼마든지 찾을 수 있다. 하지만 그들은 회사의 대중적 이미지가 갖는 영향력을 잘 알고 있었다. 베이조스의 전기를 쓴 브래드 스톤에 따르면, 베이조스는 지도부와 회사가 대중에게 호의적으로 비치는 것이 얼마나 중요한지를 두고 토론을 벌였다. 그는 '아마존닷러브amazon.love'라는 팀에 보낸 메모에서 애플처럼 대중에게 긍정적인 인상을 주는 기업이 있는 반면, 골드만삭스처럼 그렇지 못한 기업이 있다며 그 이유를 분석했다. 베이조스는 장기적인 성장을 위해서는 긍정적인 평판을 유지하는 것이 매우 중요하다며, 그런 평판에 도움이 되는 요소를 17가지 항목으로 나누어 설명했다. 우버는 베이조스가 '멋지다(혁신적이고 탐구적이다)'라고 말한 특징에서는 합격이었지만, '다른 점(무례하고 경쟁사에 집착하는 것)'에서는 불합격이었다.[61]

베이조스가 캘러닉과 크게 다른 점이 있다면, 아마존은 시장을 파괴하는 것을 목표로 삼지 않았다는 사실이다. 아마존의 목표는 고객들을 기쁘게 하는 것이다. 하지만 그런 베이조스와 아마존도 요즘에는 캘러닉과 우버가 받는 것과 동일한 비판을 받고 있다. 최근 미국의 주간 잡지 〈뉴요커The New Yorker〉는 베이조스를 가리켜 '흉포한 자본주의의 달인'이라고 표현했다. 아마존닷러브에 대한 그의 열망은 이 회사의 경쟁 관행과 사회에 미치는 영향을 트집 잡는 사람들에 의해 혹독한 시험대에 올랐다. 몸집이 계속 불어나면서 아마존은 잠재적 독점 금지 위반을 포함한 다양한 이슈와 관련된 신랄한 비판을 정면으로 받고 있으며, 이 밖에도 전통적인 소매점과 고용에 대한 위협, 낮은 것으로 알려진 연방법인세, 풀필먼트 센터의 힘든 근무 환경, 제품의 진품 여부와 안전성, 노조에 대한 회사의 뿌리 깊은 거부감 등 여러 가지 문제를 노출시켰다. 아마존에 대한 대중의 정서는 느리긴 해도 계속 부정적으로 바뀌고 있기 때문에, 베이조스는 대중들이 그의 집요함을 무자비로 오해하지 않도록 신중해야 할 것이다.[62]

무조건적 신뢰

캘러닉의 실수가 반복되자, 그와 가까운 주요 이해당사자들이 그에게서 신뢰를 거두기 시작했다.[63] 리더가 신뢰를 유지하기 위해서는 갖춰야 할 몇 가지 자질이 있다. 첫째는, 무엇보다 성과를 내야 한다는 것이다. 캘러닉도 이 점에서는 자신의 비범한 능력을 확실하게 입증했다. 승차 횟수가 매년 증가하면서 투자자들은 경쟁적으로 우버에 돈을 쏟아부었다. 중국에서 입지를 다지지 못하는 등 몇 가지 문제가 없진 않았지만, 대부분의 시장에서 우버는 빠른 속도로 승객을 끌어들였다. 둘째는, 정직한 행동이다. 회사를 괴롭힌 그동안의 스캔들을 고려할 때 캘러닉은 이 점에서 대부분 실패했다. 셋째는, 리더가 다른 사람들, 특히 고객과 직원 들에게 관심을 가져야 한다는 점이다. 그러기 위해서는 그들의 관점에서 세상을 보는 공감 능력이 필요하다. 하지만 캘러닉의 말과 행동은 그를 자기밖에 모르는 냉담한 인물로 만들었다. 그는 사람들이 좋아하는 서비스를 만들어 제공했지만, 그의 행동은 그가 고객과 운전기사와 직원 들의 행복보다 회사의 성장과 수익성을 더 중요하게 여겼다는 사실을 여지없이 드러냈다.

리더가 신뢰를 얻고 유지하기 위해서는 성과와 진실성, 관심이라는 세 가지 필수요건을 모두 입증해야 한다. 캘러닉은 성과를 보여주었고 그 결과 일부 사람들, 그중에서도 특히 주주들은 그의 못마땅한 행실에 관대할 수 있었다. 그러나 실수가 계속되면서 성실하고 타인을 배려하는 리더라는 인식이 조금씩 퇴색되었다. 일단한 번 넘으면 되돌리기 힘든 경계가 있다. 성실성과 배려의 문턱을 모두 넘은 캘러닉은 돌아가는 길을 찾지 못했다.

캘러닉은 종종 우버를 배우자에 비유했다. 그에게 우버는 세상그 누구보다 사랑하는 아내였다.[64] 리더가 회사에 대해 그 정도의 애착을 갖게 되면 회사가 위협받고 있다고 느낄 때 더욱 방어적으로 행동하게 된다. 여기에 대단한 성공에 따른 자신감까지 덧붙으면 타인의 피드백과 조언에 귀를 닫게 된다. 캘러닉은 힘겨운 장애를 넘느라 힘이 빠진 회사에 생기를 불어넣는 견인차였다. 그는 운송 업계의 완강한 반대에 부딪혔고 그들은 우버를 죽이려고 했다.

캘러닉은 실수를 했지만 그가 일궈낸 엄청난 성공과 그를 제거하려는 사람들과 싸워야 했던 사정을 생각하면, 그가 방법을 바꾸지 않은 이유도 조금은 이해할 수 있을 것 같다. 성숙해지지 않으면 리더로서의 입지가 위험해질 수 있다는 캘러닉의 깨달음은 너무 늦게 찾아왔다. 그는 그의 핵심 투자자와 언론, 많은 운전기사 그리고 일부 고객의 신뢰를 잃었다. 종합해 볼 때, 그의 실패는 갈수록 복잡하고 중요해지는 회사를 경영하는 데 필요한 리더십을 빠르게 성숙시키지 못한 탓이 크다.

우버의 위기에 대한 책임을 캘러닉에게만 묻는 것은 부당한 처사일 것이다. 이 회사를 통솔해 온 더 큰 체계도 사실은 똑같은 과실을 저질렀다. 특히 우버 이사회는 문제가 되는 캘러닉의 본능을 감시하고 제지하는 데 실패했다. 이사들은 캘러닉의 기질을 결코 모르지 않았다. 애플 이사회는 스티브 잡스를 그가 설립한 회사에서 쫓아냈지만, 우버 이사회는 아마 30년 전에 있었던 그 실수를 되풀이하지 않으려고 했던 것 같다. 비전을 가진 설립자를 해고하기를 두려워한 탓에 종내 우버의 이사회는 수동적이 되었고 심할 때 '방조자 또는 변론자'를 자처했다.[65]

이 같은 경향은 이사회의 구조 때문이다. 창업자들이 막강한 권력을 휘두르는 기술 분야에서는 특히 그렇다. 기업가들은 종종 회사가 상장된 후 의결권 주식을 통해 지배력을 유지하려고 하는데, 그렇게 되면 리더의 행동이나 기업의 관행, 문화에 변화를 이끌어낼 책임이 있는 이사회와 주주의 권한은 제약받을 수밖에 없다.[66]

우버의 경우 회사의 지배적 의결권은 트래비스 캘러닉과 개릿 캠프, 라이언 그레이브스Ryan Graves(우버의 초대 CEO이자 당시 총괄 운영 책임자) 세 사람에게 집중되어 있었다. 따라서 우버의 이사들과 대주주들이 조언을 한다 해도, 이들 3명의 주주가 받아들이지 않으면 그뿐이었다.

일부 투자 회사들도 '창업자 친화적'인 입장을 취하려 애썼기에 리더의 기능 장애를 조장한 책임에서 자유로울 수 없다. 투자 회사는 그들이 초기 단계에 투자했다는 분명한 이유로 창업자들에게 특별대우를 기대한다. 또한 대체로 기업가들은 창업자를 제거한 이력이 있는 투자 회사들을 곱게 보지 않는다. 창업자들도 두렵기는 마찬가지인 것이다. 연구에 따르면, 창업자들 중 대다수는 결국 회사의 리더 자리에서 물러난다. 그리고 5명 중 4명은 투자자나 이사회에 의해 쫓겨난다.[67] 하지만 설립자가 회사를 대단한 지위에 올려놓을 경우 이사회와 투자자들은 소극적이 될 수밖에 없다. 특히나 우버는 주주들에게 수십억 달러의 배당금을 안겨주었다. 이런 점들을 고려하면 창업자를 쫓아내거나 창업자의 행동을 통제하기가 쉽지는 않았을 것이다. 이사회 일원인 빌 걸리Bill Gurley는 캘러닉의 사임과 관련해 이런 말을 했다. "올여름 여러 가지 일이 있었지만 그 모든 것이 우리에게는 매우 어려운 결정이었습니다. … 우리는 두 가지 질문을 가장 많이 받고 있습니다. '어떻게 그런 결정을 할 수 있었는가?' 그리고 '왜 진작에 하지 않았는가?' 분명히 이둘은 완전히 상반된 질문입니다."[68]

캘러닉을 제외하고 이사회에서 우버의 실수에 가장 큰 책임을 져야 할 사람은 개릿 캠프다. 우버의 공동 설립자이자 회장직도 맡았던 최대주주 중 한 사람으로서, 그는 공식적으로나 비공식적으로 캘러닉에게 영향을 줄 수 있는 힘을 가진 유일한 인물이었다. 강력한 이사회가 없는 상황에서 캘러닉의 강박적 집착으로부터 우버를 보호하는 생산적인 역할은 당연히 캠프가 맡아야 할 몫이었다. 하지만 캠프는 핏불을 원했고 캘러닉은 그의 기대에 부응하는 역할을 했다. 그런데 생각해 보라. 개가 사람을 물었을 때, 개를 탓하는가? 여러 면에서 한 인간의 성격은 '뿌리 깊게 내재된 것'이지만, 우버에서 벌어진 일만 놓고 볼 때 캘러닉의 기질은 어느 정도 바꿀 수 있었다는 것이 입증된 상태였다. 따라서 그와 같은 균형은 캠프가 잡아줬어야 했다.

두 사람 사이에 어떤 이야기가 오갔는지는 알 수 없지만, 회사에서 불거진 비행으로 어떤 결과가 생겼는지는 알 수 있다. 캠프가 회사에서 무슨 일이 일어나고 있는지 알지 못했거나, 아니면 적극적으로 개입하지 않았거나 둘 중 하나일 것이다. 어느 경우이든 이는 그의 잘못이다. 캘러닉이 사임한 뒤 캠프는 우버가 성장통을 겪고 있으며, 승차 횟수가 증가하면서 효율적인 운영에 필요한 시스템과 문화를 구축하지 못했다고 토로했다. 그는 회사가 실수로부터 교훈을 얻었다고 믿는다며 우버의 성장을 가능하게 해준 사람들, 특히 우버의 직원과 운전자 들의 말에 더욱 귀를 기울이겠다고 했다. 캠프는 캘러닉을 직접 비판하지도, 우버의 문제점에서 자신이 맡았던 역할에 책임지지도 않았다. 대신 그는 미래에 초점을 맞추고 우버가 사회에 미칠 긍정적인 영향만 강조했다.

언론도 처음에는 캘러닉을 영웅으로, 다음에는 악당으로 묘사했기에 우버에서 일어난 일에 대해 일정 책임을 져야 한다. 처음에 그들이 젊고 똑똑하고 저항하는 새로운 유형의 CEO 모델로 추켜세웠던 캘러닉은 어느 순간 반사회적인 행동을 일삼는 탐욕스러운 자본가로 변했다. 캘러닉이 무책임한 언행을 통해 스스로 방자하기 짝이 없는 서사를 만드는 일을 거들고 거기서 벗어날 수 없게 만든 건 언론이다. 그는 대형 테크놀로지 회사들이 책임 있게 행동하지 못할 때 사람들이 우려의 시선으로 바라보게 되는 표적이 되었다. 한 기술전문 기자는 캘러닉과 관련된 것이라면 무엇이든 부정적인 시각으로 바라보면서 트위터에 이렇게 썼다. "그를 괴물로 만든 것은 미디어가 아니다."[69] 더 나아가 음모론적 시각을 가진 사람들은 캘러닉이 택시와 리무진 업체, 그들을 정치적으로 지지하는 강력한 이익집단에 도전했기 때문에 그들의 표적이 되었다고 주장한다. 그러면서 그들은 일론 머스크를 비롯한 다른 비저너리 리더들도 회사의 성장을 무기로 해당 분야에서 기득권 세력의 이권을 위협한다면 같은 위험에 직면하게 될 것이라고 경고했다.

캘러닉의 사례에서 우리는 리더와 직원 들이 지나칠 정도로 목표에 집착하여 회사를 보호하는 데 급급하게 되면 언제든 자멸할 수 있다는 교훈을 얻는다. 우버를 운송 업계의 일인자로 만들겠다던 트래비스 캘러닉의 외골수는 결국 그가 사랑했던 회사에 상처를 주고 CEO로서의 자신의 임기에도 종말을 가져왔다. 반면 A 지점에서 B 지점으로 사람과 제품을 최대한 빨리 이동시키겠다는 그의 집착은 우버를 그만큼 성장시켰다. 그는 우버의 스토리에서 맡은 배역을 충실히 수행했고 그가 할 줄 아는 유일한 역할을 완벽하게 해냈다. 이 같은 캘러닉의 입신과 몰락이야말로 왜 리더의 집착이 축복이자 저주인지를 그 누구보다 잘 보여주는 사례일 것이다.

핵심 요약

▶ 트래비스 캘러닉은 우버를 지금과 같은 기업으로 만들기 위해 필요한 모든 일을 기꺼이 했다. 그는 실행 가능한 대체 운송수단으로 승차공유 시스템을 확립한 우버의 실세이자 전 세계 시장에서 다른 회사들이 모방한 모델이었다.

▶ 그는 옳은 일보다 '성장을 쥐어짜는 일'에 강박적으로 집착했다. 이는 잇따른 실책과 스캔들로 이어져 종내 캘러닉과 그의 팀이 쌓은 탑을 훼손시키는 위협 요소가 되었다.

▶ 캘러닉의 종말엔 그의 자기 파괴적인 행동을 막지 못한 사람들의 탓도 어느 정도 있다. 이사회나 경영진, 어떤 자문단도 그의 집착이 만든 단점으로부터 그를 보호하지 못했다.

WORKA-
SAURUS

강박적 집착의
효용성

6장

개인의 선택

올인할 것인가 말 것인가?

> 무언가가 성취되었다면 그건 어떤 편집광이
> 사명감을 갖고 해낸 일일 것이다.
>
> 피터 드러커 Peter Drucker 1

사회과학자 J. 스튜어트 번더슨 J. Stuart Bunderson과 제프리 톰슨 Jeffery Thompson은 의미 있는 일을 하는 사람들의 심리를 연구해 왔다. 10년 전에 그들은 어떤 한 가지 직업을 집중적으로 연구했다. 정신적으로나 육체적으로 소모가 심한 직업을 택해 그런 일을 할 때의 문제점과 그 장단점을 파헤치면 어떤 통찰을 얻을 수 있으리라 기대했기 때문이다. 그 직업이 무엇이었을까? 동물원 사육사였다. 사육사들은 대학 졸업장을 가진 것치고는 보수가 하위 25%에 속할 정도로 낮았지만, 일에 대한 의욕만큼은 매우 높았다. 현재 업무에 바람직하지 못한 부분이 많다고 생각하는 사람들이 대다수라는 점을 고려할 때, 그들의 직업의식은 매우 인상적이었다.

사육사들은 언제 어떻게 자신이나 동료들을 해칠지 모르는 야생동물들에 둘러싸여 일하기에, 한시도 경계를 늦출 수 없다. 그들은 비와 추위와 무더위 속에서 동물들의 우리를 청소해야 하는 그다지 유쾌하지 않은 일도 한다. 거기엔 매일 동물들의 배설물을 치우는 일도 포함된다. 그들은 또한 정규 근무시간 외에도 당직을 해야 하며 밤이든 낮이든 필요할 때는 당장 현장으로 달려가야 한다. 하지만 아무리 위험하고 작업이 고되고 임무가 과중해도, 동물원에서 일하고 싶은 그들의 욕구를 막지는 못한다. 개중에는 무보수 인턴도 많다. 특히나 동물원은 대부분 일자리가 제한되어 있는 데다 이직률도 낮고 예산도 빠듯해서 승진을 바라기 힘든 편이다. 그런데 이들은 무엇 때문에 그렇게 의욕적인 것일까?[2]

동물을 유별나게 좋아하기 때문이라고 쉽게 답할 수도 있다. 하지만 연구진은 뭔가 더 의미심장한 이유가 있을 것으로 예상했다. 그들은 수백 곳의 동물원에서 일하는 사육사 1,000명을 밀착 취재하고 조사한 끝에, 사육사들이 자신을 희생해서라도 동물들을 돌보고 동물들의 생존을 지켜주는 일을 사명으로 여기는 것 같았다고 결론 내렸다. 사육사들은 많은 사람이 그렇듯 동물을 사랑하지만, 그런 개인적인 욕구나 성취감 때문에 그 직업을 택한 것이 아니었다. 적어도 그것이 그들의 첫 번째 동기는 아니라는 말이다. 사육사들은 동물을 보호하고 그들이 멸종되지 않게 힘쓰는 일에 자신이 부름을 받았다고 생각했다. 연구진들은 이렇게 지적했다. "그들은 이런 일을 하기 위해 태어났다고 생각한다. …. 사육사로 일하는 것을 숙명으로 여기는 사람들이 많다. 그들은 마치 운명처럼 어

191

떤 계기를 통해 자신들이 동물원으로 오게 되었다고 말한다."³ 두 교수는 이 같은 연구 결과를 '야성의 부름The Call of the Wild'이라는 제목의 논문으로 발표했다.

이들은 또한 적어도 사육사들에게 직업은 희생을 요구하는 일이라고 결론 내렸다. 소명의식이 확실한 사람들은 보수가 적고 개인적인 시간을 가질 여유가 없고 몸이 고단해도, 맡은 일을 헌신적으로 해냈다. 다시 말해, 사명감이 강한 사육사일수록 그 일을 위해 치러야 할 대가도 기꺼이 감내했다.

> 소명의식은 사육사와 그들이 맡은 일과의 관계를 복잡하게 만든다. 한편으로는 직업적 정체성이나 초월적 의미, 직업적 중요성 같은 의식을 함양하고, 다른 한편으로는 철저한 사명감과 개인적인 희생, 고도의 긴장감을 조장한다. 그러므로 우리가 표본으로 삼은 이들 사육사에 대한 연구 결과는 소명이 고통스러운 양날의 칼이 될 수도 있다는 걸 보여준다.⁴

이보다 한발 더 나아가 열정을 가지고 일하는 사람은 상사나 조직에 이용당하기 쉽다고 밝힌 연구도 있다.⁵ 그들은 일을 더 오래 더 많이 하고 맡은 업무 외의 일까지 떠맡는다. 그들이 이러한 요구를 받게 되는 이유는 무엇일까? 흔히들 열정적으로 일하는 사람은 본래 일 욕심이 많은 편이고 따라서 모두가 하기 싫어하는 야근 등의 추가 업무도 자진해서 맡으리라 여기기 때문이다. 연구진들은 이 같은 그들의 열정엔 좋은 점이 많지만 '열정 착취passion exploitation' 라는 단점도 아울러 갖는다고 결론 내렸다.

찾는 것인가 창조되는 것인가?

보케이션vocation(천직)은 '어떤 행위의 특정 상태나 과정에 대한 소환 혹은 강렬한 성향'으로 정의된다.[6] 이 단어의 기원은 라틴어의 보카레vocare인데, '부른다to call'라는 뜻과 함께 원래 수도회에 들어간 사람들을 지칭하는 것이었다. 이는 업세션obsession(강박적 집착) 과 가까운 개념으로 강박적 집착은 '부름calling'을, 천직은 사로잡힘 을 뜻했다. 어느 경우에서든 개인은 매우 중요한 어떤 것을 추진시키는 힘의 영향에 놓이게 되는 것이다.

천직이란 의미는 종교개혁자 마르틴 루터Martin Luther와 장 칼 뱅Jean Calvin의 저술을 통해 그 의미가 확대되었다. 그들은 인간 모두는 빵이나 신발을 만드는 일 같은 세속적인 활동은 물론 인류에게 무언가 유익한 것을 생산하는 일로 하나님의 뜻을 드러낸다고 말했다. 더 나아가 사회적 지위와 상관없이 각 개인은 일을 통해 인류의 복지에 기여하라는 부름, 즉 소명을 받았다고 주장했다. 따라서 일은 식탁에 먹을 것을 올리고 몸을 눕힐 안식처를 마련하는 수단 이상의 도덕적, 사회적 의미를 갖는 신성한 행위다.[7]

이렇게 본다면 천직이란 자신의 소명을 찾아 그것을 이행하는 것이다. 이런 신념이 극대화되면 인간은 자신보다 더 위대한 어떤 힘을 전달하는 매개체가 된다. 제프 베이조스도 그 점을 강조했다. "우리는 열정을 선택할 수 없습니다. 열정이 우리를 선택합니다. 열정이 어떻게 생기는지는 확실히 알 수 없습니다. 하지만 여하튼 어떤 것에 대한 열정이 일찍이 각자의 마음에 각인되는 것 같습니다. 그러면 이에 대한 관심이 부쩍 커지게 되죠."[8] 그러면서 베이조스는 이렇게 덧붙였다. "아이나 어른이나 시간이 가면서 자신이 어떤 것에 열정을 갖고 있는지 알게 되는 경우가 많습니다. … 그렇게 어려운 일도 아닌 것 같고요. 하지만 우리의 지적 자아가 그런 열정을 억누를 때가 간혹 있습니다. 그래서 단단히 지켜야 합니다."[9] 그의 말대로라면, 우리의 목표는 이미 있는 것을 찾아내어 운명이 정해준 대로 살아가는 것이다.

영국의 록 그룹 다이어 스트레이츠Dire Straits의 리더인 마크 노플러Mark Knopfler도 그렇게 자신의 소명을 찾았다. 생후 18개월부터 그는 엄마 곁에서 라디오에서 흘러나오는 노래와 그것을 따라 부르는 엄마의 목소리를 듣곤 했다. 여섯 살이 되었을 때 자신에게 가장 잘 맞는 것은 음악이라는 생각에 노플러는 그 길을 가기로 분명하게 정했다고 회상했다. 그는 지금까지도 기억하는 어린 시절 최고의 날은 열다섯 무렵 아버지가 첫 번째 일렉트릭 기타를 사주셨을 때라고 했다. 노플러는 대학에서 영문학을 전공하며 본격적으로 노래를 만들기 시작했고, 졸업하자마자 밴드에 들어가 50년 가까이 음악 연주와 작곡 및 프로듀서 일을 병행했다.[10]

천직에 대한 두 번째 견해는 주로 시행착오를 통한 경험에 의해 정해진다는 주장으로, 스탠퍼드 대학교의 캐럴 드웩 교수가 이를 이론으로 잘 정리했다.[11] 그녀는 소명은 찾아내는 것이 아니라 노력과 탐구를 통해 적극적으로 창조하는 것이라고 주장했다. 이렇게 되면 천직은 찾는 것이 아니라 만드는 것이 된다. 둘의 차이가 좀 모호하기는 해도 후자를 주장하는 사람들은 직업 개발을 중요하게 여긴다. 기업가 켄트 힐리Kent Healy도 이 점을 강조했다. "열정은 찾아야겠다고 해서 찾아지는 것이 아니다. 그것은 아주 수동적인 행동이다. 열정을 추구한다는 발상에는 그것을 보기만 하면 금방 알아차릴 수 있을 거란 잘못된 믿음이 끼어 있다. 하지만 사실 평생의 열정은 당장 접하게 된 일을 열심히 하는 과정에서 드러나는 경우가 많다."[12] 여섯 살 때 천직을 찾아 곧장 또는 자연스럽게 그 길을 따라가는 사람은 거의 없다. 다시 말해, '부름을 받는' 사람은 극소수다. 그보다는 이런저런 것들을 접해본 뒤에 몇십 년, 아니 몇 년 동안 완전히 몰두할 만한 직업을 선택하는 경우가 대다수다. '열정을 개발하는 방식'을 주장했던 두 교수 중 한 사람은 이렇게 말했다.

195

> 사람들은 무언가를 보고 '재미있어 보이고 내가 기여할 수 있는 무언가가 있는 분야 같다'는 생각이 들면, 자신을 거기에 투자한다. … 시간을 들여 그 일을 하고 그러다 여러 가지 난관을 만나지만, 갈수록 전념하게 된다.[13]

잘 알려진 숙박공유 기업 에어비앤비Airbnb의 공동 설립자 중 하나인 브라이언 체스키Brian Chesky도 그랬다. 그는 대학에서 디자인을 전공하고 졸업 후에는 산업디자인 분야 회사 몇 군데를 전전했지만, 직장생활에 도무지 흥미를 느낄 수 없었다. 그는 몇 해 뒤에 사업을 해볼 요량으로 샌프란시스코로 갔다. 어떤 사업을 할지 확신이 서지 않았던 그는 대선 후보들을 위한 구호를 시리얼 박스에 붙여 마케팅을 하는 등 시험 삼아 몇 가지 일을 벌였다.[14] 그 기간에 체스키는 친구와 함께 샌프란시스코에 있는 그들의 아파트를 숙소로 제공하는 웹사이트를 만들었다(첫 고객은 에어매트리스에서 잤다). 그들은 사람 냄새가 나지 않는 호텔보다, 친절한 집주인과 함께 기거할 때 느끼는 어떤 소속감을 경험하고 싶어 하는 사람들이 있다는 걸 알게 되었다. 체스키는 거기서 사업 기회를 보았고, 두 파트너와 함께 집주인과 손님을 연결해 주는 방식으로 새로운 경험을 제공하는 회사를 차렸다. 에어비앤비의 규모가 커지면서 그는 자신의 소명이 일차적으로는 손님과 집주인, 그다음으로는 동료와 그들이 소속된 커뮤니티에 어떤 소속감을 갖게 해주는 것이라는 걸 깨달았다. 지금 그에게는 CEO 외에 에어비앤비의 커뮤니티 책임자라는 직함이 붙었다. 에어비앤비는 10년 전에 설립한 이후로 5억 명의 고객에게 숙소를 제공했다.[15] 체스키가 십 대였을 때 그에게 장래 희망이 무엇인지 물었다면, 전 세계를 소속감으로 이어주는 커뮤니티를 만드는 것이 자신의 소명이라고 대답했을까?

드웩은 천직만 찾으면 만사 해결될 거라는 경직된 직업관을 가지게 되면, 정말로 그런 일을 찾을 가능성이 줄어든다고 주장한다. 직업을 그런 식으로 생각하면 의미 있는 일을 해도 당장 매력을 느끼지 못하기 때문에 금방 그만두게 된다. 좀 더 시간을 두고 충분히 탐색해 보다 괜찮으면 받아들일 수 있는 기회를 스스로 차단하는 셈이다. 이런 사람들은 당장 느낌이 오지 않는 일은 자신의 천직이 아니라고 생각한다. 그들은 또한 소명으로 받아들일 수 있는 직업은 의욕을 가지고 즐겁게 할 수 있는 일이라고 착각하기 때문에 조금 힘들거나 생각대로 되지 않으면 얼마든지 천직이 될 일도 쉽게 그만둔다. 드웩은 "시간이 가면서 차차 일에 적응할 수 있기"[16] 때문에 소명은 경험과 함께 진화한다고 강조한다.

찾든 만들어 내든, 직업의식이 확실한 사람들에게는 몇 가지 특징이 있다. 첫째, 그들은 끊임없이 소명에 이끌린다. 그들은 다른 사람들이 금방 싫증 내고 손을 떼는 일에도 각별한 관심을 가지고 엄청나게 많은 시간을 들인다. 그들에게는 "일이 노는 것보다 재미있다."[17] 스티브 잡스는 어느 유명한 졸업 축사에서 이렇게 말했다. "여러분은 앞으로 살아야 할 시간의 대부분을 일을 하며 보낼 것입니다. 정말로 만족스러운 삶을 살려면 대단하다고 생각하는 일을 해야 합니다. 대단한 일을 하려면 자기가 좋아하는 일을 해야 하죠. 그런 일을 아직 찾지 못했더라도, 포기하지 말고 계속 찾으세요. 적당히 타협하지 마세요."[18] 그래야 하는 한 가지 이유는 어떤 직업에서든 무언가를 이루려면 수년간 노력을 기울여야 하는데, 열정이 있으면 다른 사람들이 그만둘 때 꾸준히 밀고 나갈 의욕을 가질 수 있기 때문이다. 의욕을 가지려면 전문가들이 말하는 '주도면밀한 실천deliberate practice'을 계속해야 한다.[19] 특별히 뛰어난 업적을 이루려면 이런 특징들을 갖춘 직업을 찾아야 한다. 그 분야에서 개선해야 할 부분에 초점을 맞춰야 뛰어난 업적을 이룰 수 있지만 그러기 위해서는 먼저 직업에 대한 열정이 있어야 한다.

또한 직업의식은 관심 있는 분야에 타고난 재능이 있을 때 더욱 확고해진다. 재능이 있으면 여러 가지로 좋지만 목표를 향해 더욱 분발하는 데 특히 도움이 된다. 누구나 잘하는 일을 하면 즐거운 마음으로 하게 되고, 그래서 인정을 받으면 더욱 의욕을 갖게 된다. 타고난 소질이 있으면 아무래도 맡은 일에 시간과 에너지를 더 많이 쏟게 되기에 성공할 가능성도 커진다.

제프 베이조스의 사례가 재능이 동기와 업적에 어떤 영향을 미치는지 잘 보여준다. 그는 원래 대학에서 물리학을 전공하여 그 분야의 리더가 되겠다는 꿈을 갖고 있었다. 우주 탐험은 그의 첫사랑이었고 물리학은 그가 좋아서 선택한 분야였다. 하지만 프린스턴 대학교에 들어간 베이조스는 친구들의 '두뇌 구조가 다르다'는 것을 금방 알게 되었고, 자신의 두뇌가 어느 쪽에 취약한지 금방 파악했다. 전기 작가 브래드 스톤은 베이조스가 자신의 한계를 뚜렷하게 느끼게 된 순간을 이렇게 설명했다.

대학교 1학년이던 어느 날 밤, 베이조스는 기숙사에서 편미분 방정식을 붙들고 끙끙대고 있었다. 자신의 스터디 파트너와 몇 시간째 매달려도 문제가 풀리지 않자 그는 옆방 친구를 찾아갔다. 그 친구는 방정식을 흘끗 보더니 말했다. "코사인이네." 베이조스는 어이가 없었다. "우리가 믿어지지 않는다는 표정을 짓자, 그는 장장 3쪽에 걸쳐 풀이 과정을 전개하더니 답이 코사인이라는 것을 입증해 보였다."[20]

이와 같은 경험을 베이조스는 '현실적 각성practical realization'이란 단어로 표현했다. 난해한 물리학 개념을 해결하는 데 자신보다 훨씬 더 탁월한 능력을 가진 사람들이 있다는 깨달음이었다.[21] 그는 이론물리학 분야에서 도움이 될 만한 업적을 남기려면 세계 50위 안에는 들어야 한다는 것도 알았다. 그들은 그에게 없는 재능을 가진 사람들이었다. 아무리 열심히 물리학을 공부해도 자신은 그들의 사고 수준을 따라갈 수 없을 것 같았다. 결국 베이조스는 전공을 바꿔 전기공학과 컴퓨터 사이언스 학위를 받았다. 남다른 재능과 우주 탐험에 대한 평생의 열정을 가지고 있었지만 물리학은 그가 갈 길이 아니었다.

그러나 일을 하는 데 재능이 꼭 대단한 기여를 하는 것은 아니다. 경우에 따라서는 남다른 재능이 해가 되기도 한다. 재능이 있으면 별다른 노력을 하지 않고도 일을 수월하게 처리할 수 있으므로 잠재력을 실현시키는 데 필요한 추진력을 개발하지 않고 훈련도 게을리하기 쉽기 때문이다. 어린 영재들이 자신의 분야에서 유명하게 되는 경우가 많지 않은 것도 이 때문이다. 영재에 관해 연구해

온 어느 심리학자는 이렇게 썼다. "너무 일찍 성공한 아이들은 갈채가 사라지고 경쟁자들이 앞질러가는 경우에 대한 준비가 안 되어 있다."[22] 인디애나 대학교의 심리학자 조너선 플러커Jonathan Plucker는 천재들을 대하는 사람들의 태도에도 어느 정도 책임이 있다고 말했다. "우리는 그들에게 '야, 너 정말 천재구나'라고 말하지만 '네가 천재라고 해도 이 분야에 정말 공헌을 하려면 평일에 60시간은 일해야 할 거다'라고는 말하지 않습니다."[23] 많은 노력을 들이지 않아도 성공하는 일이 반복되면 '대가의 경지에 오르는 데 필요한 치열함'이 부족해진다. 그러다 일이 어려워지고 경쟁이 치열해져서 타고난 재능 이상의 노력이 필요해지는 순간, 그들은 허둥대기 시작한다.

천직에 집착하는 사람들의 또 다른 특징은 자신이 더 좋은 결과를 낳는 일을 한다고 생각하는 것이다. 동물을 보호하는 것을 자신의 의무로 여겨 부름에 응답한 사육사들이 바로 그런 경우다. 이들은 세상이 일의 대가로 자신에게 무엇을 제공할 것인가보다, 자신이 세상에 무엇을 제공할 것인가를 더 중요하게 여긴다.[24] 조사 대상이 된 사육사들은 좁은 의미의 자아실현을 위해 일한 것이 아니다. 그들은 야생동물의 복지에 기여한다는 더 큰 목적에 응답하고 있었다. 이런 유형의 일에 종사하는 사람은 동기가 매우 분명하고 어려움을 만났을 때 견뎌내겠다는 의지가 강하다. 미국의 사회행동학자이자 동기 분야의 권위자인 배리 슈워츠Barry Schwartz는 일반적으로 사람들에게는 의미 있는 일을 하고 싶어 하는 경향이 있다고 말했다. "암을 치료하는 일만 의미 있는 것은 아닙니다. … 영업 사원도 좋고 통행료 징수원도 좋아요. 다른 사람들의 문제를 해결 하고자 한다면, 누군가의 삶을 더 낫게 해줄 기회가 하루에도 100번 정도는 찾아옵니다. 그런 일에 헌신할 때 만족감은 크게 증 가하죠."[25] 어떤 유형의 일이든 강박적인 집착이 강할수록 의미 있 는 일을 하려는 욕구는 더욱 두드러지게 마련이다.

직업을 찾을 때 열정과 재능 중 어느 쪽에 더 의미를 둘지에 대 해서는 사람들마다 견해가 다르다. 스티브 잡스나 일론 머스크, 제 프 베이조스 같은 사람들은 열정을 따르라고 말할 것이다. 어떤 직 업이든 열정을 가지고 하면 남들보다 잘해보고 싶다는 의욕이 생 길 테니까. 이들의 주장대로라면 열정으로 시작하여 열정이 이끄 는 대로 따라가는 것이 상책이다. 그러나 자연스럽게 접하게 되는 직업으로 시작하는 것이 더 좋다고 주장하는 사람들도 있다. 그들 은 자신의 재능을 발휘할 수 있는 분야에서 오래 일하다 보면 열정 도 자연스럽게 생긴다고 말한다. 바꿔 말해, 특별한 재능이 없어도 현재 하는 일에 완전히 숙달되는 것이 중요하고, 그러다 보면 전문 성과 함께 열정도 더해진다는 이야기다.[26] 이와 달리, 사람들에게 이익이 되는 직업을 추구해야 한다고 주장하는 사람들도 있다. 그 들은 환경보호처럼 개인적인 욕구 이상의 큰 목적을 찾으라고 충 고한다. 애초에 사람들에게 유익함을 주기 위해 천직이 생겼다고 믿는 사람들은 그런 것이 직업을 선택하는 데 중요한 동기가 된다 고 말하면서, 그 기준으로 선택하면 자기중심적인 목표를 추구하는 사람보다 더 많은 것을 성취하고 더욱 만족감을 느끼게 된다고 주장한다.

소명을 찾다 보면 열정과 재능과 목적이 다양한 방식으로 뒤섞여 혼란스러울 때가 많다. 열정과 재능과 목적도 각자가 처한 사회적 환경에 따라 중요도가 각기 다르다. 이들 세 가지 요소는 서로 겹치기도 하고, 사람에 따라 이 방법보다 저 방법이 더 유용할 때도 있다. 하지만 어느 쪽을 택하든 모두 복합적이고 다 똑같이 의미 있는 경로가 된다. 따라서 가족이나 멘토 등 물심으로 지원해 준 자원을 바탕으로 자신의 경로를 정하는 것이 좋다. 직업적 소명을 찾는 사람에게는 다음과 같은 사고방식이 도움 될 것이다.

▶ 직장 안에서든 직장 밖에서든 우리의 일상이 새로울 것 없이 끝없이 반복되는 것이라고 가정해 보라. 그런 순환고리가 즐거운 일로만 이어지는 것도 아니다. 거기에는 좌절과 심지어 고통도 있다. 강박적 집착을 가지고 일하는 사람은 이런 고리를 받아들일 수 있겠느냐는 질문에 그렇다고 답할 것이다. 그런가 하면 이런 반복을 생지옥으로 여기는 사람도 있을 것이다. 그들에게 삶은 그 자체로 벗어날 수 없는 감옥이다.[27] 더 나은 삶을 갈구했던 철학자 니체는 이를 '영원 회귀The eternal reoccurrence'라고 불렀다. 그는 영원 회귀를 인정하는 것이야말로 주어진 운명대로 살지를 결정하는 한 가지 방법이라고 생각했다.[28] 지금 하는 일이 좋든 나쁘든 그 일을 반복하며 사는 미래를 받아들일 수 있다면, 그 사람은 자신의 천직을 찾은 것인지도 모른다.

▶ 천직을 찾는 사람들은 일을 하느라 시간 가는 줄도 몰랐던 때를 떠올려볼 필요

가 있다. 그럴 때 그 사람은 자의식을 잃지 않은 채 그 활동 속에 완전히 현존하게 된다. 결과의 가능성을 생각해서가 아니라 활동 그 자체에 매료되어 적극 참여하게 되는 것이다. 그런 활동은 그 사람의 역량에 대항하는 방식으로 도전하게 만듦으로써, 결국 의욕을 더욱 자극하는 즐거운 일이 된다. 이 분야의 연구로 유명한 심리학자 미하이 칙센트미하이Mihaly Csikszentmihalyi는 이를 '몰입 상태flow state'로 설명한다. 그의 말에 따르면, 인간은 몰입할 수 있는 일을 할 때 가장 행복하다. 몰입은 또한 천직을 찾는 지표가 되기도 한다.[29] 자기 자신을 완전히 소모하게 만드는 과제에 몰입하다 보면 거기서 어떤 의미를 찾게 되고, 경우에 따라서는 천직으로 삼을 만한 가치도 발견하게 된다.

▶ 소명을 찾는 또 다른 방법은 여든 살이 되어 살아온 과정을 되돌아본다고 가정해 보는 것이다. 제프 베이조스는 직장생활을 하던 중 이런 가정을 통해 먼 훗날 후회하게 될 결정이 무엇일지 자문했다. 그 결과 대우가 좋은 뉴욕의 직장을 그만두고 인터넷 상용화에서 엿본 기회를 잡아야겠다는 결론을 내렸다고 한다. 베이조스는 이런 발상을 '후회 최소화 법칙regret minimization framework'이라고 불렀다.[30] 그는 또한 나중에 자신이 이루어놓은 일을 회고할 때 어떤 것을 가장 자랑스럽게 여길지 생각했다. 자랑스러운 업적은 네댓 가지일 수 없고 오직 한 가지여야 한다고 주장하는 사람들은 기여한 바가 분명한 업적은 한 문장으로 압축할 수 있다고 말한다. 물론 확인할 수 있는 업적이 꼭 직업과 관련되어야 하는 건 아니다. 사실 그런 업적은 가족이나 친구, 커뮤니티와 관련된 경우가 더 많다.

▶ 스티브 잡스의 경우, 조금 색다른 방법으로 소명을 찾았다. 그는 매일 아침 거울을 보며 이렇게 물었다고 한다. "오늘이 인생의 마지막 날이라고 해도, 지금 하

고 있는 일을 하겠는가?"³¹ 며칠 동안 계속해서 아니라는 대답이 나오면, 그는 진정한 소명에 더 가까운 일을 찾을 필요가 있다는 걸 알았다. 앞서 지적했듯, 위대한 일을 추구하다가 어려운 고비를 만났을 때 이를 악물고 버티면서 시간과 노력을 바치려면 남다른 열정이 있어야 한다. 잡스는 의미 있는 일이 아니라면 사는 보람을 느낄 수 없기에, 더욱더 소명을 찾아야 한다고 생각했다.

직업적 소명의 이점

저널리스트 수전 올리언Susan Orlean은 저서 《난초 도둑The Orchid Thief》에서, 난초를 수집하는 사람들을 통해 강박적 집착의 심리를 파헤쳤다. 그녀의 통찰에 의하면, 강박적으로 집착하는 사람들은 사명감을 가지고 한 가지 일에 삶을 통째로 바친다. 그들은 아침에 일어나 자신이 누구이며, 무엇을 하려고 하는지, 어떤 일을 해야 목표에 더 가까이 갈 수 있는지 자문하면서 자신의 사명을 상기한다. 그렇게 하면 자신의 인생을 좀 더 체계적이고 의미 있는 것으로 만드는 일에 에너지를 쏟을 수 있다. 그녀는 이렇게 썼다.

열정적으로 어떤 대상에 관심을 쏟는 것이 중요한 이유는 그렇게 해야 세상이 좀 더 다루기 쉬운 크기로 줄어들기 때문이다. 그럴 때 세상은 크고 텅 빈 곳이 아니라 가능성으로 가득 찬 곳이 된다.³²

더 나아가 올리언은 강박적으로 집착하는 사람들은 역경조차 자신의 탐구에 없어서는 안 될 한 가지 요소로 여기며, 그런 난관을 인내하고 극복하는 자신의 능력에 자부심을 갖고, 때로는 쾌감을 느끼기까지 한다고 말한다. 그들은 고통을 통해 자신이 집착하는 일에 대한 자신의 헌신을 스스로 입증해 보인다. 강박적으로 집착하는 사람들은 일상의 단조로움에서 벗어나기 위해서라면 어떤 대가도 치를 각오가 되어 있다는 것이다. "대체로 이런 사람들은 평범한 일상에 안주하기보다 어떤 식으로든 이례적인 것을 추구하려 하며, 이를 위해 위험을 무릅쓰기도 한다."[33]

리크루팅 업체 콘페리Korn Ferry가 실시한 연구에 따르면, 사람들은 무언가에 집착하지는 않더라도 도전적인 일을 하길 원했다. 연구진들은 전문가들이 하던 일을 그만두는 이유가 무엇인지 조사했는데, 가장 많은 대답은 '싫증을 느껴서'였으나 그 외에도 다른 이유가 몇 가지 더 있다는 사실을 알아냈다. 응답자의 3분의 1은 온 힘을 바쳐 도전해 보고 싶은 일이 생겼기 때문이라고 답했다.[34] 그들은 자신의 기술을 더 의미 있는 방식으로 활용하는 한편, 전문성을 키울 수 있는 일을 하고 싶다는 생각에 위험을 무릅쓰고 다른 일자리를 찾는다고 했다. 그들에게는 그것이 더 많은 돈을 벌겠다는 욕구보다 더 중요한 동기였다. 그들은 보수가 적은 것은 참아도 지루한 것은 참지 못했다. 한 가지 일에 집착하는 사람들은 예외 없이 도전 욕구가 있으며, 그 욕구를 극한까지 밀어붙여 자신이 가진 최고의 실력을 발휘했을 때만 달성할 수 있는 목표를 추구한다.

강박적인 집착이 가져다주는 두 번째 혜택은 극소수의 사람들만이 경험하는 달인의 경지에 이를 수 있다는 점이다. 모든 것을 한 가지 목표에 집중시키면 타고난 재능을 다른 사람들보다 더 깊이 더 멀리 끌고 갈 수 있다. 제프 베이조스와 일론 머스크, 또 트래비스 캘러닉이나 스티브 잡스 역시 산업의 판도를 바꾼 기업들을 세우면서 그와 같은 경험을 했다. 그들은 그 과정에서 악평을 비롯한 여러 장애를 극복해가며 비범한 업적을 이루었다.

실리콘밸리의 투자자들은 에어비앤비의 브라이언 체스키에겐 크게 성장할 수 있는 회사를 만들거나 관리할 능력이 부족하다고 생각했다. 그가 한 공부는 모두 디자이너가 되기 위한 것이었고 사업이나 기술 분야의 일은 배운 적도 없었기에, 그는 실제 사업을 하는 사람의 밑에 들어가 할 일을 찾아보라는 말까지 들어야 했다.[35] 제프 베이조스는 아마존을 세운 뒤 10년 동안 수익을 내지 못하는 사업체를 만들었다며 끊임없는 비판에 시달렸다. 언론이나 금융 분야의 권위자들도 아마존이 오래 버티지 못할 것으로 예상했다. 일론 머스크는 테슬라에서 판매량과 생산량에 대한 약속을 지키지 못해 거의 매주 비난을 받았고, 테슬라를 전기자동차 시장의 주류에 편입시킨 이후에도 그런 비난은 사라지지 않았다. 트래비스 캘러닉은 그가 택시 카르텔이라고 부른 특수 이익단체와 싸워 이기지 못할 것이라는 말을 견뎌야 했다.

이들 리더는 명성이나 부와는 별도로 사람들이 흔히 상상하는 것 이상의 고초를 겪는다. 강박적 집착으로 인한 혜택과 대가에 관심이 많았던 작가 데이비드 포스터 월리스는 세계 최고 수준의 어떤 프로 테니스 선수와 한동안 알고 지냈다. 월리스는 왜 인간이 한 가지 목표를 추구하는 데 온 생을 바치는지 그 이유가 궁금했다. 그래서 당시 톱 100에 들었던 테니스 선수 마이클 조이스Michael Joyce 의 면면을 글로 남겼다.

> 그는 주의력과 자의식을 철저히 응축함으로써 예술의 경지에 가까운 탁월한 전문가가 될 수 있었다. 웬만한 사람들은 넘보기 어려운 경지다. 덕분에 그는 우리들이 가지고 있으면서도 확실히 알지 못하는 정신적 원천의 여러 부분(용기, 몹시 메스꺼운 상태에서도 경기를 하는 것, 당황하지 않는 것 등)을 찾아다니며 실험할 수 있었다. … 그는 그것(승리)을 원하고 이를 위해서라면 기꺼이 대가를 지급할 생각이다(이를 추구하기 위해 그것이 그를 정의할 수 있게). 또한 그는 오래전에 선택의 문제를 달관한 사람처럼 유감없는 환호로 보답할 것이다.[36]

또한 강박적인 집착은 관심이나 목표, 라이프스타일이 비슷한 공동체, 그러니까 비슷한 집착을 가진 사람들과 어울릴 기회를 선사한다. 어떤 직업, 특히 대담한 과업을 추구하게 되면 강한 결속력이 생긴다. 조직에서 일하는 사람들은 가족과 보내는 시간보다 더 많은 시간을 동료들과 함께 보내고, 이상적인 경우에는 일과 회사에 대한 열정을 함께 공유한다. 그들이 하는 일은 집단적 역사와 정체성의 일부가 된다. 일론 머스크의 스페이스X 팀과 국제우주정거장에서 도킹한 최초의 민간 우주선뿐 아니라 처음으로 재사용이 가능한 로켓을 발사했던 사람들의 동지애가 바로 그런 것이다. 펠컨 로켓을 성공적으로 발사한 후 통제실 밖에서 환호하는 스페이스X 팀의 모습을 담은 동영상을 보면, 그 자리에 있던 사람들에게는 그 순간이 절대로 잊을 수 없는 경험이 되었으리라 짐작할 수 있다.[37] 스티브 잡스가 사람들로 가득 찬 주주 총회장에서 새로 개발한 매킨토시 컴퓨터를 소개하던 프레젠테이션 현장도 그런 순간이었다. 참석한 사람들이 잡스와 그의 팀에게 5분 동안 기립박수를 보내는 동안, 잡스는 맨 앞줄에 있던 맥 팀원들 모두가 울고 있는 모습을 지켜보았다고 회상했다.[38] 역경을 극복하고 비범한 일을 해낸 사람들 사이에 형성되는 이런 감정적 유대는 가족 관계만큼이나 강력한 것이어서 그 깊이를 헤아리기가 어렵다.

강박적인 집착이 가져다주는 마지막이자 좀 더 실용적인 이점은 경력에 도움이 된다는 것이다. 직업적 소명에 평생을 바친다면 성공할 확률이 그만큼 높아진다. 현대 경영학의 창시자로 인정받는 피터 드러커는 이런 사람들을 '한 가지 사명에 매달리는 편집광monomaniac on a mission'으로 정의했다. 제프 베이조스는 고객에게 탁월한 제품이나 서비스를 제공하는 일에 전적으로 헌신하는 투철한 사명감으로 무장한 '선교사'를 고용하길 원했다. 그는 이들을 돈을 첫 번째 목표로 삼는 '용병'과 구분한다. 다른 조건이 같을 경우 기업들은 올인하는 개인의 업적을 인정해 주고 그에 대해 보상한다. 집착은 승진이나 재정적 이득을 위해 만들어질 수 없지만, 관리만 잘하면 잠재적으로 이득이 된다.

천직과 현실

강박적 집착의 혜택은 개인과 조직 모두에 그것의 잠재적인 가치를 일깨워준다는 것이다. 어떤 평론가는 세월의 흐름과 함께 일을 바라보는 관점이 "직업에서 경력으로 그리고 다시 소명으로, 즉 필요에서 지위로 다시 의미로" 바뀌어갔다고 지적했다.[39] 이제 일은 개인적 성취와 사회 발전의 수단으로서 종교와 어깨를 겨루거나 종교를 대체하고 있다. 갈수록 세속화되는 요즘 세상에서, 누군가에게 직업은 모든 것을 바치고 헌신할 가치가 있는 새로운 종교다.[40] 중국 전자상거래 기업 알리바바의 설립자 마윈은 최근 수도사나 성직자처럼 모든 것을 쏟아붓는 헌신적인 태도로 일하는 사람들을 두둔하여 주목받았다. 특히 그는 중국의 소위 '996'이라는 관행을 높이 평가했다. 이는 아침 9시부터 저녁 9시까지 일주일에 6일을 일한다는 뜻이다. 마윈과 그의 직원들은 996 관행을 통해 알리바바를 세계에서 가장 큰 전자상거래 회사 중 하나로 만들었다며 이렇게 말했다. "996을 할 수 있다는 것은 큰 축복이라고 생각합니다. 우리 주변에는 996을 실천하지 못하는 회사나 사람들이 많습니다."[41]

하지만 자신의 직업을 최우선으로 여기지 않는 사람들도 있다. 그들은 일이란 가족이나 지역사회 같은 더 의미 있는 다른 영역의 삶을 지탱하는 한 가지 방법일 뿐이라고 생각한다. 그들에게 일은 목적이 아니라 수단이다. 일이 즐거운 경우도 없지 않지만, 그렇다고 그것이 지탱하는 더 큰 사회적 영역을 대체할 수는 없으며, 더 나아가 일을 삶의 중심에 놓게 되면 일상이 '냉혹하고 착취적'으로[42] 변해 장시간 열심히 일해야만 만족스러운 삶을 살 수 있다고 믿는 사회가 되고 만다고 그들은 말한다. 일을 예찬하는 사람들을 비판하는 이들은 그것이 자신들의 노력으로 이익을 얻는 일론 머스크 같은 억만장자들의 착취를 인정하게 만들려는 시도라고 주장한다.[43] 어떤 기자는 일에 대한 집착을 직업적 스톡홀름 신드롬stockholm Syndrome으로 단정하면서, 일에 인질이 되어 지내다 보면 생존하기 위해 인질범에 동화되고 인질범을 지지하게 된다고 말했다.[44]

일을 기반으로 하는 사회를 반대하는 사람들은 일주일에 72시간 일하는 것이 축복이라는 마윈의 주장을 거부한다. 저널리스트 데릭 톰슨Derek Thompson은 이렇게 썼다.

> 일 중심주의workism란 무엇인가? 그것은 일이 경제 활동에 필요할 뿐만 아니라 개인의 정체성과 삶의 목적의 중심이라는 믿음이며, 인간 복지를 증진하기 위한 정책이라면 언제든 마땅히 더 많은 일을 하게끔 장려해야 한다는 믿음이다.[45]

일에 집착하는 세상을 반대하는 또 다른 사람은 이렇게 썼다. "지고의 성공을 숭배하는 문화는 어느 정도 그 목적을 달성할 수 있을 것이다. 하지만 지고의 성공은 일종의 비틀어진 모습의 신으로, 자신을 숭배하는 사람들을 대부분 내친다. 우리의 직업은 신앙이라는 부담을 떠맡기 위한 것이 아니다. 그렇게 되면 일의 무게를 감당하지 못해 무릎을 꿇게 된다."[46]

천직이 모든 사람이 원하는 것이고 또 원해야 한다고 말하기는 어렵다. 과연 모든 사람이 자신의 일이 세상에서 가장 중요한 것이 되기를 바랄까? 누구나 일주일에 70시간 이상을 일에 바치려고 할까? 그들 모두가 일 때문에 배우자와 아이들과 함께할 시간을 희생하고 싶어 할까? 취미생활이나 친구들과 어울리는 것을 포기하고 싶을까? 누군가는 이런 질문에 아니라고 분명하게 답한다. 일을 다른 무엇보다 중시할 때 치러야 할 대가가 너무 크기 때문이다.

이 정도로 극단적이지는 않지만 모든 사람이 직업에 집착할 능력을 가진 것은 아니라는 사실도 고려해야 한다. 엄청난 성공을 거둔 사람들은 졸업 축사나 저술을 통해 인내를 가지고 한 가지 일을 찾아 그 일에 매진하면 누구나 자신이 하는 일에 열정을 가질 수 있다고 주장한다. 이런 조언은 보통 '포기하지 말고 꿈을 좇으라' 같은 말로 요약된다. 그러나 인간의 인지력이나 체력, 정서적 역량이 제각각이듯, 직업적 소명에 투자하는 능력도 모두 다르다. 소명을 감당할 재능이 있느냐 없느냐 하는 문제가 아니다. 이것은 올인할 수 있는 기질이 있느냐 없느냐의 문제다.

다시 말해, 어떤 일을 하고 싶다고 해서 누구나 그 일에 깊은 애정을 기울일 수 있는 것은 아니다. 장기간 한 가지 목표에 매달리다 보면 싫증이 날지 모른다. 일이 생각보다 복잡해서 깊이 탐구해 볼 호기심이 달아날 수도 있다. 반드시 부딪히게 되는 난관을 헤쳐 나갈 회복탄력성이 부족할 가능성도 있다. 좋은 의도를 가지고 헌신적으로 일하는 유능한 인재가 많다고 해도, 그들이 모두 직업적인 소명을 가지고 집요하게 일에 매달릴 수 있는 기질을 가지고 있는 것은 아니다. 우리 주변을 둘러봐도 다른 사람을 사랑하는 능력이 유별난 사람들이 따로 있다. 어떤 이유에서 비롯된 것인지는 몰라도 그들은 사랑하는 데 필요한 것 이상의 감정적 깊이를 가지고 있다. 누구나 깊은 사랑을 주고 싶겠지만 그 부분에서 남다른 소질을 가진 사람들이 있는 것도 부인할 수 없는 사실이다. 직장에서도 어느 직책, 어느 직위에 따라 일에 집착하는 능력의 차이가 있음이 드러나지만, 리더가 되려면 기본적으로 일에 모든 것을 쏟아부을 수 있어야 한다. 그러나 모두가 베이조스나 머스크만큼의 집착을 보이는 것은 아니다. 리더는 대부분 헌신적이고 전문적이며 투지가 넘치지만, 그렇다고 해서 그들 모두가 모든 것을 쏟아부으며 끈질긴 추진력을 발휘하리라 장담할 수 없다.

우리 모두는 찾아내고 개발하기만 하면 되는 자신의 천직이 있다고 생각하고 싶어 한다. 그렇지 않다면 엘리트 의식에 젖어 있거나 세상을 불공평한 곳으로 여기는 사람일 것이다. 하지만 자신의 일에 올인하는 의지와 능력이 저마다 다르다는 사실을 인정하면 개인뿐 아니라 그들을 고용하는 조직에도 도움이 된다. 그 점을 인정하면 일에 모든 것을 소진할 수 있는 능력뿐 아니라, 일에서 자신이 원하는 것이 무엇인지에 대해서도 정직해질 수 있다. 그러면 자신이 추구하는 일의 유형과 일하고 싶은 회사, 또 어떤 희생을 감당할 수 있는지 등을 신중하게 생각해서 결정할 수 있다.

균형이란 무엇인가

균형이 무엇인지 정의하려면, 일이 생존과 가족 부양을 위해 돈을 버는 수단 외에 우리 삶에서 어떤 역할을 하는지 명확히 판단해야 한다. 물론 직업 선택은 교육 수준이나 재정 상태, 또 허용된 일자리의 여부에 따라 제약을 받는다. 직업적 소명을 추구할 사치가 모두에게 허용되는 것은 아니다. 하지만 소명을 추구하는 일이 선택 사항일 때는 반드시 희생이라는 문제가 따른다. 일을 삶과 정체성의 중심에 놓기 위해 우리는 어떤 대가를 치를 각오가 되어 있는가?[47] 만약 당신이 자신의 일에 모든 것을 소진하려는 사람이라면 비범한 일을 이루는 데 따르는 스트레스는 물론, 개인적인 희생까지 각오해야 한다.

일에 집착할 때 따르는 희생은 사소할 수도 있고 심각할 수도 있다. 아마존이나 테슬라에서 일하려면 정시에 출근하고 정시에 퇴근할 생각은 애초에 하지 말아야 한다. 적어도 관리직은 그렇다. 베이조스도 아마존이 일하기 편한 직장은 아니라는 점은 인정했지만, 그의 말에는 어느 정도의 자부심도 섞여 있다. 이제 막 시작한 회사에서 일하거나 신제품을 개발하는 기간일 때는 특히 장시간 강도 높게 일할 각오를 해야 한다. 빌 게이츠는 마이크로소프트를 세웠던 초기 시절을 회고하면서 이렇게 말했다. "이십 대에 이미 음악을 듣거나 TV를 보는 걸 그만두었습니다. 너무한 것 아니냐고 할지 모르지만 소프트웨어를 생각하는 데 방해가 된다고 보았기에 어쩔 수 없었습니다." 보통 사람들에겐 힘든 일이겠지만, 사실 다른 사람이 일을 위해 포기한 것에 비하면 게이츠의 희생은 희생이랄 것도 없다. 애플의 매킨토시 컴퓨터 개발팀에 근무했던 한 엔지니어는 이런 희생의 혜택과 대가를 이렇게 설명했다.

> 맥 팀에서 일하는 사람들과 이야기해 보면, 다들 살면서 그렇게 열심히 일한 적은 없었다고 말할 겁니다. 인생에서 가장 행복한 순간이었다고 말하는 사람도 있겠죠. 그렇게 치열하고 소중한 경험은 두 번 다시 하기 어려울 것이라면서. … 하지만 그런 멋진 경험이 삶으로 이어지지 않은 사람들도 있어요. 내 인생도 결국 송두리째 바뀌었으니까요. 그 과정에서 나는 아내를 잃었어요. 아이들도 잃었죠. 맥 팀에서 일하면서 내 삶의 구조가 송두리째 영원히 바뀌고 말았습니다.[48]

직업적 소명을 따른다는 것은 희생을 감수한다는 말이다. 그것이 현실이다. 그리고 어떤 사람들은 의미심장한 일이 발산하는 긍정적인 빛에 취해 그런 현실을 잊는다. 대중들은 자신이 택한 길에서 성공한 이들이 이룬 집착의 결과를 보며 경탄하곤 한다. 프로 골퍼 나상욱Kevin Na은 주니어 골퍼 시절에 미국 최정상급 선수였다. 한번은 나상욱을 존경하던 몇 살 어린 선수들이 그와 같은 성적을 올리려면 어떻게 해야 하느냐고 그에게 물었다. 그는 수도승처럼 살아야 한다고 답하면서, 생활의 범위를 골프 한 가지로 좁혀야 한다고 대답했다. 그는 성공의 비결을 묻는 십 대들에게 이렇게 말했다. "위대해지기 위해 얼마나 많은 희생을 할 각오가 되어 있나요? 연습할 시간을 확보하기 위해 취미생활도 줄이고 데이트도 안 하고 주말에 친구들과 어울릴 기회를 포기할 수 있느냐는 말입니다."[49]

일을 위해 희생하겠다는 각오는 한 번의 결정으로 그치는 것이 아니라 살면서 수시로 다잡아야 하는 결정이다. 어렸을 때는 기꺼이 자신의 일에 많은 시간을 바쳤다고 해도 사십 대나 오십 대엔 그런 시간을 할애하기가 어려울지 모른다. 결혼하거나 아이가 있거나 노부모를 책임져야 할 때가 되면, 오직 일에만 집착하기가 어렵다. 그런 의무를 지지 않았다고 해도 나이가 들면 이십 대나 삼십 대처럼 강도 높은 일을 계속하기가 어려울 것이다. 사진작가 애니 리보위츠Annie Leibovitz는 자신이 젊은 시절에 제작한 작품이 너무 순수하고 활기가 넘쳐, 젊었을 때의 자신이 부러울 때가 간혹 있다고 고백했다.

사실 저에겐 강박증이 있었습니다. 모든 것이 사진으로 귀결됐죠. 늘 카메라를 지니고 다녔고 카메라와 더불어 살았습니다. 어떤 면에서 어른이 된다는 것은 그 모든 것을 단념하는 일이었어요. 생활이 시작된 거죠.[50]

우리는 일에서 무엇을 바라는지 정직하게 말하기 어렵다. 다른 사람들의 기대를 의식하기 때문이다. 자신의 삶을 온통 일에 소진할 생각이 없는 사람들은 쉬지 않고 일하는 것을 중요하게 여기거나 그렇게 일하기를 기대하는 분야나 회사에서 자신의 솔직한 생각을 편하게 털어놓을 수 없을 것이다. 저술가 쟌피에로 페트리글리에리Gianpiero Petriglieri는 기업들이 갈수록 직원에게 더 많은 것을 기대하고 있으며, 일부 기업은 직원들이 다른 무엇보다도 일을 더 중요하게 여기기를 바란다고 지적했다. "요즘 같은 기업 문화에서 절대 해서는 안 될 말이 있습니다. '내가 이 일을 하는 이유는 순전히 돈 때문이야. 내겐 교회와 자선 활동과 스포츠와 가족이 무엇보다 중요해'와 같은 것이죠. 우리는 일을 삶의 중심에 놓으려는 의지가 곧 재능이라고 생각합니다."[51] 테슬라나 아마존 같은 회사에서는 동료나 상사에게 매일 오후 5시에는 퇴근하고 주말에는 일을 하지 않았으면 좋겠다는 말을 꺼내기가 어렵다.

그 반대편 끝에는 다른 무엇보다도 일을 중시하는 사람들이 있다. 그들은 일할 때 마음이 가장 편하고 일을 해야 살아 있음을 느낀다. 그럼에도 그들 역시 일이 모든 것의 중심이라고 정직하게 말하기는 불편할 것이다. 어떻게 배우자나 아이들에게 가족들의 관심사나 활동보다 직장 일이 우선이라고 말할 수 있겠는가. 직장 동료들에게도 그렇게 고백하기는 어려울 것이다. 적어도 일과 삶의 균형을 강조하는 회사나 가족 혹은 종교 활동을 우선시하는 커뮤니티에서도 그런 말을 하기는 곤란하다. 일에 집착하는 사람들을 두고 인생에서 정말로 중요한 것을 보지 못하는 일 중독자라고 지적하는 사람이 많지 않은가.

짐작하건대, 대부분의 사람들은 이런 극단적인 경우를 피해, 성취감을 느낄 수 있는 일과 풍요로운 개인생활 모두를 원한다. 그들은 직장 밖에서의 삶과 일 사이에서 계속되는 긴장과 절충을 절묘하게 다룬다. 제프 베이조스는 일과 삶의 균형을 뜻하는 '워라밸'이란 용어는 일과 개인의 삶을 맞바꾸는 것으로 오해하게 만드는 잘못된 것이라고 지적한다. 그는 워라밸보다 '워라하work-life harmony'를 좋아한다. 일과 개인생활이 조화를 이룰 수 있는 건 한 쪽의 성공이 다른 쪽의 성공을 뒷받침하기 때문이다.[52] 가정생활이 원만하면 직장생활을 잘할 수 있고, 직장생활을 잘하면 가정생활이 원만해진다는 이야기다.

그것은 사실 '원'입니다. 균형이 아니에요. 집에서 행복하다면 엄청난 에너지를 가지고 출근하겠죠. 그리고 직장에서 즐겁게 일하면 엄청난 에너지를 가지고 집에 돌아오고요. 회의실로 들어오자마자 그 방의 모든 에너지를 완전히 고갈시키는 그런 사람이 되고 싶지는 않을 겁니다. 그런 사람들과 같이 일하고 싶지도 않을 거고요. … 우린 사무실에 들어가 모두가 일에 덤벼들 의욕을 가질 수 있도록 만들고 싶습니다.[53]

이 같은 베이조스의 생각은 일이냐 개인생활이냐를 놓고 피할 수 없는 갈등을 처리하기 위해 힘든 선택을 해야 하는 사람의 입장에서는 이상에 지나지 않는다. 한 쪽이 다른 쪽보다 우위에 있으면 절충해야 하고 절충하면 실망이 따른다. 조화가 목표라고 말한다고 해서 이를 성취하는 게 쉬워지거나 덜 고통스러워지는 것은 아니다. 자녀에게 회사일 때문에 축구 시합에 갈 수 없다고 말하기도 어렵고, 상사에게 가족 행사 때문에 중요한 미팅에 참석할 수 없다고 보고하기도 어렵다. 역시 짐작이긴 하지만, 아마존을 강도 높고 벅찬 작업 환경으로 조성한 그의 입에서 조화라는 단어가 나오는 것을 직원들이 듣는다면 피식거릴 사람이 있지 않을까.

따라서 먼저 바람직한 일의 역할부터 정해야 한다. 그렇게 되면 다음에는 원하는 일의 강도와 일치하는 선택을 하고 그 결과에 따라 사는 문제가 숙제로 남는다. 유럽중앙은행European Central Bank 총재인 크리스틴 라가르드Christine Lagarde는 직업 때문에 가족과 보내는 시간을 줄여야 하는 문제를 두고 이렇게 말했다.

우리 모두는 모든 것을 잘할 수 없다는 사실을 인정해야 합니다. 그게 무엇이든 우선순위를 정하고 나면 죄책감이 들 겁니다. 하지만 죄책감은 시간이 흐르면서 사라져요. 나이가 들고 아이들이 자라고 손주들이 생기면, 자신이 한 일을 어느 정도 받아들이게 되므로 죄의식도 줄어듭니다.[54]

일, 아니 좀 더 일반적으로 말해 자신의 직업에 대해 어떤 결정을 내리든 대가는 치러야 한다. 일을 목적을 위한 수단, 즉 삶의 본질적인 측면을 지원하는 수단으로 여기는 사람들은 직업적으로 다른 사람들만큼의 성공을 맛보지 못할 수도 있다. 하지만 그들에게 일을 통해 얻는 성공은 가족이나 종교나 개인생활만큼 중요하지 않다. 그래서 그들은 일에 들이는 시간과 에너지를 제한한다. 트래비스 캘러닉은 우버에서 강도 높은 업무량과 일과 삶의 균형에 대한 질문을 받았을 때 이렇게 답했다. "그러니까 누군가가 더 많이 생산한다면 그들은 더 빨리 출세하겠죠. 길은 그것뿐이에요. 다른 방법은 없습니다."[55] 일에 대한 집착이 강한 사람들은 건강과 인간관계에서 그에 대한 대가를 감수해야 한다. 하지만 그렇게 많은 희생을 감수했는데도 성공하지 못하는 경우가 많다. 그렇게 되면 다른 무엇보다도 일을 우선시한 것이 과연 올바른 선택이었는지 의문을 품게 될 것이다. 그리고 어느 한쪽이 아닌, 그 중간에 있다면 일과 개인의 요구를 모두 충족시키기 위해 애쓰면서 지속적으로 절충과 긴장을 관리해야 할 것이다.

내게 맞는 환경을 찾아서

삶에서 직업이 갖는 역할을 정했다면 그 결정을 지지해 줄 회사를 찾아야 한다. 직장을 선택하는 일은 매우 중요하다. 소명을 따르기로 했다면 기업과 구성원의 이해관계가 조화를 이루어 서로가 함께 집착하는 목표를 통해 이득을 얻는 것이 최선의 상황일 것이다. 직원들에게 올인을 요구하는 정도는 회사마다 다르다. 어떤 회사에서는 부적절하다고 여기는 강박적인 행동이 다른 회사에서는 매우 중요한 요구사항일 수도 있다.

한번 이런 상황을 가정해 보자. 한 엔지니어가 평일은 물론 주말에도 동료로부터 이메일을 받으면, 특히 그것이 상사에게 온 이메일일 경우 반드시 몇 시간 내에 답장을 해야 하는 회사에서 일하다가 직장을 옮겼다. 그런데 그가 새 직장에서 밤늦은 시간이나 주말에 동료에게 이메일을 보냈다가 싫은 소리를 들었다. 새 회사는 직원들에게 야간 근무나 주말 근무를 요구하지 않는 문화를 추구했기에 그런 그의 행동이 일과 삶의 균형을 유지하기 위해 회사가 정한 기준에 맞지 않았던 것이다. 일을 바라보는 관점에 따라 이는 긍정적일 수도 있고 매우 답답한 기준일 수도 있다. 이 같은 차이 때문에 일에 집착하는 사람들에게 맞는 기업 문화와 업무 관행이 따로 있다. 이들은 일과 이상적인 기업 문화에 대해 같은 견해를 가진 상사나 동료 들과 일해야 한다. 이들은 주변에 성격과 능력이 비슷한 사람이 많고 그런 사람들 속에서 일할 때 일의 의욕도 커진다.

반대로 일에 대한 헌신의 정도가 낮은 사람들과 일하게 되면 올인 하는 입장에서는 맥이 빠질 수밖에 없다.

미국 공군사관학교에서 실시된 한 연구는 의욕적인 생도가 열 의가 낮은 동료들과 팀을 이룰 경우 겪을 수 있는 좌절감을 시사한 다. 연구원들은 3,500명에 가까운 생도들을 대상으로 4년 동안 그 들의 체력 변화를 추적했다.[56] 그들은 왜 일부 생도들이 다른 생도 에 비해 체력 수준이 더 향상되는지 그 이유를 밝히고자 했다. 연구 원들은 생활과 학업을 함께하는 약 30명 정도의 중대 단위로 체력 수준에서 큰 차이가 벌어진다는 사실을 확인했다. 아울러 예상했 던 대로 생도들의 체력 향상과 사관학교 입학 성적 간에도 상관관 계가 있다는 것이 밝혀졌다. 입학 성적이 좋을수록 체력 향상의 가 능성도 커졌다.

그러나 중대 내에서의 체력 수준도 중요했다. 문제는 중대에서 체력이 가장 약한 생도였다. 흔히들 한 집단의 체력을 좌우하는 데 가장 중요한 사람은 체력이 가장 좋거나 리더십이 뛰어난 사람일 것으로 짐작한다. 그런 사람이 다른 사람들에게 좀 더 잘해야겠다 는 자극을 주고 그들에게 동기를 부여할 테니 말이다. 하지만 전체 의 성적에 가장 결정적인 영향을 준 사람은, 놀랍게도 체력 단련이 가장 안 된 생도였다. 그들이 전체 집단의 성적을 떨어뜨린 것이다. 체력이 가장 약한 생도는 체력이 덜 약한 이들에게 가장 두드러진 영향을 미쳤다. 체력이 떨어지는 생도일수록 체력이 가장 약한 생 도를 따라갔다. 이 실험을 다른 업무와 관련된 상황에 비춰 추론한다면, 올인하는 사람들보다는 의욕이 떨어지는 사람들이 동료들에게 더 많은 영향을 미치리라 짐작할 수 있다. 이처럼 집단에서 사람들의 행동은 전염성이 있지만 그것이 늘 우리의 기대와 맞는 건 아니다. 이와 같은 연구를 통해 왜 동료를 신중하게 선택해야 하는지 배우게 된다.[57]

성취도가 높은 사람들은 환경을 잘 선택해야 한다. 앞에서도 언급했지만, 이들은 총력을 기울여 일할 때 더 좋은 성과를 낸다. 대만의 미용실 120곳에서 일하는 미용사 414명을 대상으로 조사한 연구에서도 그런 사실을 확인할 수 있었다. 연구 결과에 따르면, 고성과자들high performers의 실적은 주변 동료에 따라 더 좋아지기도 하고 나빠지기도 했다.[58] 고성과자는 주변에 자신에게 도움이 된다고 생각되는 동료들이 있을 때 더욱 힘을 냈다. 그들은 팀의 실적을 향상시키고, 동료들이 능력을 더욱 발전시키도록 도와주며, 그들의 기여로 인해 팀을 위한 자원을 더 많이 확보할 수 있게 해줬다. 연구진은 이 같은 현상을 고성과자들이 같은 팀의 다른 미용사에게 더 풍족한 '자원 접근성resource access'을 제공하는 것으로 설명했다.

그러나 팀원들은 또한 고성과자의 능력을 저해할 수도 있다. 한 가지 문제가 있다면, 고성과자들 때문에 실적이 그보다 못한 미용사들이 무능하고 열심히 하지 않는 것처럼 보인다는 점이다. 또한 고성과자들은 남들보다 더 많은 관심과 더 좋은 기회를 얻고 더 많은 자원을 이용하기 때문에 시기의 대상이 될 수도 있다. 그 결과, 실적이 저조한 팀원들은 재능이 더 많고 의욕이 강한 동료와 보조

위커사우루스

를 맞출 수 있을지 의문을 갖게 된다. 또한 고성과자들은 자신과 비슷한 수준의 고성과자들 때문에 피해를 입기도 한다. 그들은 상대방의 자존심을 건드리기도 하고, 서로를 승진을 놓고 경쟁해야 하는 위협적인 존재로 간주하기 때문이다. 집단 내에서 고성과자들끼리의 해코지는 은근히, 또 공공연하게 이루어진다.

어떤 경우에는 그들에게 부정적인 꼬리표를 붙이거나("쟤는 계획성이 없어"), 관련해 안 좋은 소문을 퍼뜨리거나("그 여자가 다른 사람들의 공까지 가로채"), 일이 잘못되었을 때 그들의 탓으로 돌리거나("그가 필요한 정보를 주지 않았어"), 사회적 상호작용에서 그들을 고립시키기도 한다("걔는 우리 모임에 끌어들이지 말자"). 연구원들은 이처럼 고성과자들에 대한 지지와 비난이 뒤섞이게 되면, 그들을 비난만 할 때보다 관련 문제의 우려를 더욱 혼란스럽게 만들어 문제가 더욱 심각해진다고 보았다.[59] 따라서 일에 대한 집착이 강한 사람들은 자신의 요구를 충족시키는 작업 환경을 신중히 선택할 필요가 있으며, 특히 동료가 될 사람들의 재능과 헌신에 각별한 관심을 기울여야 한다.

직장을 선택할 때 마지막으로 고려해야 할 사항은, 조직이 구성원의 헌신적인 노력을 어느 정도까지 이용하는가 하는 점이다. 아마존이나 테슬라, 우버는 직원들에게 많은 것을 요구한다. 회사의 목적과 업무 자체가 직원들의 헌신을 전제로 하기 때문이다. 또한 집착이 강한 사람들은 자신이 가장 중요하다고 생각하는 일을 하기에 회사의 과도한 요구도 기꺼이 받아들일 때가 많다. 그들이 자

진해서 이용당하는 것은 스스로 쓸모 있는 사람이 되고 싶기 때문
이다. 문제는 그들이 거부해야 할 요구까지 수용하고 심지어 환영
한다는 점이다.[60] 일론 머스크와 제프 베이조스는 그들 회사의 문
화에 맞는 사람도 있고 그렇지 않은 사람도 있다고 분명하게 밝혔
다. 따라서 개인은 곧 직면하게 될 업무의 난도를 현실적으로 판단
해야 한다. 그리고 무엇보다 자신의 삶에서 일이 차지하는 역할과
관련하여 자신이 참여하게 될 회사의 문화를 현실적인 눈으로 보
는 것이 중요하다.

생산적인 루틴 개발

성공의 한 가지 비결은, 강박적 집착이 비생산적이거나 심지어
독이 되는 순간을 알아차리는 것이다. 하지만 어떤 일에 집착하게
되면 자신을 의식하거나 스스로 통제하기 어렵기 때문에 그런 문
제를 찾아내기가 쉽지 않다. 그 때문인지 강박적으로 집착하는 사
람들에겐 자기 파괴적인 행동을 할 위험이 늘 따라다닌다. 미국의
소셜 뉴스 초대형 커뮤니티인 레딧Reddit의 창시자 알렉스 오해니
언Alex Ohanian은 기술 관련 산업에서는 특히 그런 행동이 자주 나온
다면서, 기술 산업계에서는 이 같은 과도한 업무 관행을 미화하는
일이 흔하기 때문이라고 지적했다. 그들은 소셜 미디어를 이용한
야근이나 상시 근무 체제를 인정하는데, 오해니언은 이러한 전방

위적인 근무를 예찬하는 태도를 두고 '허슬 포르노hustle porn'라는 용어를 사용하며 이렇게 말했다.

> 이것(허슬 포르노)은 현재 기술 분야에서 볼 수 있는 가장 유해하고 위험한 관례다. 그들은 매일 매시간 힘겹고 치열하게 일하지 않으면 열심히 일하지 않는 것으로 간주한다.[61]

오해니언은 신체적으로나 정서적으로 건강한 일상을 확립하여 일에 대한 집착이 위험한 수준으로 치닫지 않도록 경계해야 한다고 주장했다. 장거리 달리기 코치인 스티브 매그니스Steve Magness 역시 선수가 오랜 세월 좋은 성적을 유지하기 위해서는 무서운 집중력으로 남들보다 몇 배 더 열심히 훈련하되, 휴식과 회복을 위한 시간을 확보해야 한다고 말했다. 그는 이것을 '스트레스＋휴식＝성장stress+rest=growth'이라는 공식으로 정리했다.[62] 매그니스는 힘겨운 목표를 추구함으로써 생기는 스트레스는 관리하기에 따라 생산적이 될 수도 파괴적이 될 수도 있다고 했다. 탁월한 성적을 내려면 강도 높은 훈련을 해야 하지만, 그렇다고 몸과 마음이 완전히 지칠 정도에 이르면 안 된다는 것이다. 학습 능력을 촉진시켜 더 나은 성적을 거두기 위해서는 안전구역comfort zone에서 벗어나야 하지만, 동시에 시간적 여유를 가지고 부담스러운 과제에서 빠져나와 스트레스를 해소하는 것도 못지않게 중요하다. 그는 세계 최고의 선수들이 스트레스와 휴식을 적절하게 배합하기 위해 사용하는 방법을 보여준다. 좋은 성적을 내기 위해서는 이 두 가지 모두 필요하기 때문이다.

그 밖의 여러 학술적인 연구 자료들도 집착을 틈틈이 털어낼 때 얻을 수 있는 혜택을 강조한다. 몬트리올 대학교의 심리학자 로베르 발레랑Robert Vallerand 교수는 열정을 심리학적으로 분석하여 다각도로 많은 연구를 진행했다.[63] 그는 열정을 조화로운 열정과 강박적인 열정 두 가지로 구분했다. 조화로운 열정은 사람들이 좋아하는 일을 할 때 분명하게 드러나지만, 그것이 삶의 다른 부분을 압도하지는 않는다. 그들은 좋아하는 일을 할 때와 다른 일에 관심을 가질 때를 정확히 구분한다. 반면, 강박적인 열정을 가진 사람들은 이를 통제하지 못한다. 그들은 열정적인 활동이 삶의 다른 부분과 부딪혀 갈등을 일으키고 본인에게 해를 끼칠 가능성이 있다고 해도 그 일을 중단하지 못한다. 그들은 다른 활동을 할 때도 온통 일 생각뿐이다. 발레랑은 강박적인 열정을 가진 사람들을 가려내는 설문을 개발했다. 이에 따르면, 다음과 같이 진술하는 사람들은 강박적일 가능성이 크다.[64]

▶ 일을 하고픈 충동을 억제하기가 어렵다.

▶ 나를 정말 흥분시키는 것은 오직 내 일뿐이다.

▶ 할 수만 있다면 일만 하겠다.

▶ 일이 나를 지배하는 느낌이다.

발레랑은 일에서 손을 떼지 못하는 강박적인 열정은 신체적으로나 정신적으로나 사회적으로 개인의 행복에 좋지 않은 영향을 미친다고 결론지었다.

제프 베이조스도 휴식의 중요성을 잘 알고 있다. 그는 매일 8시간 이상은 반드시 수면을 취한다고 말했다. 그는 아침에 일어나 신문을 읽고 가족들과 시간을 보내며 하루를 느긋하게 시작한다. 힘든 일은 오전 늦은 시간에 처리할 수 있게 일과를 조정한다. 그 시간대에 자신의 두뇌가 가장 활발하게 돌아간다는 사실을 알기 때문이다. 그는 좀처럼 늦게까지 일하는 법이 없고 틈틈이 짬을 내어 강도 높은 운동을 한다. 또 종종 가족이나 친구들과 함께 멀리 떨어진 장소로 휴가를 떠난다.[65] 몇 년 동안 휴가도 내지 않고 일주일에 꼬박 100시간씩 일에 파묻혀 사는 일론 머스크와는 전혀 다르다. 머스크는 당장 테슬라에서 해결해야 할 과제가 만만치 않아 어쩔 수 없다고 말하지만, 그러면서도 일을 놓을 줄 아는 능력이 자신에게 부족하다는 점을 인정했다. 사람들은 비범한 일을 해내고야 말겠다는 머스크의 약속을 존중하지만, 장기적으로 볼 때 개인적으로나 직업적으로 좀 더 지속 가능하고 보다 생산적인 루틴을 가진 쪽은 베이조스라고 생각할 것이다. 〈허핑턴포스트Huffington Post〉의 공동 설립자이자 우버의 이사였던 아리아나 허핑턴Arianna Huffington은 머스크에게 공개서한을 보내 그의 근무 태도가 결국 실패를 부를 것이라고 주장했다.

일주일에 120시간 일한다면 당신만의 고유한 자질을 활용하기는커녕 무용지물로 만들 것입니다. 그런 식으로는 힘을 발휘할 수 없습니다. 우리의 몸과 뇌는 그렇게 작동하지 않습니다. 물리 법칙을 무시하면서 화성에 갈 수 없다는 것은 누구보다 당신이 더 잘 알 것 아닙니까? 일상생활에서도 과학적인 법칙을 무시하면 원하는 목적을 이룰 수 없습니다.[66]

우리 모두 일이 주는 부담에서 회복하는 데 도움이 되는 루틴을 정할 필요가 있다. 어떤 사람은 하루에 정해진 시간을 초과해서 일하지 않고, 주말에는 일과 동료들을 완전히 잊고 지내거나, 주기적으로 휴가를 떠나 긴장을 풀고 재충전하는 데 필요한 시간을 확보한다. 그런가 하면 어떤 사람은 번아웃 증후군을 피하기 위해 일과 사생활에서 시간과 에너지를 소모하게 만드는 산만한 요소를 미리 제거한다. 여러 심리학자들의 말에 따르면, 사람마다 가진 인지 대역폭cognitive bandwidth이 정해져 있어서 어떤 결정을 내릴 때마다 그 한도 내에서 에너지를 소비한다고 한다. 아무리 지적 역량이 뛰어난 사람이라고 해도 하루에 너무 많은 결정을 내리면 인지 능력이 떨어질 수밖에 없다는 것이다. 그래서 사람들은 자신의 한계를 인식하여 시간 소모가 큰 활동을 줄이고 무엇보다 까다로운 의사 결정을 유보한다. 경우에 따라서는 규칙적인 식단을 정해놓고 지키거나 매일 아침 무엇을 입을지 고민하는 시간을 줄이고자 옷을 간소하게 입기도 한다. 아예 '유니폼'을 만들어 선택의 여지를 없애는 경우도 있다. 이것이 좀 더 심해지면 사람들을 만나는 횟수나 인원을 줄이고 야외 활동이나 취미생활 등 사소한 부분들을 자제하는 식으로 문제를 보완한다. 이 모두가 주의를 산만하게 만들거나 일에 필요한 시간과 에너지를 빼앗는 요인을 없애기 위한 노력이다.

도움이 되는 세 번째 루틴은 직업적인 선택을 관리하는 문제와 관련하여 전문가나 가까운 사람으로부터 주기적으로 피드백을 받는 것이다. 피드백을 통해 도움을 받으려면 틈나는 대로 다른 사람의 의견을 물어보는 연습을 해야 한다. 그러기 위해서는 가족이든 직장 동료든 외부의 조언자이든, 믿을 만한 의견과 도움을 줄 수 있는 사람들과 좋은 관계를 만들어놔야 한다. 자신이 가진 문제를 관심 있게 들어주고, 유용하면서도 때로는 불쾌한 피드백도 줄 수 있는 막역한 사이일수록 좋다. 약점은 누구에게나 있지만 집착이 심한 사람들은 특히 그런 부분에 더 취약하기 때문이다.[67]

스티브 잡스는 팀원들 각자가 다른 사람의 약점을 상쇄해 주고 그들의 부정적인 자질을 견제하는 팀이 위대한 팀이라고 생각했다. 언제 어디서나 조언을 달갑게 받는 사람은 외부에서 피드백을 구할 수도 있다. 강박적으로 집착하는 사람에게 피드백을 줄 때는 그들이 다루고 있는 업무의 성격을 잘 알 뿐만 아니라 그 사람의 강점과 약점까지 세밀하게 알고 있어야 한다. 집착이 지나쳐 자신이나 자신이 추구하는 목표에 문제를 일으킬 수 있는 사람들에겐 그런 피드백이 특히 도움이 된다. 강박적 집착이 심해도 피드백을 받으면 한발 뒤로 물러나 자신의 행동을 돌이켜보고 올인할 때의 함정을 피할 수 있다.

자신감이 지나쳐 오만해지는 것도 강박적 집착의 또 다른 문제다. 강박적 집착으로 성공했을 때는 특히 그렇다. 그렇게 되면 누군가의 피드백을 원하지 않게 되고 피드백을 받더라도 대수롭지 않게 여기거나 무시하게 된다. 우버의 이사와 투자자 들도 트래비스 캘러닉에게 영향력을 행사하려고 했다. 하지만 캘러닉의 재임 기간 중에 저질러진 무수한 실수들로 미루어볼 때, 그들의 시도는 성공하지 못한 것 같다.

리더는 자신과 회사의 중요한 사안에 대한 반대의 목소리도 청해서 들을 수 있을 정도의 유연함과 자의식을 갖추고 있어야 한다. 비범한 업적을 이루려고 하는 사람들은 남들로부터 무리한 목표를 세웠다는 말을 자주 듣게 된다. 리더는 어려운 일에 도전할 때는 다른 사람들이 어떻게 생각하든 자신의 판단력과 역량 그리고 지략을 신뢰하라고 배운다. 하지만 그렇게 하다 보면 가치 있는 피드백에 귀를 기울이지 않게 된다. 자신의 신념을 바꾸지 않고 스스로 만든 이데올로기의 신봉자가 되어 새로운 정보와 관점에 문을 닫아버리면 위험을 피하기 어렵다. 모든 충고가 다 맞는 말은 아니겠지만, 리더는 결정을 내릴 때 다른 사람들의 의견을 고려할 수 있어야 한다. 한편 피드백을 제공하는 사람들 역시 리더가 의욕이 지나쳐 자기 파괴적인 조짐을 보일 때, 이를 제지할 수 있는 능력과 신뢰를 갖추고 있어야 한다.

▸ 천직은 특정한 종류의 일에 종사하라는 소명과 관련된 신념이다.

▸ 삶에서 일을 어느 정도 중시할 것이며, 적절할 경우 그 길을 갈 것인지 결정하는 일은 쉽지 않다.

▸ 자신이 해야 할 일을 찾고 이를 받아들이기로 했다면, 그런 자신에게 가장 잘 맞는 조직을 택해야 한다. 회사의 사명과 문화와 관행도 중요하지만, 재능 있고 헌신적인 동료들을 가지는 것 역시 중요하다.

▸ 일에 강박적으로 집착하면 많은 위험이 따른다. 위험을 효과적으로 관리하려면 올인이라는 함정을 피할 신체적, 정신적, 사회적 루틴을 마련해야 한다.

7장

조직의 당면 과제

집착의 육성

집착을 관리하지 못하면
퇴보를 관리하게 된다.

234   나의 어머니는 제2차 세계대전이 한창이던 시기에 영국 런던에
서 젊은 시절을 보내셨다. 독일 공군의 공습이 수시로 이어지던 때
였다. 어머니는 그 시절 얘기를 거의 하지 않으셨다. 공습이 시작될
때마다 공공 대피소로 쓰이던 혼잡한 지하철로 들어가는 것이 무
엇보다 싫었다던 얘기만 빼고. 어머니는 위험해도 지상에서 할 일
을 찾는 것이 더 좋았다고 하셨다.

    파도처럼 밀려오곤 했던 독일 폭격기들의 공습은 주로 밤에 이
루어졌다. 목표는 영국의 산업시설을 파괴하고 해상 활동을 무력
화시켜서 영국 국민들의 사기를 꺾은 다음 마지막으로 지상군을
투입하는 것이었다. 하지만 그런 방법으로는 의도한 결과를 얻을
수 없겠다고 판단한 독일이 공군의 주력을 러시아 침공 쪽으로 돌

리면서, 8개월 만에 공습이 끝났다. 3년 뒤 독일은 다시 한번 런던을 공격했지만. 이번엔 공습이 아니라 파격적인 신무기를 통해서였다. 세계 최초의 장거리 탄도 미사일 V2였다.

이 '보복 무기vengeance weapon'[1]는 베르너 폰 브라운Werner von Braun의 창작품이었다. 폰 브라운은 어렸을 때부터 우주 탐험에 남다른 열정을 가지고 있었다. 언젠가 인간을 달이나 화성에 보낼 수 있는 로켓을 만들겠다고 다짐했던 그는 첫 번째 우주 탐험대의 일원이 되고 싶다는 글을 쓰기도 했다.

> 행성 여행! 평생을 바칠 만한 과업이 여기 있다니! 달이나 행성을 망원경으로 보기만 할 것이 아니라 창공을 뚫고 날아올라 우주의 신비를 탐험하는 것. 콜럼버스의 기분을 알 것 같았다.[2]

대학생 때부터 교수와 정부 관계자 들로부터 발군의 실력을 인정받은 폰 브라운은 결국 스무 살에 로켓 개발 부문에서 최고의 민간 전문가로 발탁되었다. 그는 행성 여행이라는 꿈을 이루려면 막대한 돈이 필요하다는 사실을 그때 처음 알았다. 그 정도의 돈을 제공해 줄 최적의 기관은 독일 군부였다. 하지만 독일 군부가 폰 브라운에게 원한 것은 무기 개발이었다. 아돌프 히틀러Adolf Hitler는 곧 일으킬 전쟁의 승패는 미사일에서 전투기에 이르는 첨단 무기 개발 여부에 달려 있다고 판단했다. 폰 브라운과 군부 모두 각자가 원하는 것을 얻기 위해서는 서로를 이용할 필요가 있었다.

1945년 독일의 나치 정권이 붕괴되었을 때 폰 브라운과 그의 팀원들은 미군에 항복했다. 독일의 로켓 전문가들은 비밀리에 미국으로 이송되어 배치되었다. 처음에는 엘 파소, 나중에는 앨라배마였다. 미국 정부는 폰 브라운이 러시아의 수중에 넘어가기 전에 재빨리 손을 썼다. 러시아는 동맹국이지만 곧 적이 될 상대였으니까. 미군은 당시 세계에서 가장 앞선 기술을 보유하고 있던 폰 브라운과 그의 팀이 있으면 탄도 무기와 우주 탐험을 위한 기술 개발에 박차를 가할 수 있으리라 생각했다.

미국 시민권을 획득한 폰 브라운은 미 육군에서 시작하여 NASA의 요직을 두루 거치며 점점 더 중책을 맡게 되었다. 세계에서 가장 앞선 우주 프로그램을 개발하는 주요 인사가 된 그는 기술과 조직력에서 매우 탁월한 리더십을 발휘했다. 그는 유명 잡지와 인터뷰를 하고 TV 쇼에 출연하는 한편, 월트 디즈니 등의 명사들과 교육용 영화에 함께 출연하여 우주 탐험에 대한 대중과 정부의 지지를 이끌어 냈다. 인간을 달에 착륙시키기 위해 개발한 새턴 V Saturn V 로켓을 개발할 당시 그의 공헌은 절대적인 것이어서, 그의 리더십이 없었다면 계획 자체가 불가능했을 것이라는 평이 나올 정도였다.[3] NASA의 한 역사가는 폰 브라운이야말로 당대의 가장 영향력 있는 로켓 엔지니어이자 우주 탐험의 선도자이며, '우주 비행이라는 아이디어를 설득하고 그것을 실현'하는 데 가장 결정적인 역할을 한 복잡하고도 논란이 많은 인물이라고 평했다.[4]

우주를 향한 폰 브라운의 꿈은 시간이 흐르면서 더욱 구체적인 현실로 바뀌어갔다. 하지만 그에게는 나치에 입당하고 나중에 친위대 장교까지 지낸 전력이 늘 따라붙었다.[5] 그는 나치 고위 장교와 정치인 들의 압력이 거세어 자신에겐 달리 선택의 여지가 없었다고 변명했다. 또한 자신이 만든 로켓으로 민간인이 희생된 사실을 유감스럽게 생각한다고 말하면서도, 그 전쟁은 양쪽 모두에 희생자를 냈고 "전쟁은 전쟁이어서, 조국이 전쟁을 치를 때 국민의 의무는 그 전쟁에서 조국이 이기도록 돕는 것"이었다는 말을 빠뜨리지 않았다.[6] 폰 브라운의 전쟁 사관에서 가장 온건한 부분은, 애국자로 그의 나라를 지지하기 위해 필요한 일을 하는 한편 우주 탐험에 관한 자신의 연구를 계속했다는 사실이다.

하지만 러시아인과 유대인이 대부분이었던 강제수용소 수감자들이 끔찍한 환경에서 그의 로켓을 조립하기 위해 노동을 강요받았다는 사실이 널리 알려지면서, 사람들은 자칭 '좋은 독일인'이라고 강변하는 그를 의혹의 눈초리로 바라보기 시작했다. 그는 강제노동력이 동원된 사실은 물론, 생산시설에서 일한 수천 명이 사망한 것도 전혀 몰랐다고 둘러댔다. 자신은 조립 공장에서 수백 km나 떨어진 연구 단지에서 일했기에 그곳에서 벌어진 일에 대해서는 책임질 일이 없다는 주장이었다. 그러나 일부 역사적 기록과 목격자들의 말을 종합하면, 폰 브라운은 적어도 12번 이상 그 공장을 찾았고, 직접 시인하지는 않았어도 포로들의 비인간적인 상황과 잔인한 처우를 목격했을 것으로 보인다.[7] 그는 말년에 노예 노동을 사용한 사실을 두고 개인적인 회한을 토로했지만, 자신은 학대에 가담하지 않았으며 자신에게 그런 만행을 막을 권한도 없었다는 입장을 굽히지 않았다.

조직과 팀뿐 아니라 정부 역시 때로는 집착이 남다른 인재의 힘을 빌리기 위해 무리수를 둔다.[8] 미국 정부는 폰 브라운을 러시아와 예상되는 군비 경쟁에서 중요한 역할을 해줄 인물로 보았다. 하지만 알베르트 슈페어Albert Speer 같은 나치의 고위 관리들과 마찬가지로 폰 브라운 역시 전범재판에 회부되었어야 한다고 생각하는 사람들도 있었다. 그러나 1945년에 미국 정부는 그를 기소하지 않았고, 오히려 정계와 군부의 고위 인사들은 날로 긴장이 고조되는 냉전시대에 그가 신무기 개발에 큰 힘을 보태주길 기대했다. 이들은 그의 동료가 '불가사의한 조직 구성 능력'이라고 말한 자질 외에 폰 브라운이 V2에서 보여준 선구적인 기술력을 빌리려 했다.[9] 폰 브라운이 미국 땅을 밟은 뒤로, 미 정부는 전시에 그가 했던 행동을 대수롭지 않게 여기거나 모른 척하면서 우주시대의 개막과 함께 홍보 캠페인을 앞세워 그를 영웅으로 만들었다. 역사에서 차지하는 그의 복잡한 입지는 그가 아돌프 히틀러와 함께 사진을 찍고 수십 년 뒤에 존 F. 케네디 대통령과도 사진을 찍은 몇 안 되는 인물이라는 사실로도 미루어 짐작할 수 있다.

폰 브라운에 대한 평가는 그가 살아온 여정이 강박관념의 모순된 본성을 어떻게 설명해 주느냐에 따라 달라질 것이다. 그의 인생 스토리에는 '좋은 것과 나쁜 것이 모두 뒤섞여 있다.'[10] 그는 그만의 독특한 목적과 굽히지 않는 추진력으로 놀라운 업적을 이루었다. 1942년에 우주 가장자리에 도달한 최초의 로켓, 1958년에 발사된 미국 최초의 인공위성, 1969년에 달에 우주비행사를 보낸 로켓의 배경에는 늘 폰 브라운이 있었다. 그가 나치를 지지하지 않았다면, 그만이 가진 집념 하나로도 나치 치하의 공포를 견뎠을 것이다.[11] 몇 가지 진술로 미루어볼 때, 폰 브라운은 정치에 무관심했으며 오직 우주 탐사라는 자신의 꿈을 실현시키는 데만 관심이 있었던 것으로 보인다.

그가 남긴 것에 대해서는 아직도 논란이 진행 중이다. 지지하는 사람들은 그를 자신이 어떻게 할 수 없었던 역사적 세력에 포로가 된 기술적 비저너리로 평가한다. 다른 한편에선 야만적인 나치 정권을 위해 열정적으로 일하면서, 다른 이의 학대와 고통을 방관한 부도덕한 기회주의자로 본다. 폰 브라운이 사망했을 때 한 사설은 그를 두고 '뚜렷한 비전과 지적 갈증 때문에 이를 추구하는 과정에서 일어난 어떤 타협도 정당화시켰던 인물'이라고 썼다.[12] 단 누가 뭐래도 논란의 여지가 없는 것은 그가 모든 것을 쏟아부어 진전시키고자 했던 것이 우주 탐사라는 과제였다는 점이다. 그리고 그는 우주 탐사가 인류에게 도움이 된다고 믿었다.[13]

강박적 집착의 잠재력을 설명하기 위해 폰 브라운을 예로 들었지만, 그렇다고 기업에서 일어나는 일을 나치 정권의 잔학 행위에 비할 생각은 추호도 없다. 다만 극단적인 면에서 폰 브라운의 삶은 한 가지 중요한 사실을 시사한다. 강박적 집착은 선과 악 어느 쪽으로도 쓰일 수 있기에, 개인과 조직 모두 강박적 집착을 신중하게 관리해야 한다는 사실이다. 강박적 집착의 영향을 따질 때는 특히 다음 두 가지 질문에 유념해야 한다.

▶ **개인의 경우:** 나의 강박적 집착을 어느 정도까지 추구할 의지가 있는가? 목표를 달성하기 위한 내 추진력을 어느 지점까지 허락할 것인가?

▶ **조직의 경우:** 우리의 성공에 기여할 수 있는 강박증을 가진 사람을 어느 정도까지 지원할 의지가 있는가? 어느 정도까지 용납할 것인가?

조직들이 강박적으로 집착하는 사람을 원하는 것은 틀림이 없다. 조직은 범상치 않은 업적을 위해 전적으로 헌신하는 그들로부터 이득을 얻는다. 원대한 조직의 목표를 실현하겠다며 자신이 가진 모든 것을 쏟아붓는 사람을 고용하지 않으려고 하거나 오래 붙들고 싶어 하지 않는 회사가 어디 있겠는가? 하지만 그런 사람들을 받아들이는 일은 그렇게 간단하지 않다. SEC가 머스크와 테슬라를 사기 혐의로 고소한 사건만 봐도 그렇다. 머스크가 회사를 비상장회사로 전환할 경우를 대비하여 '자금을 확보'했다는 내용을 암시하는 트윗을 올린 것이 문제의 발단이었다. 이로 인해 테슬라의 주가가 올랐고 SEC가 머스크와 테슬라를 고소했다. 소송은 머스크와 테슬라가 각각 2,000만 달러씩 벌금을 내고, 머스크가 테슬라 이사회의 의장직에서 사퇴하는 것과 동시에 앞으로 트윗을 올리기 전에 내부적으로 검토하여 회사의 주가에 영향을 주지 않겠다는 데 합의함으로써 일단락되었다.[14]

처음에는 자신의 트윗에 문제가 없다며 SEC를 강도 높게 비난한 머스크도, 나중에는 장시간 근무와 테슬라의 생산 문제를 해결하려는 스트레스 때문에 자주 실수를 하게 된다는 것을 인정했다. 그런가 하면, 한쪽에서는 머스크가 공매자들이 미워서 그런 트윗을 올렸다고 해석했다. 공매자들이 자신과 그가 아끼는 회사를 망친다고 생각한 머스크가 그들을 응징하고자 트윗을 통해 테슬라의 주가를 끌어올렸다고 추측하는 것이다.[15] 강박적인 리더들은 사람들이 생각하는 것 이상으로 그들의 제품과 회사에 강한 애착을 갖는다. 부모가 자식에 대해 느끼는 감정과 비슷하다. 테슬라를 자식처럼 여기는 머스크는 비판적인 사람들로부터 어떻게든 회사를 지키려고 했다. 그러면서 의도치 않게 오히려 회사에 득이 되기보다 해를 입히는 경우가 더 많았다.

기업과 주주들은 회사의 성장을 원하면서도 예측 가능성과 통제력을 중요하게 여긴다. 하지만 한 가지에 집착하다 보면 이성과 논리에 문제가 생길 수 있다. 당연한 얘기지만, 그래서 기업과 주주들은 강박적인 리더가 있으면 평소보다 더 세심한 주의가 필요하고 돈도 많이 들며 위험한 일도 자주 생긴다고 믿는다. 1994년에 스티브 잡스는 그와 그의 계획을 지지하지 않는 이사회 때문에 애플에서 쫓겨났다. 이사들은 잡스가 불필요한 갈등을 조장하고 있으며, 회사 전체의 이익보다 잡스 자신의 프로젝트를 더 중시한다고 생각했다. 트래비스 캘러닉은 또 어떤가. 주주들은 캘러닉이 엉뚱한 결정과 행동으로 리더십의 신뢰성을 회복 불가능할 정도로 손상시켰고 우버라는 기업 브랜드에도 해를 끼쳤다고 결론 내렸다. 그렇게 그는 CEO 직에서 내려왔다.

최고의 기업은 강박적인 리더들을 끌어들여 관리하면서 지원해야 한다고 생각한다. 성격이 까다롭고 또 실수를 자주 저지르긴 하지만, 그들이 필요하다는 생각에는 변함이 없다. 그들은 일반적인 회사원이 아니다. 그들에게 중요한 것은 상급자들이 정해놓은 규정과 절차가 아닌 '일'이다. 스티브 잡스는 애플을 '엘리스 아일랜드 회사Ellis Island Company'라고 불렀다. 이민자들이 들어오는 엘리스 아일랜드처럼, 애플은 자율성이나 필요한 지원을 제공하지 않았던 회사를 떠나온 난민 같은 사람들이 세운 회사라는 뜻이었다.

조직이 집착할 일 결정하기

강박적 집착을 관리하는 첫 번째 단계는 조직이 가장 중요하게 여기는 것을 명확히 밝혀두는 것이다. 다시 말해, 조직이 무엇에 집착하는지를 분명히 해야 한다. 이 책에서 소개한 리더들이 공통으로 갖고 있는 가장 중요한 집착은 현존하는 제품이나 서비스를 개선하는 것이다. 제프 베이조스나 일론 머스크, 트래비스 캘러닉은 모두 '지금의 상태What is'를 더 나은 것으로 대체하려 했다. 제품이든 서비스든 경쟁사들이 제공하는 것이나 자사가 제공하는 것을 더 우수한 것으로 대체하고자 애썼다. 강박적 집착을 가지고 혁신에 매달리는 리더는 더 나은 것을 창조하는 것이 경쟁력을 강화하는 길이고 사회적으로도 그런 혁신이 꼭 필요하다는 신념으로 현상황과 전쟁을 벌인다. 예를 들어, 현시점 아마존의 적은 배송 시간이다. 그들은 방법론적으로 이를 단축하고 그로써 고객에 대한 서비스와 경쟁 업체(이들도 기능을 개선하여 아마존에 보조를 맞춰야 하니까)의 성능까지 모두 개선하는 것을 목표로 삼았다.

올바른 방식으로 한 가지에 집중하여 올인하는 '기간 요원'을 확보하는 것이 특히 중요해지는 시점이 있다. 가령 확실하게 기반을 다진 경쟁사들이 버티고 있는 자리에 들어가고자 노력하는 초기 단계도 그런 시점이다. 아마존이 자신들보다 규모가 훨씬 더 큰 반스앤노블에 도전했을 때, 테슬라가 폭스바겐과 GM 같은 대형 자동차 제조 업체들과 경쟁할 때도 그랬다. 이미 자리 잡고 있는 기업이 새로운 경쟁사의 공격을 받을 때도 강박적 집착을 가진 리더들이 필요하다. 급변하는 유통 산업에서 경쟁 방법을 결정해야 하는 월마트나 타깃Target이 직면한 과제도 그렇다. 야망과 역량이 탁월한 아마존 같은 회사와 어깨싸움을 벌이려면 정시에 출·퇴근하겠다는 정신 상태로는 어려울 것이다. 리더들은 특히 그렇다. 강박적 집착이 부족하면 조만간 경쟁에서 뒤처질 수 있다. 경쟁의 룰이 수시로 바뀌는 변화가 심한 산업에서는 그럴 가능성이 더욱 크다. 예를 들어, 포드 자동차는 자율주행 자동차 개발을 놓고 구글과 테슬라 같은 회사와 경쟁하려고 한다. 이를 위해 포드와 그 파트너들은 앞으로 몇 년 동안 수십억 달러를 투입할 예정이다. 포드는 전 세계에 널린 그들의 경쟁자들보다 더 나은 제품을 만드는 데 필요한 재능과 열의를 가진 사람들로 팀을 꾸려야 한다. 포드는 또한 이들이 신념과 관행에 얽매여 혁신과 모험을 주저하는 일이 없도록 적극적인 지원을 아끼지 않는 기업 문화를 만들어야 한다. 포드의 기업 문화는 수십 년 동안 변화가 느린 재래식 기술 환경에서 조성되고 운영되었기에, 필요한 인재들을 확보하고 유지하는 데 어려움을 겪을지 모른다.

3장에서 언급했듯이, 베이조스는 강박적인 집중력을 발휘할 수 있는 분야는 선택의 여지가 많아서 기업마다 자신의 분야와 문화에서 가장 효과적인 방법을 결정해야 한다고 말했다. 이 책에서 설명한 기업들의 성장 과정을 보면, 고객이나 제품에 집착할 때 지속 가능한 회사를 만들 가능성이 커진다는 걸 알 수 있다. 이와 달리 단기적 재무 결과나 경쟁 우위를 확보하는 데 집착하는 기업들도 있다. 어느 경우든 일단 초점이 명확해지면, 그것에 슬로건 이상의 의미를 부여해야 하는 숙제가 남는다. 웬만한 회사들도 그들의 일차 포커스, 즉 최우선은 고객이라고 쉽게 말한다. 그러나 고객에게 봉사할 수 있는 확고한 관행과 함께 고객 우선 문화를 구축하는 것은 결코 쉬운 과제가 아니다. 고객에 집착한다고 말하기는 쉽지만 실제로 그렇게 하기는 어렵다.

그 밖에 흔히 저지르는 또 다른 실수가 하나 있는데, 잠재적이고 강박적인 다양한 집착을 포용하느라 가장 중요한 문제를 소홀히 하게 되는 것이다. 그렇게 모두를 만족시키려다 보면 가장 중요한 지침을 확보할 수 있는 명확성과 규율이 부족해진다. 한 분야에서 두각을 나타내기도 어려운데, 서너 개 분야에서 탁월해지려다 보면 역효과만 초래하기 십상이다. 그렇게 되면 최우선 순위에 초점을 맞추는 사람들을 헷갈리게 만들거나, 중요하지 않은 부분에 자원을 할당하게 된다. 최우선 과제에 초점을 맞추라고 해서 다른 분야를 무시하라는 말은 아니다. 가장 이상적인 경우는 여러 가지 신념과 관행이 회사가 주력하는 집착을 뒷받침하기 위해 존재하는 것이다. 아마존은 킨들이나 에코 같은 제품을 뚜렷하게 탁월한 기기로 만들고 싶어서, 반복 과정을 통해 제품을 계속 개선해 간다. 하지만 이 모든 것을 가능하게 만드는 원동력은 두말할 필요 없이 '고객 집착'이다.

조직 모델 선택하기

다음 과제는 기업이 집착하는 부분을 실현하는 데 필요한 조직 모델을 결정하는 것이다. 엄선한 인재들을 모아 특수부대를 편성하는 것도 한 가지 방법이다. 소수 정예로 구성된 특수부대는 일단 규모가 작아야 하고, 재능 있고 헌신적인 핵심 요원으로 채워져야 한다. 특수부대란 용어를 사용하는 건, 회사의 직원 전체가 강박적으로 헌신할 필요는 없기 때문이다.

특수부대 이론은 모든 사람이 올인할 능력이나 욕구를 가지고 있는 것은 아니라는 사실로 정당화된다. 앞서 언급했듯이, 사람들은 무관심에서부터 흥미와 열정과 집착에 이르는 연속체의 서로 다른 지점에 각각 위치한다. 경우에 따라 다르겠지만, 소수 정예의 집착 그룹을 만드는 한편, 전문성을 갖추고 적극 개입하지만 업무에 모든 것을 소진할 정도는 아닌 일반 직원도 함께 유지하는 것이 이상적이다. 미국의 군대도 이와 비슷한 모델이다. 미군은 네이비 실Navy SEAL처럼 엘리트 집단을 엄선하여 일반 남녀 병사들보다 높은 강도로 이들을 훈련시킨다. 네이비 실에 지원하는 사람들은 소모율attrition rate이 높은데, 그만큼 육체적으로나 정신적으로 극한의 전력이 요구되기 때문이다. 이 훈련을 통과하는 병사들은 지난한 임무를 수행하는 데 필요한 신체적, 정신적, 감정적 능력을 획득한 정예 요원으로 거듭난다.

기업에서 이 같은 역할을 하는 사람들은 보통 특수 프로젝트 팀에서 일한다. 이들은 기업을 성장시키는 데 필요한 혁신적인 기술을 설계하고 출시하는 책임을 맡는다. 앞서 언급한 애플의 맥 팀이 이런 특수부대의 한 사례다.

재능과 추진력을 갖춘 소수 정예를 넘어, 회사 전체를 사명에 집착하는 집단으로 만들 수 있는 보다 공격적인 조직 모델도 있다. 일론 머스크는 그의 조직 전체를 특수부대로 칭하면서, 조직원 모두가 최고의 인재가 되어야 한다고 강조한다. 사람에 따라 업무에 투자하려는 의지가 다르다는 점을 고려하면, 조직 차원에서 강박관념을 개발하고 유지하는 일은 분명 쉬운 일이 아니다. 조직이 일정한 수준에 올라서면 대부분 안이해지고 관료적으로 바뀌는 경향이 있기 때문이다. 성공한 기업은 안일과 여유라는 사치를 부린다. 모두가 최고를 지향하는 '올 핸즈all hands' 모델은 고도의 집중력이 필요한 강박적 헌신을 전 직원에게 요구하기가 쉽지 않으므로 현실적으로 달성하기가 더 어렵다. 그럼에도 아마존이나 테슬라, 우버 같은 기업들은 그런 모델을 목표로 삼는다.

특수부대와 올 핸즈 모델은 상호 배타적인 개념이 아니다. 어쩌면 이상적인 형태는 하이브리드 방식일 것이다. 일반 직원들이 각자 필요한 한계치를 정해두고, 회사가 집착하는 부분에 가능한 한 많이 헌신하는 방법도 그중 한 가지다. 만약 규모가 큰 집단이라면 더 많은 것을 기꺼이 쏟아부을 수 있는 핵심 요원을 소규모로 편성해 두면 된다.

당연한 말이지만, 생산적인 강박적 집착을 가진 사람들을 끌어들이고 동기를 부여하고 유지하는 문제를 다룰 때, 이 두 모델은 서로 다른 난관에 부딪히게 된다. 예를 들어, 기업 내의 특수부대 모델의 경우 위계질서가 형성될 수밖에 없다. 정예 그룹에 속한 사람들은 다른 사람들보다 더 많은 관심과 자원, 인정을 받기 때문이다. 따라서 신중하게 관리하지 않으면 '우리 대 그들'로 분열되기 쉽다. 스티브 잡스의 맥 팀도 이런 문제를 겪었다. 잡스는 맥 팀을 '해적단'이라고 불렀는데, 그래서인지 간혹 그들을 '애플의 해군'에 반기를 드는 방식으로 운영하여 동료들을 소외시키고 회사 전체에 분열을 조장하곤 했다.[16] 하지만 맥 팀은 종내 매킨토시 컴퓨터를 만

247

들어 우리의 일상에서 컴퓨터가 차지하는 역할을 크게 바꾸는 혁신적인 기능을 선보였다. 맥 팀은 특수부대 모델의 장점과 단점을 극단적으로 드러낸 대표적인 사례다.

요즘 기업들은 여러 각도에서 다양성을 평가하고 지원하는 데 힘을 집중하는 편이다. 단, 일반적으로 다양성의 관점에서 논의되지 않는 영역이 하나 있는데, 바로 사람들의 삶에서 일이 갖는 역할이다. 극단적으로 말해, 일을 목적을 위한 수단 정도로 보는 사람이 있는가 하면, 일 자체를 목표로 삼는 사람도 있다. 사람들은 종종 이 두 가지를 적당히 조합하려고 하기 때문에 이를 이분법적으로 따질 수는 없다. 그럼에도 일을 대하는 태도에서는 실제로 차이가 있기 때문에, 회사들은 각각 집착의 정도를 나타내는 연속체에서 서로 다른 곳에 위치하는 사람들을 평가하고 지원할 방법을 정해야 한다. 그저 모든 사람의 관점이나 니즈가 비슷할 것으로 지레짐작해서는 안 된다.

한 가지 접근 방식은 기업이 일과 삶의 균형이 중요하다고 강조하면서도 일을 매우 중요하게 추진하는 것이다. 이 책에서 소개한 회사들은 모두 직원들에게 많은 것을 요구하는 강도 높은 업무 환경을 마련해 놓았다. 또 다른 접근 방식은 업무 외 삶의 필요성을 존중하는 느슨한 환경을 조성하는 것이다. 이 두 가지 방식이 상호 배타적인 것은 아니지만, 기업들은 이쪽이든 저쪽이든 선택한 다음, 각 방식에서 발생할 수 있을 수 있는 단점을 관리해야 한다.

강박적인 직원의 고용 임계치

세 번째 과제는 기업이 집착하는 부분을 발전시키는 데 필요한 사고와 능력을 갖춘 인재들을 충분히 확보하고 유지하는 것이다. 그 수는 어떤 구조 모델을 선택하느냐에 따라 달라질 것이다(특수 부대와 올 핸즈 방식은 필요한 인재의 수도 다르다). 어느 경우든 강박적인 사람들은 자신에게 가장 중요한 일을 할 수 있게 해주는 조직을 찾는다. 테슬라나 스페이스X에서 일하는 사람들은 자신이 세계에서 가장 혁신적인 제품을 만들고 있다는 사실을 분명히 인식하고 있다. 그들은 또한 자신의 창작품이 사회에 영향을 미친다는 사실에 매력을 느낀다. 기업은 모든 사람에게 어필하도록 설계된 조직이 아니다. 그보다는 회사의 사명과 비슷한 열정을 공유하고 그 문화에 잘 맞는 사람들을 끌어들이는 데 정확히 초점을 맞춰야 한다. 일단 회사가 집착하는 부분을 확실하게 밝히고 나면, 그에 공감하는 사람들은 마음이 끌리게 될 것이고 다른 조건이 같을 경우 회사에 더 오래 남을 것이다.

기업은 자신들이 특별히 집중하는 부분과 그들 문화에 가장 잘 맞는 사람들을 선별할 수 있는 프로세스를 설계해야 한다. 예를 들어, 아마존과 테슬라는 복잡한 문제를 해결할 수 있는 특별한 능력을 가진 직원을 채용하려 한다. 머스크는 엔지니어링 부서에 지원한 사람이 제품 개발에서 어떤 역할을 했는지 알아내기 위해, 그 사람의 기여도와 문제 해결 방식에 대한 세부적인 내용을 구체적으로 묻는다. 일반적으로 테슬라는 뛰어난 제품을 만드는 데 집착하는 사람들을 원하는 반면, 아마존은 고객에게 초점을 맞추는 직원을 찾는다. 어느 쪽이든 목표는 회사가 가장 중요하게 여기는 것에 남다른 열정을 가진 사람들을 찾아내는 것이다.

다음은 생산적인 강박적 집착과 관련된 능력을 알아내기 위한 채용 인터뷰 질문이다.

▶ 어떤 비범한 일을 해내는 과정에서 역경을 극복했던 경우를 한 가지 들어보세요. 결과를 얻어내기 위해 구체적으로 무엇을 했습니까? [깊이 관여했다는 사실을 알려주는 구체적인 사례 찾기]

▶ 당신이 생각하는 이상적인 근무일과를 설명해 보세요. 무엇을 하거나 무엇을 생산하고 있습니까?

▶ 우리가 당신의 관심사에 맞는 직책을 제시했는데, 그 자리가 다른 부서의 대등한 직책에 비해 장래성이나 영향력이 떨어진다고 가정합시다. 그렇다면 당신은 어느 쪽 직책을 원하겠습니까? 그 이유는 무엇입니까?

▶ 일에 몰두하느라 시간 가는 줄 몰랐던 때는 언제였나요? 그 일에 완전히 몰입했던 순간을 자세히 설명해 보세요.

▶ 업무나 개인생활에서 심하다 싶을 정도로 목표에 매진했던 경우는 언제였나요? 자세히 이야기해 보세요.

다음은 기업이 집착하는 부분에 맞는 인재를 찾기 위한 채용 인터뷰 질문이다.

▶ 왜 우리 회사 혹은 그룹에 들어오려고 합니까? [기업이 강박적으로 집착하는 것
에 맞는지 조사하기]

▶ 어떤 유형의 동료나 팀원들과 일하고 싶습니까? [기업이 강박적으로 집착하는
것에 맞는지 조사하기]

▶ 우리 회사에서 일한 지 10년이 됐다고 합시다. 돌이켜볼 때 당신이 성취한 것
중 가장 자부심을 갖게 될 부분은 무엇일까요? [기업이 강박적으로 집착하는 것
에 맞는지 조사하기]

▶ [고객을 즐겁게 하거나 탁월한 제품을 만드는 등 기업이 강박적으로 집착하는
것]에 전념했던 경험을 이야기해 보세요.

▶ 고객의 관심사나 제품의 설계 결함 같은 난제를 처리했던 경험이 있다면 이야기
해 보세요. 문제를 해결하기 위해 무엇을 했습니까?

▶ [고객 경험이나 제품 성능 등의 문제 관련 내용]을 개선하는 데 항상 초점을 맞
추기 위해 어떤 계획을 세우나요?

▶ [고객을 즐겁게 하거나 혁신적인 제품을 설계하는 등의 내용]보다 경쟁사를 누
르는 일에 어느 정도 재미를 느끼나요?

기업에 적합한 직원을 제대로 뽑는 것 이상으로 중요한 것이 있
다. 그것은 집중적이고 추진력 있는 문화를 꾸준히 유지하는 일이
다. 베이조스가 앞서 말한 데이 1 정신을 강조하는 것도 그 때문이
다. 데이 1 정신에는 각 개인이 회사의 성공을 위해 헌신하도록 만
드는 방법론을 비롯하여 문화적으로 강도 높은 여러 가지 관행이
포함된다. 데이 1 모드로 운영되는 스타트업들은 회사를 성장시키

는 데 필요한 기술과 추진력이 부족한 사람들을 데리고 있을 여유가 없다. 리더의 입장에서 보면, 데리고 있던 사람을 내보내는 것처럼 못할 노릇도 없을 것이다. 지금까지 기업의 성공에 크게 기여한 사람일 경우엔 특히 그렇다. 하지만 앞으로 회사가 계속 성장하는 데 필요한 자질을 갖추지 못한 사람들을 제거하는 것 역시 리더가 해야 할 일이다.

스티브 잡스는 베이조스나 머스크와 마찬가지로 최고의 인재 없이는 훌륭한 제품과 서비스를 만들 수 없다고 생각했다. 대부분의 리더들이 그렇게 말하긴 하지만, 실제로 기대에 부응하지 못하는 사람들에게 행동으로 보여주는 리더는 많지 않다. 스티브 잡스는 자신에게는 애플의 상위 100명을 'A급 선수'로 만들 책임이 있다고 말했다. 초창기에 잡스는 소프트웨어이든 하드웨어이든 최고 기술자의 성과 기여도가 B급이나 C급 선수의 100배 이상이라고 생각했다. 따라서 그는 A급 선수를 찾아 확보하고 유지하는 데 많은 노력을 기울였다. 또한 맥 팀을 운영하면서 그가 확실히 깨달은 것은 A급 선수일수록 A급 선수들과 일하고 싶어 한다는 사실이었다. 이러한 이유로 재능이 떨어지는 사람들을 퇴출시키는 것이 자신과 지도부의 할 일이었다고 했다. 잡스는 A급 선수가 아닌 이들이 회사에 남아 있을 때 발생하는 이른바 '집단 저열화bozo explosion' 현상을 막기 위해 애썼다.[17]

워커사우루스

재능이 있고 일에 올인하는 특성의 인재를 확보했다면 그들을 적재적소에 투입해야 한다. 강박적으로 집착하는 사람들은 중요한 일에 많은 신경을 쏟기에 그들의 관심사와 일치하는 영향력 있는 프로젝트를 맡기는 것이 특히 중요하다. 또한 그들에게 행정 업무 같은 부담을 주어 귀중한 시간을 빼앗는 일이 없게 해야 한다.

기업이 성장하면 규모와 복잡성을 관리해야 하므로 정책과 절차와 과정이 불가피하게 확장된다. 하지만 그렇게 되면 관료적인 조직으로 변질되어 특히 강박적인 성격을 가진 사람들에게 부담이 될 수 있다. 그들은 중요하지 않은 업무가 늘어나 집중력이 흐트러지는 것을 싫어한다. 앞서 언급했지만 구글의 자율주행차 부서를 책임졌던 앤서니 레반도프스키는 자신의 기술을 테스트하기 위해 자동차 100대를 구입했다. 그는 정식 승인 절차를 밟는 동안 테스트가 미뤄지는 것을 참을 수 없어서 일단 자동차를 구입한 다음 나중에 비용을 청구했다. 고위 지도층에 어떤 메시지를 보내려는 의도가 있었는지도 모를 일이다. 진화 속도가 빨라서 새로운 기회를 서둘러 포착해야 살아남는 분야에서 관료주의는 거추장스러운 방해물이라는 메시지 같은 것 말이다.

성장하는 기업에는 강박적으로 집착하는 사람들이 매력을 느낄 만한 환경을 유지해야 하는 과제가 따른다. 아마존은 이를 위해 도전적인 목표를 가진 소규모 팀을 여러 개 만들었다. 이것이 피자

2개만으로 식사를 해결할 수 있을 정도로 팀의 규모를 작게 유지하라고 한 베이조스의 유명한 말이 나온 연유다.[18] 팀을 소규모로 유지하면 각 개인의 기여도를 쉽게 파악할 수 있어서 개인이든 팀이든 결과에 대한 책임감을 강화할 수 있다. 아마존은 기여도나 재능이 부족한 사람들이 힘들게 일하는 다른 사람들로부터 혜택을 받는 '무임승차 효과free-loader effect'를 최소화하려고 애쓴다. 또한 팀의 규모가 작으면 의사소통이 원활해지고 업무 조율에 필요한 시간이 줄어든다는 것도 장점이다. 아무래도 규모가 커지면 그런 일에 귀중한 시간을 낭비할 수밖에 없다.

스티브 잡스가 지휘봉을 잡고 있던 기간에 애플은 위원회들을 없애고 직무 부서마다 단 1명의 리더를 두는 방식으로 강박적 집착을 가진 사람들이 원하는 여건을 마련했다.[19] 그들 각자는 잡스의 기대를 확실하게 충족시킨다는 책임을 졌다. 잡스는 우수한 인재를 고용하고 그들이 원하는 결과를 만들어 낼 수 있도록 책임을 분명하게 해주는 것이 중요하다고 믿었다.

애플의 상무들은 잡스가 '변명이 통하지 않는' 경영을 실천한다는 사실을 잘 알고 있었다. 따라서 고위직 인사들은 아무리 어려운 장애를 만나도 반드시 과제를 완수해야 했다. 그들은 모두 애플 플랫폼을 위해 일했고 회사의 전반적인 성과에 따라 보상받았다. 잡스는 그렇게 하는 것이 엄격한 프로세스에 기대거나 여러 가지 업무를 수행할 수 있는 크로스펑셔널 팀cross-functional team, CFT에 소유권을 분산시키는 것보다 더 효과적이라고 보았다. 그는 애플을 거

대한 스타트업으로 설계했지만, 재능 있고 책임감 있는 리더가 이
끄는 소규모 집중적인 팀들이 자신을 중심으로 일사불란하게 움직
이도록 조율했다고 말했다.[20]

견제와 균형 설계

지금까지의 방법들은 기업의 입장에서 집착이 강한 사람들을
확보하고 유지할 가능성을 키우기 위한 장치다. 하지만 그들에게
완전한 자유를 허락하면 심각한 문제가 발생할 수 있다. 목표를 추
구하는 과정에서 무책임하게 행동할 가능성이 있기 때문이다. 경
우에 따라, 집착이 강한 사람이 성과를 거둔다는 이유로 어떤 행동
을 하든 별다른 책임을 묻지 않는 풍토가 조성될 수도 있다. 우버는
회사의 성장을 위해서라면 공격적인 방법론도 사양하지 않았던 트
래비스 캘러닉에게 너무 많은 재량을 허용했다. 캘러닉이 일선에
서 물러난 후 우버의 이사였던 아리아나 허핑턴은 부적절한 행동
을 용납하지 않겠다고 경고했다. "처음 갖는 전원회의에서 나는 앞
으로 최고의 인재를 숭상하는 문화를 끝낼 것이라고 말했습니다.
… 그동안 성과만 내놓으면 많은 것들을 눈감아주었죠. 실리콘밸리
에서는 특히 그런 관행이 당연한 것으로 용인되고 있습니다. 그래
서 나는 최고의 인재들을 똑똑한 왕재수로 단정한 다음, 분명하게
말했습니다. '우리는 그런 사람들을 절대 용납하지 않을 겁니다.'"[21]

255

강박적인 리더가 이끄는 기업들은 공식적이든 비공식적이든 비생산적인 행위를 막을 절차를 마련해야 한다. 가장 중요한 것은 궤도를 벗어난 행동의 한계를 분명히 밝혀두는 것이다. 우버에서 캘러닉의 성장 마인드는 기업 문화 전반에 스며들어, 수많은 고객과 운전기사와 직원들의 선의를 무색하게 만들었다. 강박적인 리더가 무책임한 행동을 할 때 조언자나 동료들이 개입할 수 있다면, 이 같은 결과를 사전에 어느 정도 차단할 수 있다. 5장에서 언급했듯이 개릿 캠프는 트래비스 캘러닉에게 긍정적인 영향을 줄 수 있는 위치에 있었다. 우리는 문제가 되는 캘러닉의 행위를 저지하기 위해 캠프가 무엇을 했는지 모르지만, 캘러닉이 우버를 망치는 행동을 멈추지 않았다는 사실은 알고 있다.

캘러닉처럼 기록적으로 빠르게 성장하는 기업을 만들어야 하는 책임을 진 강력한 리더에게는 함부로 도전하거나 권한을 제어하는 것이 쉽지 않다. 출세에 지장이 없더라도 팀원 입장에서는 상사에게 곤란한 피드백이나 조언을 하며 맞서는 것 자체가 부담스러운 일이다. 그러나 그렇게 하지 않으면 리더를 망치고 회사에 누를 끼칠 수 있다. 우버의 경우엔 캠프 같은 사람이 좀 더 기술적인 기지를 발휘하여 캘러닉이 자멸하지 않도록 손을 썼어야 했다.

한편 강박적인 리더는 자신의 단점을 보완해 줄 수 있는 동료들로부터 도움을 받을 필요가 있다. 애플에서 일했던 한 프로그래머는 스티브 잡스가 경영하던 시절에 당시 소프트웨어 엔지니어링 상무였던 헨리 라미로Henri Lamiraux가 잡스의 파괴적인 경영 방식을 누그러뜨리는 완충 역할을 했다고 말했다. 그는 라미로를 '잡스의 뜨거운 열기에 데지 않게 막아주는 냉각 장치'로 묘사했다.[22] 이런 점에서 동료는 집착이 강한 리더의 장점을 극대화하는 한편, 이 책에 담은 여러 가지 함정을 최소화할 책임과 능력을 갖춰야 한다. 하지만 그러기 위해서는 강박적인 리더와 그보다 직급이 낮은 사람들 모두에게 신뢰와 지지를 받아야 하기 때문에 결코 쉬운 일은 아니다. 리더가 저지른 불미스러운 행동을 동료가 대신 사과할 수는 없다. 가장 좋은 시나리오는 리더와 그의 팀과 조직이 더 나은 결과를 낼 수 있는 방향으로 각자가 맡은 책임을 다하는 것이다.

또한 이사회 같은 운영기구를 두어 조직의 문화와 리더를 평가하게 하는 것도 한 가지 안전장치가 될 수 있다. 리더의 행동이나 그 리더 밑에서 일하는 기분에 대해 허물없이 이야기할 수 있는 분위기를 만들면 도움이 된다. 리더들 중에는 이 같은 방식을 부하직원을 관리하는 자신만의 방식에 대한 권리 침해로 간주하여 평가 자체를 거부하는 이도 있을 것이다. 그러나 평가를 하는 이유는 결함을 찾아내려는 것이 아니라 문제를 조기에 발견해 해결하기 위한 것임을 분명히 하자. 좀 더 공식적으로 처리하려면, 주기적으로 조사하거나 외부의 컨설팅 회사나 법률 회사에 의뢰하여 내부 관행을 평가할 수도 있다. 우버의 경우처럼 보통은 회사 내의 주요 문제가 표면화된 뒤에 이런 절차를 밟지만, 그때는 이미 피해를 입을 만큼 입은 뒤일 때가 많다. 따라서 문제를 보다 효과적으로 처리하려면 상황이 심각한 위기로 번지기 전에 정기적인 평가를 통해 이를 표면화시켜야 한다.

안전장치는 꼭 필요하지만, 기업은 강박적인 개인이나 팀의 의욕을 꺾는 정책과 절차를 너무 많이 만들지 않도록 조심해야 한다. 설계된 안전장치는 꼭 필요한 지침을 제공하는 것일 뿐, 이것이 시시콜콜 직원을 간섭하는 수단이 되어서는 안 된다. 추진력이 있고 창의적인 사람들은 웬만한 일은 스스로 알아서 하게 내버려 두는 쪽을 선호한다. 하긴 그들만 그런 것은 아니다. 대부분의 사람들이 자기 일은 자기가 알아서 하려 한다. 스스로 하면 일에 대한 만족도가 높아지고 일을 더 잘하고 싶은 의욕도 생긴다. 또한 그들은 일을 수행하는 방법을 선택할 수 없는 수동적인 동료들보다 여러모로 더 건강하다.[23] 따라서 대기업에서 흔히 볼 수 있는 관료적 체제나 통제 방식에 조금 맞지 않더라도, 그들을 지원하는 문화를 조성하여 건전한 강박적 집착을 가진 사람들을 확보하고 유지하는 것이 중요하다. 관건은 문제가 될 만한 행동을 효과적으로 차단하되, 집착이 강한 사람들의 장점을 약화시키지 않는 체계적 제어장치를 만들어 내는 기술이다.

강박적 집착의 함정 관리하기

이런 조치를 취했다고 해도 조직은 강박적 집착의 부정적 요소에 대한 경계를 늦추지 말아야 한다. 2장에서 우리는 강박적 집착의 일반적인 위험이 무엇인지 살펴보았다. 그러나 강박적 집착을 포용하는 조직들은 몇 가지 보다 구체적인 문제를 안고 있다. 첫 번째 위험은, 현재의 비즈니스 모델에 집착하느라 더 큰 시장과 사회적 추세를 소홀히 하는 것이다. 다시 한번 강조하지만, 강박적 집착은 야심찬 목표를 달성하는 데 필요한 집중력과 끈질긴 추진력을 일컫는다. 택시 산업의 리더들은 우버와 같은 더 나은 대안이 코앞에 있어도 그들이 혜택을 입고 있는 현재의 교통 모델을 보호하는 데 집착하게 된다. 현상을 유지하는 편이 유리한 그들의 기득권을 감안하면 그 같은 태도도 이해 못 할 바는 아니다. 다른 분야들도 자신의 기반을 흔드는 변화에 저항하거나 무시할 때 똑같은 실수를 저지른다. 한때 가장 인기 있는 스마트폰 제조사였던 블랙베리Black-Berry도 아이폰의 위협을 대수롭지 않게 여겼다. 하지만 소비자들의 애플에 대한 선호도가 금방 기정사실로 드러나면서, 블랙베리의 시장점유율은 50%에서 1% 미만까지 떨어졌다.[24]

생산적인 집착은 현상 유지가 아닌 고객과 사회를 위해 더 나은 무언가를 만드는 것에 초점을 맞추는 것이다. 하지만 대부분의 기업은 자신들의 비즈니스 모델에 대한 미련을 버리지 못해 어차피 사라지게 될 현재의 제품과 서비스를 개선하는 데 쓸데없는 노력을 기울이곤 한다. 반스앤노블은 '커피바' 같은 기능들로 고객의 관심을 되찾아보려 했지만 그 정도로는 아마존의 공세를 막을 수 없었다. 현 상태를 유지하는 작전은 당분간은 효과가 있을 수 있지만 어느 분야이든 언젠가는 좀 더 급진적인 방법을 요구하는 변화의

물결을 피할 수 없다. 그런 변화에 능동적으로 대처한 최근의 사례로 넷플릭스Netflix가 눈에 띈다. 넷플릭스는 우편으로 DVD 대여 사업을 벌이는 동시에, 다른 한편으로 온라인 스트리밍 사업을 구축하여 놀라운 성장을 구가할 수 있었다. 우버는 오늘날 수백만 명의 운전기사를 보유하고 있지만 앞으로 자율주행차의 영향을 많이 받게 될 것이 분명하므로 이와 유사한 도전에 직면할 수 있다.

조직이 빠지기 쉬운 두 번째 함정은 어떤 대가를 치르더라도 성장에만 집착하겠다는 발상이다. 5장에서 다루었지만 트래비스 캘러닉은 경쟁사보다 우버를 더 빨리 성장시키는 데 집착하느라 그의 앞을 가로막는 사람은 누구든 가리지 않고 공격했다. 그가 그렇게 했던 건 다른 조건이 같다면 승객을 가장 많이 태우는 회사가 운전자를 더 많이 끌어들여 고객이 기다리는 시간을 크게 단축시킬 수 있기 때문이었다. 그렇게 되면 승객을 훨씬 더 많이 끌어들여 저절로 성장할 수 있는 계기를 마련할 수 있으니까. 우버는 '성장을 짜내는' 전략으로 미국에서 가장 크고 가장 가치 있는 승차공유 서비스 업체로 발돋움했다.

공격적으로 성장에 집중하는 기업은 우버만이 아니다. 페이스북은 세계적으로 20억 명이 넘는 사용자를 보유한 독보적인 소셜 미디어 사이트이지만,[25] 최근 제3자 납품업자를 엄격하게 감시하지 않는 등, 사용자 데이터를 제대로 관리하지 못해 역풍을 맞고 있다. 또한 외국 정부 등 일부 불량 운영자들이 선거에서 여론과 투표에 영향을 주기 위해 비윤리적인 방법으로 서비스를 이용하면서 비난을 받았다.[26] 개인과 국가 들은 페이스북의 툴을 이용하여 표적 집단에 정치 선전이나 가짜 뉴스를 보내는 방식으로 페이스북을 '무기화'하고 있다. 페이스북은 비윤리적인 행동을 예방하고 적발하기 위해 통제를 강화하고 인력을 증강하여 실패를 바로잡기 위한 조치를 취했다. 그러나 도무지 속도를 늦출 줄 모르는 그들의 성장 동력과 사용자 데이터 판매에 기반을 둔 비즈니스 모델이 이런 불미스러운 일에 책임이 없는지는 여전히 따져봐야 할 문제다.[27]

고객이나 제품보다 지나칠 정도로 이윤에 집착하는 기업의 마인드 역시 문제다. 리더들 중에는 분기별로 실적을 정해놓고 직원들을 쥐어짜는 이도 있다. 그들은 다음 번 수익 결산 너머에 있는 문제는 보지 못한다. 장기적인 관점에서는 이윤이 중요하지만, 그렇다고 해서 훌륭한 제품과 서비스를 개발하는 것보다 이윤을 중시하면 원하는 목적을 달성할 수 없다. 스티브 잡스는 리더에게 재무 결과의 일차적 책임을 묻는 것은 성장하는 회사를 망치는 행위라고 일갈했다.

261

회사들이 퇴보하는 이유에 대해서는 나도 할 말이 있다. 영업 쪽 사람들이 회사를 경영하게 되면 제품 쪽 사람들은 비중이 약해져 대개 의욕을 잃고 만다. 내 실수이긴 하지만, 스컬리John Sculley(펩시콜라의 전 CEO로 마케팅의 황제로 불렸다가 영입된 애플의 3대 CEO)를 영입했을 때 애플이 그랬고, 발머Steve Ballmer(마이크로소프트의 전 CEO)가 마이크로소프트를 맡았을 때도 그랬다.[28]

조직이 빠지기 쉬운 또 다른 함정은 리더들이 직원의 마음을 편하게 해주는 것을 자신의 역할로 착각하는 것이다. 리더 중에는 강박적 집착이 없는 평범한 직원들에게 어울리는 관행과 문화를 설계하는 이가 있다. 이렇게 되면 고객이 원하는 제품이나 서비스를 만드는 일보다 직원의 일과 삶의 균형이나 편안함이 더 중요해진다. 특정 시간 이후 혹은 주말에는 업무와 관련된 이메일을 보내지 못하게 하는 곳도 있다. 그런 회사는 직원들에게 지나칠 정도로 늦은 시간까지 자리를 뜨지 않아 동료들에게 은근히 압력을 주는 일이 없게 하라고 조언한다. 일과 삶의 균형을 강조하는 리더와 기업은 이 같은 균형을 통해 성과가 올라가고 최고의 인재를 끌어들이고 유지할 수 있다고 믿는다. 다시 말해, 재능이 남다른 사람들은 일하고 싶은 곳을 선택하기가 쉽고, 그래서 너무 많은 것을 요구하는 직장보다는 더 높은 삶의 질을 제공하는 회사를 선택할 것이라고 생각하는 것이다.

일과 삶의 균형 문제라면 어느 쪽이 옳다고 단정하기 어렵지만, 그런 문제가 낳는 의도하지 않은 결과를 생각해 보지 않을 수 없다. 누군가는 일과 삶의 균형이 도덕적으로 옳을 뿐만 아니라 더 생산적인 결과를 낳는다고 주장한다. 아리아나 허핑턴 같은 사람이 대표적인데, 그녀는 피곤하고 탈진한 사람들이 잘못된 결정을 내리는 것을 보며 그런 생각을 하게 되었다고 했다.[29] 그런 점이 없지는 않겠지만, 비범한 일을 이루기 위해 전력을 기울이는 사람들로 구성된 회사가 오후 5시에 어김없이 퇴근하는 직원들의 회사보다 대체로 더 좋은 성과를 낸다는 것도 부인할 수 없는 현실이다. 그래서 기업은 특정 시점에 이와 같은 양극단 사이에서 어떤 것이 올바른 균형인가 하는 질문을 던지게 된다.

대부분의 사람들은 일이 가장 중요하다거나 반대로 전혀 중요하지 않다와 같은, 극단적인 사고에 선뜻 동의하지 않는다. 그 사이 적절한 중간 지점이 어딘가 하는 문제에 관해서도 토론과 실험이 끊이지 않는다. 밤늦은 시간이든 주말이든 휴가 중이든 가릴 것 없이 중요한 문제가 생겼을 때는 즉각 대응해야 한다고 말하는 회사들이 있고, 그런가 하면 근무시간이 아닐 때나 주말과 휴일에 일하는 것을 제한하거나 막는 회사도 있다. 이런 회사들은 직원들이 시도 때도 없이 이메일을 보내는 식으로 직장 밖의 삶을 가볍게 여기는 행동을 곱게 보지 않는다.

반면, 테슬라 같은 회사는 그와 같은 제약이 스트레스만 더 늘리고 좋은 결과를 낼 수 없게 만든다고 생각한다. 베이조스나 머스크 같은 리더들은 조금도 미안한 기색 없이 엄격한 기준을 세워놓고도, 한편으로는 모든 사람이 회사에 충성할 수 없다는 사실을 인정한다. 그들은 그들의 회사에서 일하길 원하는 사람들에게는 자신들의 성과주의 문화와 과도한 업무 부담을 분명히 밝힌다. 실제, 테슬라는 입사 지원자들에게 근무시간이 길고 주말에 일하는 경우도 많다는 사실을 알린다. 그들은 조직이 직원에게 거는 기대와 업무 문화에 대해 정직하려고 한다.

회사의 요구가 지나친지 아닌지는 재능 있는 사람들이 그 회사에서 더는 일하려 하지 않는 경우를 보면 알 수 있다. 그렇게 그만 두는 사람은 업무 스트레스가 너무 심하거나 개인생활에 대한 부담이 너무 크다고 생각한다. 그들은 업무 지원이 확실하고 협업이 잘 되고 책임이 분산되는 회사에서 일하고 싶어 한다. 해가 갈수록 구글이 일하고 싶은 직장에서 점점 더 높은 점수를 받는 이유는 팀 기반 문화와 직원들에 대한 적극적인 지원이 큰 역할을 하기 때문이다. 반면 아마존이나 테슬라, 우버 같은 회사에서는 일하고 싶지 않다는 사람들이 있음에도, 이들 회사에는 계속 지원자들이 몰린다. 특히 애플과 아마존 같은 몇몇 회사들은 동료들끼리의 충성도가 매우 높다. 까다롭기로 유명했던 스티브 잡스는 팀원들을 너무 거칠게 대하는 것 아니냐는 질문에 이렇게 말했다. "내가 사람들을 무지막지하게 대한다고 생각하지 않습니다. 하지만 일을 엉터리로 해놓으면 면전에 대고 그렇다고 말하죠. 솔직해야 하는 것, 그게 내 일이니까요."[30] 그가 채용한 탁월한 인재들은 그 분야의 어느 회사에 가도 일할 수 있는 사람들이었지만, 그들은 대부분 애플에서 계속 일하고 싶어 했다.

여유를 중시하다 보면 뛰어난 실적을 올리는 데 필요한 현실을 못 보게 될 수 있다. 폴 앨런은 그의 전기에서 한 분야의 산업을 지배하려는 회사를 설립하는 데 필요한 것을 이렇게 설명했다.

우리는 24시간 일했다. 주말에도 2교대로 일했다. 빌은 더 이상 수업에 들어가지 않았다. 나도 정오나 돼서야 허니웰Honeywell에

얼굴을 내미는 등 인턴 일에 열의를 보이지 않았다. 그렇게 5시 30분까지 있다가 에이킨Aiken으로 돌아와 새벽 3시까지 일했다. 파일을 저장하고 대여섯 시간 눈을 붙인 다음 다시 시작했다. … 밤늦은 시간까지 일하다 빌이 단말기 앞에서 꾸벅꾸벅 졸고 있는 모습을 여러 차례 목격했다. 코드를 짜던 그의 몸은 코가 키보드에 닿을 때까지 점점 앞으로 기울어졌다. 한두 시간 그렇게 비몽사몽하다 깨면, 그는 가는 눈을 뜨고 화면을 뚫어져라 노려보며 눈을 두어 번 깜박인 다음 중단했던 지점을 정확히 찾아 다시 작업을 시작했다. 대단한 집중력이었다.[31]

여유를 중시하는 마인드는 관리 관행에도 영향을 미친다. 요즘들어, 심리적 안정이 조직과 팀의 실적에 중요한 역할을 한다는 연구 결과가 부쩍 늘고 있다. 하버드 대학교의 에이미 에드먼슨Amy Edmondson 교수는 심리적 안정이란 '상호 신뢰와 존중을 특징으로 하는 팀 분위기'를 의미한다고 하면서 '그런 분위기에서는 마음 편하게 평소 하던 대로 일한다. …누군가가 목소리를 좀 높여도 망신을 주거나 제지하거나 야단치지 않는다는 자신감이 있기 때문'이라고 설명했다.[32] 심리적 안정이 보장된 문화에서는 그렇지 않은 문화에서보다 배우고 적응하는 것이 한결 쉽다. 단, 심리적 안정을 받아들이려면 의도하지 않은 결과도 예상할 수 있어야 한다.

심리적 안정을 지지하는 사람들은 심리적으로 편안한 환경을 만들면 서로 다른 관점을 수용할 수 있게 되어 학습 능력이 향상되고 의사결정이 효과적으로 이루어지기 때문에 창의력이 왕성해지고 솔직한 문화가 조성된다고 주장한다. 하지만 그렇게 되면 폐쇄적이거나 비협조적이거나 무례한 사람으로 보일까 봐 서로 도전하는 것을 꺼리는 분위기가 될 수도 있다.[33] 보다 정직한 대화를 장려하려다가 역설적으로 서로 솔직하지 못한 분위기가 되고 마는 것이다. 그렇게 되면 심리적인 안정을 도모하는 사람들의 의도와 정반대의 결과가 나오게 된다.

스티브 잡스나 일론 머스크라면 심리적 안정을 좋게 생각하지 않을 것 같다. 잡스는 적극적으로 도전하는 사람들이 비범한 아이디어로 비범한 제품을 만든다고 생각했다. "직원들을 편하게 해주는 것은 내 일이 아닙니다. 내가 할 일은 그들을 더 능력 있는 사람으로 만드는 것입니다."[34] 그러면서 잡스는 덧붙였다 "일을 망쳤을 때 듣기 좋은 소리를 하기보다 따끔하게 지적하는 것, 그게 내가 할 일이죠."[35] 그는 팀원들의 감정이 아니라 그들이 생산하는 제품의 품질에 초점을 맞추었다. 대부분의 사람은 잡스와 함께 일하기 위해 내야 할 입장료를 납득했고 들어가서는 그에 대한 충성을 아끼지 않았다.

잡스는 팀원들도 서로에게 엄격해야 한다고 생각했다. 그는 어렸을 때 근처에 살았던 노인이 시범으로 보여준 록 텀블러rock tumbler 얘기를 했다. 어느 날 잡스와 그 노인은 뒤뜰에서 돌 몇 개를 주워 텀블러에 넣은 다음 모래가루와 연마제를 부었다. 스위치를 켜자 텀블러가 돌면서 돌들이 서로 부딪치는 소리가 들렸다. 이웃 노인은 그에게 다음 날 다시 오라고 했고, 잡스도 돌이 어떻게 되었는 지 궁금해 그 노인을 다시 찾았다.

> 서로 부딪히고 비비면서 소음을 냈던 돌들은 아름다운 광택을 발하는 돌로 바뀌어 있었다. 그 후로 내게 그 텀블러는 열정을 가지고 무언가에 매달려 정말 열심히 일하는 팀의 은유가 되었 다. 놀라운 재능을 가진 사람들이 서로 부딪치고 언쟁을 벌이고 때로 싸우기도 하고 소음도 내면서 함께 일하다 보면, 그들은 서로를 빛나게 하고 아이디어도 더욱 빛을 발한다. 그런 과정을 거쳐 정말로 멋진 보석이 나오게 된다.[36]

강박적으로 집착하는 사람의 지상과제

대부분의 경우 조직이 성장하게 되면, 사무실 분위기가 부드러워지고 안일해지는 위기를 맞는다. 아울러 별로 중요하지 않은 것에 관심을 분산시키는 위험도 따른다. 유망한 스타트업에 투자한 경력 외에도 직접 사모펀드를 운영하고 있는 마이클 모리츠Michael Moritz는 주로 미국, 그중에도 특히 실리콘밸리가 엉뚱한 데 정신이 팔려 집중력을 잃고 있다고 지적한다. 그는 일부 유명 회사들에 대해 이렇게 썼다.

그런 기업에서는 직원들을 상대로 연설하는 초청연사의 정치적 감수성에 대한 불평, 남성 직원의 적절한 육아휴직 기간이나 일과 삶의 균형에 대한 논쟁, 음악적인 잼 세션을 할 수 있는 공간 부족에 대한 불만 같은 이야기가 나온다. 구심점을 잃은 사교모임에서나 나올 법한 걱정거리다.[37]

모리츠는 초점이 분명하고 투철한 직업정신을 갖춘 기업이 그렇지 않은 기업을 이긴다고 생각한다. 그는 중국 기업에서 직접 확인한 강도 높은 추진력이 일부 미국 기업들이 받아들이는 규범과 뚜렷하게 대비된다고 설명한다. 그렇다고 해서 기업들이 가혹한 업무 환경을 수용해야 한다거나 더 큰 사회적 이슈나 요구를 무시해야 한다는 뜻은 아니다. 정도正道를 벗어나도 괜찮다는 것 역시 아니다. 그러나 성공한 기업들이 고객이나 제품보다 지엽적인 문제에 힘을 분산시킬 위험을 항상 안고 있는 건 틀림없다.

집착은 안주와 산만함에 대한 해독제다.[38] 그러나 집착은 조직에 다른 유형의 위험을 제기하는 단점을 가지고 있다. 집착이 강한 리더와 팀에는 늘 좋은 점과 나쁜 점이 아주 가까이 따라붙는다. 이 둘은 불가분의 관계에 있다. 비범한 일을 해낼 수 있는 사람들은 또한 큰 피해를 입힐 가능성도 가진 사람들이다. 이러한 모순을 쉽게 해결하려면 고객이나 제품에 집착하는 사람을 고용하지 않거나, 그들의 행동이 위협이 되지 않을 정도로 제한하면 된다. 하지만 이런 방식은 파괴력을 갖지 못하는 업무 환경에서나 통한다. 무엇보다 그런 식으로 운영하는 기업은 오래가지 못한다.

오늘날 디트로이트에는 1958년에 문을 닫은, 당시 최대 규모를 자랑하던 패커드 자동차 공장Packard Car Plant을 비롯한 약 7만 개의 건물이 텅 빈 채 방치되어 있다.[39] 폐허가 되어버린 패커드 공장의 건물벽은 온통 그라피티graffiti(거리의 벽이나 화면에 스프레이 페인트를 뿌리거나 긁어서 그린 문자나 그림)로 뒤덮였다.[40] 심지어 이 공장들은 종말론적 세계를 묘사하고 싶어 하는 영화 제작자들이 즐겨 찾는 촬영 현장이 되었다. 디트로이트의 몰락과 파산에는 많은 원인을 열거할 수 있지만, 가장 큰 요인은 미국 자동차 제조 업체인 GM과 크라이슬러, 포드의 쇠퇴. 1960년대만 해도 이들 빅 3의 미국 시장 점유율은 85%를 넘었는데, 2008년에 그 수치는 44%로 급락하여 경제적으로나 사회적으로 디트로이트와 인근 지역에 엄청난 타격을 입혔다.[41] 이들 기업의 지도부는 직원과 지역사회, 주주 중 어느 한 쪽의 문제도 제대로 처리하지 못했다. 그들은 많은 실수를 했지만, 아마도 가장 터무니없는 실수는 조잡한 제품을 설계하고 제조한 책임일 것이다.[42] 그들은 소비자들이 사고 싶다는 생각이 들 만큼 믿음직스럽고 매력 있는 자동차를 만들어야 할 이유를 찾지 못했다. 이 회사들은 제품에 대한 별다른 비전도 없이, 수십 년 동안 축적해 놓은 재력과 사업적 배경만 믿은 리더들에 의해 운영되었다.[43]

일론 머스크는 대외적으로 알려진 심각한 실수를 수시로 저질렀지만, 이들 빅 3가 50년 동안 하지 못한 일을 해내고 있다. 경쟁사보다 훨씬 뛰어난 혁신적인 자동차를 시장에 내놓는 것이다. 정말로 중요한 것에 확실하게 초점을 맞추는 강박적 집착이 결여된 기업은 하루가 다르게 변해가는 세상에서 번영에 필요한 요건을 갖추지 못한다. 우리에게 필요한 것은 한마디로, 강박적인 집착이다. 행운은 집착하는 자의 편이니까.

핵심 요약	▶조직엔 좋은 점과 나쁜 점이 혼재되어 있으므로, 강박적 집착에 대해서도 이중적일 수밖에 없다. 조직은 집착이 갖는 장점의 혜택을 바라지만, 그것이 심각한 단점을 가지고 있다는 사실도 인정한다. ▶조직 설계와 조직 관리의 귀재들은 강박적 집착의 장점을 극대화하는 동시에 위험을 최소화한다. 여기에는 기업의 사명과 구조와 인력에 대한 결정 등이 포함된다. ▶설계가 잘 된 안전장치는 꼭 필요하지만, 그 제약이 지나쳐서 고객이 중시하는 제품과 서비스를 생산하는 강박적 집착의 역할까지 해쳐서는 안 된다. ▶조직은 가장 중요한 목적에서 시선을 떼지 않도록 주의해야 한다. 아울러 비범한 목표를 달성하는 데 필요한 철저한 집중력과 불굴의 노력을 게을리하지 말아야 한다.

나는 이 책을 쓰면서 학자와 연구원, 언론인, 블로거, 저술가의 작품뿐 아니라 여기에 소개된 여러 리더들의 생각을 참조했다. 특히 제프 베이조스, 일론 머스크, 스티브 잡스와 트래비스 캘러닉을 중점적으로 다루었다. 이들에 관한 자료에서 강박적인 리더십에 거는 기대와 숨겨진 함정을 살펴볼 수 있는 풍부한 데이터베이스를 얻을 수 있기 때문이다. 이들은 매혹적인 리더였고 나는 그들의 아이디어와 업적과 실수를 기술하면서 '그들과 더불어 지내는' 호사를 누렸다.

전작 《익스트림 팀Extreme Teans》을 집필할 때도 그랬지만, 내게 많은 영감을 준 데니스 N.T. 퍼킨스Dennis N.T. Perkins에게 감사하다는 말을 전하고 싶다. 데니스는 내가 기업가 정신과 리더십 분야에 눈을 뜨게 도와준 나의 멘토다. 여러 해 동안 많은 저서를 통해 내 아이디어에 자극을 준 마이클 체이스Michael Chayes와 제프 코언Jeff

Cohen도 고맙다. 조 보니토Joe Bonito는 업무적으로나 개인적으로 지원을 아끼지 않았다. 세드릭 크로커Cedric Crocker는 내게 실리콘밸리의 역학에 관한 통찰력을 제공해 주었다. 특히 나의 아내 재키Jackie와 딸 가브리엘Gabrielle, 동생 존John이 각자 나름의 방식으로 전해 준 피드백과 격려에 나는 큰 힘을 얻었다.

하퍼콜린스HarperCollins 출판사와 편집진에게 감사하다는 말을 전하고 싶다. 팀 버가드Tim Burgard와 사라 켄드릭Sara Kendrick, 어맨다 바우치Amanda Bauch, 제프 파Jeff Farr는 귀중한 의견과 정보를 제공하고 집필 작업을 진행하는 데 필요한 업무를 깔끔하게 처리해 주었다. 또한 발군의 마케팅 지침을 제공해 준 파우지아 버크Fauzia Burke와 일할 수 있었던 것도 내게는 큰 행운이었다.

272

위키사우로스

1장 | 올인

1. 코반리M. Cobanli의 말. 카를로스 알바렝가Carlos Alvarenga의 다음 포스트에서 인용. "Corporate Personalities: The Good, The Bad and The Ugly," LinkedIn, March 23, 2019, https://www.linkedin.com/pulse/corporate-personalities-good-bad-ugly-carlosalvarenga/. 다음 자료 참조. Frank Scott, "Good vs Great Design Quotes," Design.Amid, June 26, 2014, http://www.designamid.com/magazine.php?pageno=313.

2. 워런 버핏은 제프 베이조스를 가리켜 이렇게 말했다. "서로 다른 두 개의 분야에서 이처럼 엄청난 성공을 거둔 사례가 또 있는지 나는 알지 못한다." Jonathan Vanian, "Warren Buffet PraisesAmazon and Jeff Bezos While Selling IBM Shares," *Fortune*, May 5, 2017, http://fortune.com/2017/05/05/warren-buffett-amazon-bezos-ibm/. 워런 버핏은 또 이렇게 지적했다. "나는 정말 중요한 산업 두 가지를 동시에 개발해 놓고 그 둘을 모두 능숙하게 운영하는 사람을 본 적이 없다." Tae Kim, "Warren Buffett on Amazon Cloud's Success: 'You Do Not Want to Give Jeff Bezos a 7-Year Head Start,'" CNBC, May 15,2018, https://www.cnbc.com/2018/05/15/warren-buffett-on-amazons-cloud-success-you-do-not-want-to-give-jeff-bezos-a-7-year-head-start.html. 그런가 하면 스티브 잡스 역시 컴퓨터(매킨토시)와 통신(아이폰), 음악(애플 스트리밍), 애니메이션 영화(픽사) 등 4개 산업의 지형을 바꿔놓았다고 말하는 사람도 있을 것이다.

3. 아마존 프라임Amazon Prime은 현재 미국 일부 도시에서 한두 시간 만에 수천 개의 제품을 배송하고 있다.

4. D. E. Shaw & Co.에서 베이조스와 일하다가 나중에 아마존에 합류한 제프 홀든 Jeff Holden은 베이조스를 가리켜 이렇게 말했다. "그는 누구보다 자기성찰이 탁월하다. 생활 자체도 매우 체계적이다." *Bezos and the Age of Amazon* (New York: Little, Brown & Company, 2014), 21.

5. 아마존의 최초 이름은 캐다브라Cadabra였다. 그 외에도 베이조스는 Awake.com, Browse.com, Bookmall.com, and Aard.com 등을 염두에 두고 있었다. Dave Smith, "Jeff Bezos Almost Gave Amazon a Different Name," *Business Insider*, January 22, 2016, www.businessinsider.com/jeff-bezos-amazon-name-alternatives-2016-1.

6. Jodi Kantor and David Streitfeld, "Inside Amazon: Wrestling Big Ideas in a Bruising Workplace," *New York Times*, August 15, 2015, https://www.nytimes.com/2015/08/16/technology/inside-amazon-wrestling-big-ideas-in-a-bruising-workplace.html.

7. J. Clement, "Most Popular Retail Websites in the United States as of December 2018, Ranked by Visitors (in Millions)," Statista, July 23, 2019, https://www.statista.com/statistics/271450/monthly-unique-visitors-to-us-retail-websites/.

8. Justin Dallaire, "Amazon Ranked Most Trusted E-Commerce Retailer," Strategy, July 18, 2018, http://strategyonline.ca/2018/07/18/amazon-ranked-canadas-most-trusted-ecommerce-retailer/.

9. 그 엔지니어는 또한 이 가상의 외계인이 매우 뛰어난 지능을 가진 것 외에 인간사에도 아주 털끝만 한 관심을 보였다고 말했다.

10. Steve Yegge, "Googler Steve Yegge Apologizes for Platform Rant, Shares Bezos War Story," Launch, October 21, 2011, https://launch.co/blog/googler-steve-yegge-apologizes-for-platform-rant-shares-bezo.html.

11. Amy Martinez, "Bezos Credits Amazon's Success to Luck, Good Timing," *Seattle Times*, January 15, 2013, https://www.seattletimes.com/business/bezos-credits-amazonrsquos-success-to-luck-good-timing/.

12. Warren St. John, "Barnes & Noble's Epiphany," Wired, June 1, 1999, https://www.wired.com/1999/06/barnes-2/.

13. 베이조스는 아마존 웹 서비스를 다른 테크놀로지 회사들보다 7년 앞서 시작해서 더 운이 좋았다고 말했다. 마이크로소프트와 IBM 같은 기존의 테크놀로지 회사들은 베이조스와 아마존의 도전을 과소평가했다.

14. 찰스 A. 오라일리Charles A. O'Reilly의 연구는 CEO의 성격이 기업의 재정적 실적뿐 아니라 기업 가치와 활동에 어떤 영향을 미치는지 보여준다. 다음 자료 참조. O'Reilly et al., "The Promise and Problems of Organizational Culture: CEO

Personality, Culture, and Firm Performance," *Group and Organization Management* 39, no. 6 (September 2014): 595-624.

15. "All Achievers: Jeffrey P. Bezos," Academy of Achievement, August 22, 2019, http://www.achievement.org/achiever/jeffrey-p-bezos/.

16. Brad Stone, *The Everything Store: Jeff Bezos and the Age of Amazon* (New York: Little, Brown & Company, 2013), loc. 330, Kindle.

17. Phil LeBeau, "This Is the Best Car Consumer Reports Has Ever Tested," CNBC, August 27, 2015, https://www.cnbc.com/2015/08/27/teslas-p85d-is-the-best-car-consumer-reports-has-ever-tested.html.

18. "Tesla Model S Achieves Best Safety Rating of Any Car Ever Tested," Tesla, August 19, 2013, https://www.tesla.com/it_IT/blog/Tesla-model-s-achieves-best-safety-rating-any-car-ever-tested.

19. I. Wagner, "Number of Tesla Vehicles Delivered Worldwide from 3rd Quarter 2015 to 2nd Quarter 2019," Statista, July 22, 2019, https://www.statista.com/statistics/502208/tesla-quarterly-vehicle-deliveries/; https://electrek.co/2018/11/16/tesla-fleet-10-billion-electric-miles/.

20. Emily Chasan, "Tesla's First Impact Report Puts Hard Number on CO2 Emissions," Bloomberg, April 17, 2019, https://www.bloomberg.com/news/articles/2019-04-17/tesla-s-first-impact-report-puts-hard-number-on-co2-emissions.

21. Meghan Daum, "Elon Musk Wants to Change How (and Where) Humans Live," *Vogue*, September 21, 2015, https://www.vogue.com/article/elon-musk-profile-entrepreneur-spacex-tesla-motors.

22. *Online Etymology Dictionary*, s.v. "Obsession (n.)," accessed October 23, 2019, https://www.etymonline.com/word/obsession.

23. 이 책에서 설명한 대로 생산적인 집착은 바람직하고 때로 유쾌하기까지 한 애착이다. 그런 집착을 적절히 관리하면 조직과 사회 전반의 복지에 기여할 수 있다.

24. Gary Thomson, "She Was a Chronicler of Our Times," *Philadelphia Inquirer*, June 23, 2019.

25. 매리언 스트로크스Marion Strokes의 아카이브는 텔레비전의 역사를 연구하는 사람들에 의해 디지털로 복원되고 있다. 스트로크스의 집착을 보여주는 뉴스 쇼 테이프는 아직 그 가치가 입증되지 않았다.

26. 에릭 마이젤Eric Maisel은 그의 저서 《뇌내 폭풍Brainstorm》에서 '생산적인 집착pro-

ductive obsession'이라는 용어를 사용한다. *Harnessing the Power of Productive Obsessions* (Novato, CA: New World Library, 2010), I.

27. Justine Musk, "How Can I Be as Great as Bill Gates, Steve Jobs, Elon Musk or Sir Richard Branson?," Quora, September 12, 2017, https://www.quora.com/How-can-I-be-as-great-as-Bill-Gates-Steve-Jobs-Elon-Musk-or-Sir-Richard-Branson/answer/Justine-Musk?share=1&srid=iAix.

28. Lennard J. Davis, *Obsession: A History* (Chicago: University of Chicago Press, 2009), 27. G. W. F. 헤겔G. W. F. Hegel은 열정에 대해 이렇게 썼다: "따라서 무언가를 해낸 사람의 입장에서 볼 때 관심 없이 이루어진 것은 아무것도 없다고 단언할 수 있다. 그리고 '관심'을 '열정'이라고 한다면(온전한 개인성은 모든 실제적이거나 가능한 다른 모든 관심과 목표를 무시하고 철저한 의지로 한 가지 대상에 모든 자체의 욕구와 힘을 집중시키기 때문에) 열정 없이는 이 세상 어떤 위대한 것도 성취된 적이 없다고 단언할 수 있다." Georg Wilhelm Friedrich Hegel, *Reason In History: A General Introduction to the Philosophy of History*, trans. Robert S. Hartman (Indianapolis: Liberal Arts Press Book, 1953), https://www.marxists.org/reference/archive/hegel/works/hi/introduction.htm.

29. Davis, *Obsession*, 18.

30. 다음 자료 참조. David McCullough, *The Great Bridge: The Epic Story of the Building of the Brooklyn Bridge* (New York: Simon & Schuster, 1972). 1869년에 착공하여 1883년에 완공되었다.

31. 그렇다고 해서 다리를 건설할 때마다 로블링 일가가 보인 정도의 희생이 필요하다는 뜻은 아니다. 그렇지만 무언가 비범한 것을 만들어 내는 데 따르는 인간의 희생은 사람들이 생각하는 수준을 크게 넘어서는 경우가 많다. 강박적인 천재의 또 다른 사례로는 노벨상을 두 번 받은 마리 퀴리Marie Curie가 있다. 그녀도 방사능 물질에 수십 년 동안 노출되어 결국 죽음에 이를 정도로, 몸을 사리지 않는 희생의 삶을 살았다.

32. Maya Salam, "Overlooked No More: Alison Hargreaves, Who Conquered Everest Solo and Without Bottled Oxygen," *New York Times*, June 12, 2018, https://www.nytimes.com/2018/03/14/obituaries/overlooked-alison-hargreaves.html.

33. 하그리브스의 아들 토마스 발라드Thomas Ballard는 태어나기 전부터 산에 올랐다. 하그리브스가 험하기로 유명한 알프스 아이거 북벽을 등반할 당시 임신 6개월이었기 때문이다. 토마스는 겨울에 알프스 6대 북벽을 단독 등정한 최초의 산악인으로 기록되는 등 많은 등반 업적을 남겼다. 그의 어머니는 아들이 오르기 23년 전 여름에 그 6대 북벽을 등정한 첫 번째 인물이었다. 토마스는 서른 살에 파키스탄의 낭가파르바

트를 오르다 사망했다.

34. Salam, "Overlooked No More."

35. 허먼 멜빌Herman Melville의 소설 《모비 딕Moby Dick》에서도 이런 유형의 신념을 엿볼 수 있다. 선장 에이허브Ahab는 거대한 흰고래를 죽이고야 말겠다는 강박적인 집착에 의문을 제기하는 한 선원에게 소리친다. "에이허브는 언제까지나 에이허브야. 이 모든 행위는 운명으로 정해져 있어서 바뀔 수 없어. 바다가 일렁이기 10억 년 전에 자네와 내가 이미 연습해 본 일이야. 바보 같으니라고! 나는 운명의 대리인이야. 명령에 따라 행동할 뿐이지."

36. 알렉스 호놀드Alex Honnold의 강박적 성격도 등반계에서는 유명하다. 요세미티의 엘 캐피탄을 몇 년에 걸쳐 계획하고 클라이밍 로프를 가지고 40차례 등반한 후, 그는 로프나 다른 안전 장비 없이 914m의 화강암 벽을 맨손으로 오른 최초의 인물이 되었다. 그때 암벽에서 발을 헛디뎠다면 틀림없이 목숨을 잃었을 것이다.

37. Ian MacKinnon, "Mountain Heroine Feared Dead," *Independent*, August 15, 1995.

38. Timothy B. Lee, "The Secrets to Elon Musk's Success," *Vox*, April 10, 2017, https://www.vox.com/new-money/2017/4/10/15211542/elon-musk-success-secret.

39. Grace Reader, "19 Times Elon Musk Had the Best Response," *Entrepreneur*, February 23, 2018, https://www.entrepreneur.com/article/277986.

40. 이 고용 수치는 미국에만 해당한다. 주로 중국에서 영업하는 대형 공급 업체 등 전 세계에 흩어진 애플 관련 업체는 수천 개가 더 있다. 다음 자료 참조. Apple Inc., "Apple's US Job Footprint Grows to 2-4 Million," Apple Newsroom, August 15, 2019, https://www.apple.com/newsroom/2019/08/apples-us-job-footprint-grows-to-two-point-four-million/.

41. Nathan Heller, "Naked Launch," *New Yorker*, November 25, 2013, https://www.newyorker.com/magazine/2013/11/25/naked-launch.

42. 다음 자료 참조. Walter Isaacson, *Steve Jobs* (New York: Simon & Schuster, 2011).

43. 애플은 잡스가 세상을 뜬 이후에도 혁신적인 제품을 계속 개발하기 위해 힘겨운 노력을 해오고 있다. 신임 CEO인 팀 쿡은 경영 경험은 있지만 제품에 대한 집착이 부족하다는 평을 듣는다. 애플은 수익성이 있는 다양한 서비스를 확대하면서 계속해서 성장하는 중이고 재정적으로도 좋은 성과를 내고 있지만, 주로 잡스의 재임 시절에 개발되었던 제품에 의존하고 있기 때문에 어쩌면 일리 있는 지적일지도 모른다.

44. Heller, "Launch."

45. 소설가 마리 폰 에브너-에셴바흐Marie von Ebner-Eschenbach는 이렇게 썼다. "자유 의 지를 믿는 사람은 누굴 사랑해 본 적도 미워해 본 적도 없는 사람이다." *Aphorisms* (Riverside, CA: Ariadne Press, 1994), 22.

2장 | 그릿을 넘어

1. Angela Lee Duckworth, *Grit: The Power of Passion and Perseverance* (New York: Scribner, 2016). 다음 자료 참조. Angela Lee Duckworth et al., "Deliberate Practice Spells Success: Why Grittier Competitors Triumph at the National Spelling Bee," *Social Psychological and Personality Science* 2, no. 2 (October 2010): 174-81.

2. Shankar Vedantam, "The Power and Problem of Grit," NPR, April 5, 2016, https://www.npr.org/2016/04/04/472162167/the-power-and-problem-of-grit.

3. 기술적, 철학적인 이유로 그릿 연구를 비판하는 사람들이 일부 있다. 다음 자료 참조. M. Crede, M. C. Tynan, and P. D. Harms, "Much Ado About Grit: A Meta-Analytic Synthesis of the Grit Literature," *Journal of Personality and Social Psychology* 113, no. 3 (2017): 492-511.

4. Angela Duckworth, "Q&A," https://angeladuckworth.com/qa/. 한 연구에 따르면 그릿이 있는 사람들은 가망 없는 일을 벌여놓고 그만두어야 할 때 포기하지 않는 경우가 간혹 있다고 한다. 다음 자료 참조. G. Lucas et al., "When the Going Gets Tough: Grit Predicts Costly Perseverance," *Journal of Research in Personality* 59 (2015).

5. Duckworth, "Q&A."

6. Emma Johnson, "Elon Musk Wants to Save the World—t What Cost?," *Success*, August 7, 2017, https://www.success.com/elon-musk-wants-to-save-the-world-at-what-cost/.

7. "Obsession," Dictionary.com, https://www.dictionary.com/browse/obsession.

8. Judd Biasiotto and Richard Williams, "The Soul of a Champion: Part 1," Magnus ver Magnusson, May 27, 2010, http://magnusvermagnusson.com/?p=408.

9. 많은 사람이 이치로가 2004년 시애틀 매리너스Seattle Mariners에서 달성한 한 시즌 262개의 안타라는 기록은 절대 깰 수 없을 것이라고 말한다.

10. 메이저리그 최다 안타 기록 보유자가 피트 로즈Pete Rose인 것은 이치로가 일본에서 친 안타를 통계에 포함시키지 않았기 때문이다. 다만 로즈는 그 수치까지 합산한다면 자신이 마이너리그에서 때린 안타도 포함시켜야 한다고 주장한다.

11. Wright Thompson, "When Winter Never Ends," *ESPN Magazine*, March 7, 2018, http://www.espn.com/espn/feature/story/_/id/22624561/ichiro-suzuki-return-seattle-mariners-resolve-internal-battle.

12. David Foster Wallace, "The String Theory," *Esquire*, September 17, 2008, https://www.esquire.com/sports/a5151/the-string-theory-david-foster-wallace/.

13. Wallace, "String Theory."

14. Jonah Weiner, "Jerry Seinfeld Intends to Die Standing Up," *New York Times*, December 20, 2012, https://www.nytimes.com/2012/12/23/magazine/jerry-seinfeld-intends-to-die-standing-up.html.

15. Weiner, "Jerry Seinfeld."

16. Cleveland Moffitt, "A Talk With Tesla," *Atlanta Constitution*, June 7, 1896, https://wist.info/tesla-nikola/18326/.

17. Mark McGuinness, *Motivation for Creative People: How to Stay Creative While Gaining Money* (n.p.: Lateral Action Books, 2015). 큐브릭의 강박적인 성격은 나폴레옹을 다룬 영화를 제작할 때도 고스란히 드러났다. 그는 조수와 함께 나폴레옹과 그의 가족 정보가 담긴 색인 카드를 2만 5,000장이나 작성했다. 그 영화는 끝내 제작되지 못했다.

18. 일론 머스크도 무리한 요구를 많이 하는 것으로 유명하다. 예컨대 그의 스페이스X 팀은 국제우주정거장과 화성으로 갈 때 입을 우주복을 디자인했다. 머스크는 당시 미국과 러시아의 우주비행사들이 입었던 것보다 기술적으로 우수하면서도 매력적인 유선형 복장을 만들려고 했다.

19. Andrew Chaikin, "Is SpaceX Changing the Rocket Equation?," *Air and Space Magazine*, January 2012, https://www.airspacemag.com/space/is-spacex-changing-the-rocket-equation-132285884/.

20. Chaikin, "SpaceX."

21. "All Achievers: Jeffrey P. Bezos," Academy of Achievement.

22. Jon Jachimowicz and Sam McNerney, "The Problem with Following Your Passion," *Washington Post*, November 6, 2015, https://www.

washingtonpost.com/news/on-leadership/wp/2015/11/06/the-problem-with-following-your-passion/.

23. Carl Hoffman, "Now 0-for-3, Space X's Elon Musk Vows to Make Orbit," Wired, August 5, 2008, https://www.wired.com/2008/08/musk-qa/.

24. Emily Shanklin, "NASA Selects SpaceX's Falcon 9 Booster and Dragon Spacecraft for Cargo Resupply," SpaceX (website), December 23, 2008, https://www.spacex.com/PRESS/2012/12/19/NASA-SELECTS-SPACEXS-FALCON-9-BOOSTER-AND-DRAGON-SPACECRAFT-CARGO-RESUPPLY.

25. Marina Krakovsky, "Why Mindset Matters," *Stanford Magazine*, September 20, 2017, https://medium.com/stanford-magazine/carol-dweck-mindset-research-eb80831095b5.

26. Inspired Action, "Elon Musk, Interview with Danish TV, 27th September, 2015," YouTube video, 12:15, September 30, 2015, https://www.youtube.com/watch?v=rdCkDSXQC1Q&feature=youtu.be.

27. Emma Seppata and Julia Moeller, "1 in 5 Employees Is Highly Engaged and at Risk of Burnout," *Harvard Business Review*, February 2, 2018, https://hbr.org/2018/02/1-in-5-highly-engaged-employees-is-at-risk-of-burnout.

28. 지나칠 정도로 많은 시간 동안 일해도 완전히 몰입한 상태라면 신체적 스트레스의 징후가 잘 나타나지 않는다는 연구 결과가 있다. 다음 자료 참조. L. Brummelhuis et al., "Beyond Nine to Five: Is Working to Excess Bad for Health?," *Academy of Management Discoveries* 3, no. 3 (September 2017), https://journals.aom.org/doi/10-5465/amd-2017.0120.

29. Lieke ten Brummelhuis and Nancy P. Rothbard, "How Being a Workaholic Differs from Working Long Hours—nd Why That Matters to Your Health,"*Harvard Business Review*, March 22, 2018, https://hbr.org/2018/03/how-being-a-workaholic-differs-from-working-long-hours-and-why-that-matters-for-your-health.

30. Davis, *Obsession: A History*.

31. 이 내용은 하버드 의과대학의 그랜트 연구Grant Study와 글릭 연구Glueck Study를 참조했다.

32. 캘리포니아에서 세계 최고 수준의 와인을 생산하는 일에 평생을 바친 랜들 그레이

엄Randall Graham은 이렇게 말했다. "내 성격 탓에 사람들과 어울리지 못한다는 사실을 너무도 잘 알고 있다. 일에 너무 집착하다 보니 애정 표현을 하지 못할 때가 많다. 세상에서 나만큼 내 딸을 사랑하는 사람은 없을 텐데, 나는 그런 사실을 딸에게 설명하는 데 애를 먹는다." Adam Gopnik, "A Vintner's Quest to Create a Truly American Wine," *New Yorker*, May 14, 2018, https://www.newyorker.com/magazine/2018/05/21/a-vintners-quest-to-create-a-truly-american-wine.

33. 미국인들의 실제 이혼율에 관해서는 여러 가지 이견이 있다. 흔히들 50%라고 말하지만 실제로는 그보다 훨씬 낮다고 말하는 사람도 있다. 다음 자료 참조. Virginia Pelly, "What Is the Divorce Rate in America?," Fatherly, May 22, 2019, https://www.fatherly.com/love-money/what-is-divorce-rate-america/.

34. 머스크는 말한다. "그래도 데이트에 더 많은 시간을 할애하고 싶긴 합니다. 여자 친구부터 찾아야겠죠. 그러려면 조금 더 시간을 내야 하고요. 아마 5시간에서 10시간 정도는 더 필요할 것 같은데, 여성들은 일주일에 몇 시간 정도를 원하나요? 10시간 정도? 그게 최소한인가요? 잘 모르겠어요." Bill Murphy Jr., "27 Elon Musk Quotes That Will Very Likely Change How You Feel about Elon Musk," *Inc.*, September 8, 2019, https://www.inc.com/bill-murphy-jr/27-elon-musk-quotes-that-will-very-likely-change-how-you-feel-about-elon-musk.html.

35. 세계적으로 자동차에서 사망하는 사람은 매년 100만 명 정도이고, 부상당하는 사람은 2,000만 명에서 5,000만 명에 이른다. "Road Traffic Injuries," World Health Organization, December 7, 2018, https://www.who.int/news-room/fact-sheets/detail/road-traffic-injuries.

36. Burkhard Bilger, "Autocorrect," *New Yorker*, November 25, 2013, https://www.newyorker.com/magazine/2013/11/25/auto-correct.

37. Bilger.

38. Charles Duhigg, "Did Uber Steal Google's Intellectual Property?," *New Yorker*, October 15, 2018, https://www.newyorker.com/magazine/2018/10/22/did-uber-steal-googles-intellectual-property.

39. Guy Kawasaki, "Guy Kawasaki: At Apple, 'You Had to Prove Yourself Every Day, or Steve Jobs Got Rid of You,'" CNBC, March 1, 2019, https://www.cnbc.com/2019/03/01/former-apple-employee-guy-kawasaki-once-stood-up-to-steve-jobs-here-is-the-amazing-response-he-

received.html.

40. Ben Austen, "The Story of Steve Jobs: An Inspiration or a Cautionary Tale?," *Wired*, July 23, 2012, https://www.wired.com/2012/07/ff_stevejobs/.

41. Walter Isaacson, "Walter Isaacson Talks Steve Jobs," Commonwealth Club, December 14, 2011, https://www.commonwealthclub.org/events/archive/transcript/walter-isaacson-talks-steve-jobs.

42. Nicholas Hune-Brown, "The Genius, Obsession and Cruelty of Amazon's Jeff Bezos," Canadian Business, November 14, 2013, https://www.canadianbusiness.com/technology-news/the-genius-obsession-and-cruelty-of-amazons-jeff-bezos/.

43. Stone, *Everything Store*, 178.

44. Yegge, "Googler Steve Yegge Apologizes for Platform Rant, Shares Bezos War Story," *Launch*, October 21, 2011, https://launch.co/blog/googler-steve-yegge-apologizes-for-platform-rant-shares-bezo.html.

45. Mark Abadi, "Jeff Bezos Once Said That in Job Interviews He Told Candidates of 3 Ways to Work—nd That You Have to Do All 3 at Amazon," *Business Insider*, August 12, 2018, https://www.businessinsider.com/jeff-bezos-amazon-employees-work-styles-2018-8.

46. 다른 사람을 수단으로 대할 것인지 목적으로 대할 것인지에 대한 논쟁은 어제오늘의 문제가 아니다. 임마누엘 칸트Immanuel Kant는 이렇게 썼다. "너 자신의 인격이든 다른 사람의 인격이든 인간을 대할 때는 언제나 목적으로 간주해야 하며 수단으로 간주해서는 절대 안 된다." *Groundwork of Metaphysic of Morals*, ed. and trans. Allen W. Wood (New Haven, CT: Yale University Press, 2002), 19. 이 책에서 소개한 리더들 중에는 이런 기준에 미치지 못하는 사람도 있을 것이다.

47. Austen, "Story of Steve Jobs."

48. Austen.

49. Liam Tung, "Microsoft's Bill Gates: Steve Jobs Cast Spells on Everyone but He Didn't Fool Me," ZDNet, July 8, 2019, https://www.zdnet.com/article/microsofts-bill-gates-steve-jobs-cast-spells-on-everyone-but-he-didnt-fool-me/.

50. Linux Kernel, "Code of Conflict," https://www.kernel.org/doc/html/v4.17/process/code-of-conflict.html.

52. Cohen, "After Years of Abusive E-mails." 럿거스 대학교에서 인적자원 관리를 전공한 한 교수는 이렇게 썼다. "아랫사람들을 함부로 대해서 좋은 점이 있는지 알고 싶다. 이 문제와 관련해서는 많은 연구 자료가 있지만 우리는 어떤 장점도 찾을 수 없었다." 다음 자료에서 인용. Cary Benedict, "When the Bully is the Boss," *New York Times*, February 26, 2019, https://www.nytimes.com/2019/02/26/health/boss-bullies-workplace-management.html.

53. Lorraine Lorenzo, "Tesla Trouble Continues as Head of Production Quits," International Business Times, June 28, 2019, https://www.ibtimes.com/tesla-trouble-continues-head-production-quits-2803513. 다음 자료도 참조. Dana Hull, "'There's Something Wrong': Tesla's Rapid Executive Turnover Raises Eyebrows as Musk Thins the Ranks," *Financial Post*, May 14, 2018, https://business.financialpost.com/transportation/autos/theres-something-wrong-rapid-tesla-executive-turnover-raises-eyebrows-as-musk-thins-the-ranks.

54. Shankar Vedantam, "The Scarcity Trap—hy We Keep Digging When We're Stuck in a Hole," NPR, April 2, 2018, https://www.npr.org/2017/03/20/520587241/the-scarcity-trap-why-we-keep-digging-when-were-stuck-in-a-hole.

55. Vedantam, "Scarcity Trap."

56. Sendhil Mullainathan and Eldar Shafir, *Scarcity: Why Having Too Little Means So Much* (New York: Times Books, 2013), 24.

57. Mullainathan and Shafir, *Scarcity*, 29.

58. 강박적인 성격에서 나타나는 터널 시야 효과는 목표를 추구하다 보면 큰 걱정이 중요하지 않게 된다는 뜻이 될 수도 있다. 소설과 수필을 통해 미국 사회를 예리하게 해부한 조앤 디디온Joan Didion은 그녀의 삶을 다룬 다큐멘터리에서, 1960년대 샌프란시스코의 저항 문화를 다룬 작품을 쓸 때의 경험을 이렇게 설명했다. 그녀는 환각제에 취한 다섯 살짜리 아이를 취재한 적이 있었다. 몇십 년이 지난 뒤 다큐멘터리 속의 진행자는 기자의 눈으로 마약에 취한 아이를 보는 기분이 어땠느냐고 물었다. 그녀는 대답했다. "말하자면 그건 금쪽같은 순간이었어요. 그러니까 그게 요점이에요. … 우린 그런 순간들을 위해 살아요. … 작품을 한다면 말이에요." *Joan Didion: The Center Will Not Hold*, directed by Griffin Dunne (Los Gatos, CA: Netflix, 2017).

59. 높은 성과를 내는 조직을 구축하는 머스크의 능력은 스페이스X의 이직률이 낮으며, 논란이 많지 않고, 긍정적인 문화를 조성하고 있다는 사실에서 분명히 드러난다.

60. Jason Roberson, "Jeff, Welcome to Dallas," *Dallas Business Journal*, April 23, 2018, https://www.bizjournals.com/dallas/news/2018/04/23/amazon-jeff-bezos-dallas-bush-institute.html.

61. Alexander Nazaryan, "How Jeff Bezos Is Hurtling Toward World Domination," *Newsweek*, July 12, 2016, https://www.newsweek.com/2016/07/22/jeff-bezos-amazon-ceo-world-domination-479508.html.

62. Nikola Tesla, "The Problem of Increasing Human Energy," *Century Magazine*, June 1900, 175－11, https://teslauniverse.com/nikola-tesla/articles/problem-increasing-human-energy.

63. Henry Blodget, "The Maturation of the Billionaire Boy-Man," *New York Magazine*, May 6, 2012, http://nymag.com/news/features/mark-zuckerberg-2012-5/; Charles Arthur, "Facebook Paid Up to $65m to Founder Mark Zuckerberg's Ex-Classmates," *The Guardian*, February 12, 2009, https://www.theguardian.com/technology/2009/feb/12/facebook-mark-zuckerberg-ex-classmates.

64. 페이스북을 다룬 영화에서 저커버그 역을 맡은 주인공은 그를 고소한 사람들에게 말한다. "페이스북이 너희들의 아이디어였다면, 너희들이 만들었겠지." *The Social Network*, directed by David Fincher (Culver City, CA: Sony Pictures, 2010).

65. Paul Allen, *Idea Man* (New York: Penguin Group, 2011), 32.

66. Allen, *Idea Man*, 165.

3장 | 고객 최우선주의

1. Shep Hyken, "Amazon: The Most Convenient Store On The Planet," *Forbes*, July 22, 2018, https://www.forbes.com/sites/shephyken/2018/07/22/amazon-the-most-convenient-store-on-the-planet/#8d1340e1e98f.

2. Alina Selyukh, "What Americans Told Us About Online Shopping Says a Lot About Amazon," NPR, June 6, 2018, https://www.npr.org/2018/06/06/615137239/what-americans-told-us-about-online-shopping-says-a-lot-about-amazon.

3. Selyukh, "What Americans Told Us."

4. Hyken, "Amazon."

5. Arjun Kharpal, "Amazon Is Not a Monopoly, but There's No Question

Why It's So Dominant, Tech Investor Palihapitiya Says," CNBC, December 12, 2017, https://www.cnbc.com/2017/12/12/amazon-is-a-natural-product-monopoly-venture-capitalist-palihapitiya-says. html.

6. 1996년 수익은 2조 4,480억 달러를 조금 넘었다. Barnes & Noble Inc., *1998 Annual Report*, http://www.annualreports.com/HostedData/AnnualReportArchive/b/NYSE_BKS_1998.pdf.

7. 1996년 수익은 157억 4,600만 달러였다. Amazon.com, Inc., *Form 10-K for the Year Ended December 31, 1997*, accessed October 23, 2019, https://ir.aboutamazon.com/static-files/430df638-b327-42d8-9c9f-7f5101962ba2.

8. Stone, *Everything Store*, 57.

9. '아마존닷토스트Amazon.toast'라고 말한 사람은 포레스터리서치Forrester Research의 CEO인 조지 콜로니George Colony였다.

10. Julia Kirby and Thomas A. Stewart, "The Institutional Yes," *Harvard Business Review*, October 10, 2007, https://hbr.org/2007/10/the-institutional-yes.

11. 다음 자료 참조. Jeff Bezos, "Letter to Shareholders," 1998, http://media.corporate-ir.net/media_files/irol/97/97664/reports/Shareholderletter98. pdf.

12. 베이조스는 이렇게 썼다. "하나의 기업으로서 우리 문화의 가장 큰 강점은 무언가를 만들려고 하면 파괴해야 한다는 사실을 인정한다는 점이다. 기득권을 가진 이해 당사자들은 그런 방식을 좋아하지 않는다. 그런 사람들은 새로운 방식에 우려를 나타내거나 기득권을 앞세워 낡은 방식을 지키려고 한다. 하지만 두 경우 모두 불필요한 잡음만 만들어 내기 때문에, 직원들의 집중력이 흐트러지기 십상이다." Steven Levy, "Jeff Bezos Owns the Web in More Ways Than YouThink," *Wired*, November 13, 2011, https://www.wired.com/2011/11/ff_bezos/.

13. eMarketer Editors, "Digital Investments Pay Off for Walmart in Ecommerce Race," eMarketer, February 14, 2019, https://www.emarketer.com/content/digital-investments-pay-off-for-walmart-in-ecommerce-race.

14. "If You Had Invested Right After Amazon's IOP," Investopedia, May 5, 2019, https://www.investopedia.com/articles/investing/082715/if-you-had-invested-right-after-amazons-ipo.asp. 일부에서는 주가 상승이 베이조스를 세계 최고의 부자로 만들어 주었다고 말한다. 그 덕에 다른 투자자들도

대략 8,500억 달러의 부를 창출했다.

15. "Barnes & Noble, Inc.," TheStreet, August 6, 2019, https://www.thestreet.com/quote/BKS.html.

16. Lizzy Gurdus, "Cramer Remix: Amazon Is the Death Star," CNBC, November

17. 2017, https://www.cnbc.com/2017/11/17/cramer-remix-amazon-is-the-death-star.html.

17. 베이조스는 처음 보낸 주주서한에 명시했던 고객 집착이라는 주제를 2015년에도 반복했다. 그는 기존의 판도를 파괴할 아마존의 향후 계획을 묻는 기자에게 이렇게 말했다. "우리는 파괴하려는 것이 아닙니다. 우리는 즐거움을 추구하려 합니다." James Quinn, "Amazon's Jeff Bezos: With Jeremy Clarkson, We're Entering a New Golden Age of Television," *Telegraph*, August 16, 2015, https://www.telegraph.co.uk/technology/amazon/11800890/jeff-bezos-interview-amazon-prime-jeremy-clarkson.html.

18. Jeff Bezos, "2016 Letter to Shareholders," Amazon Blog, April 17, 2017, https://blog.aboutamazon.com/company-news/2016-letter-to-shareholders.

19. Jeff Bezos, "2017 Letter to Shareholders," Amazon Blog, April 18, 2018, https://blog.aboutamazon.com/company-news/2017-letter-to-shareholders/.

20. David LaGesse, "America's Best Leaders: Jeff Bezos, Amazon.com CEO," *US News & World Report*, November 19, 2008, https://www.usnews.com/news/best-leaders/articles/2008/11/19/americas-best-leaders-jeff-bezos-amazoncom-ceo.

21. Bill Murphy. I Ran the Full Text of Jeff Bezos's 23 Amazon Shareholder Letters Through a Word Cloud Generator, and the Insights Were Astonishing. *Inc.*, April 13, 2019, https://www.billmurphyjr.com@BillMurphyJr. "How Many Products Does Amazon Sell? April 2019," ScrapeHero, April 24, 2019, https://www.scrapehero.com/number-of-products-on-amazon-april-2019/.

22. "고객 집착: 리더는 고객에서 시작하여 거꾸로 거슬러가며 일한다. 그들은 고객의 신뢰를 얻고 유지하기 위해 총력을 기울인다. 리더는 경쟁사를 주시하지만 고객에게 더 집착한다." "Leadership Principles," Amazon Jobs, https://www.amazon.jobs/en/principles.

23. 베이조스는 이렇게 말했다. "앞으로 몇 년이 지났을 때 우리 직원들이 지난날을 돌이켜보며 우리가 업계 전반에서 고객 중심주의를 강화했다고 말할 수 있었으면 좋겠습니다. 그럴 수 있다면 정말 멋진 일이겠죠." Kirby and Stewart, "Institutional Yes."

24. Jim Collins, "How Does Your Flywheel Turn?," Jim Collins (website), https://www.jimcollins.com/tools/How-does-your-flywheel-turn.pdf.

25. Kirby and Stewart, "Institutional Yes."

26. Kirby and Stewart.

27. Jeff Dyer and Hal Gregersen, "How Does Amazon Stay At Day One?," *Forbes*, August 8, 2017, https://www.forbes.com/sites/innovatorsdna/2017/08/08/how-does-amazon-stay-at-day-one/#285b85147e4d.

28. 아마존의 첫 번째 서평은 직원들이 썼다. 아마존은 그런 식으로 고객들이 리뷰를 통해 피드백을 제공할 수 있도록 했다.

29. 특허는 2017년에 만료되었다. Mintz, Levin, Cohn, Ferris, Glovsky, and Popeo, P.C., "Have You Ever Used a One-Click Ordering Process Online? Then You Indirectly Paid Amazon," *The National Law Review*, January 8, 2018, https://www.natlawreview.com/article/have-you-ever-used-one-click-ordering-process-online-then-you-indirectly-paid-amazon.

30. 2010년의 목표 수치는 다음 자료 참조. Jeff Bezos, "2009 Letter to Shareholders," Amazon.com, accessed October 24, 2019, https://ir.aboutamazon.com/static-files/54e35115-6b28-4227-aec1-6d31373cbd16. 아마존의 모든 목표에는 각각 소유자, 전담 배송상품, 목표 완수일자 등이 기록되어 있다.

31. Levy, "Jeff Bezos Owns the Web."

32. 이 회의에서 베이조스는 고객 서비스 책임자의 무능과 거짓말을 야단쳤다고 한다. Stone, *Everything Store*, 113.

33. 베이조스는 수익성 있는 소규모 사업을 해볼 생각으로 아마존을 시작했는데, 수익성 없는 대규모 사업이 되고 말았다고 농담했다. 다음 자료 참조. "Jeff Bezos," The Economic Club of Washington, DC, September 13, 2018, https://www.economicclub.org/events/jeff-bezos#targetText=The%20Economic%20Club%20of%20Washington%20celebrated%20many%20milestones%20on%20September,CEO%20and%20Founder%20of%20Amazon.

34. Kirby and Stewart, "Institutional Yes."

35. Kirby and Stewart.

36. 2014년에 관해서는 다음 자료 참조. Amazon, "Amazon's Fulfillment Network," Amazon.com, accessed October 23, 2019, https://www.aboutamazon. com/working-at-amazon/amazons-fulfillment-network.

37. Stone, *Everything Store*, 327.

38. Stone, 325.

39. "Leadership Principles," Amazon Jobs.

40. Jeff Bezos, "2015 Letter to Shareholders," Amazon, https://ir.aboutamazon. com/static-files/f124548c-5d0b-41a6-a670-d85bb191fcec.

41. Laura Stevens, "Jeff Wilke: The Amazon Chief Who Obsesses Over Consumers," *Wall Street Journal*, October 11, 2017, https://www.wsj. com/articles/jeff-wilke-the-amazon-chief-who-obsesses-over-consumers-1507627802.

42. Mark Leibovich, "Child Prodigy, Online Pioneer," *Washington Post*, September 3, 2000, https://www.washingtonpost.com/archive/politics/ 2000/09/03/child-prodigy-online-pioneer/2ab207dc-d13a-4204-8949-493686e43415/.

43. Kirby and Stewart, "Institutional Yes."

44. Taylor Sopher, "'Failure and Innovation Are Inseparable Twins': Amazon Founder Jeff Bezos Offers 7 Leadership Principles," GeekWire, October 28, 2016, https://www.geekwire.com/2016/amazon-founder-jeff-bezos-offers-6-leadership-principles-change-mind-lot-embrace-failure-ditch-powerpoints/.

45. 아마존의 실패 사례에 관해서는 다음 자료 참조. Dennis Green, "Jeff Bezos Has Said That Amazon Has Had Failures Worth Billions of Dollars. Here Are Some of the Biggest Ones," Business Insider, July 5, 2019, https://www.businessinsider.com/amazon-products-services-failed-discontinued-2019-3.

46. Kirby and Stewart, "Institutional Yes."

47. 민간 고용 1위 기업은 월마트다.

48. Amazon, "Annual Reports, Proxies and Shareholder Letters," Amazon. com, accessed October 23, 2019, https://ir.aboutamazon.com/static-files/e01cc6e7-73df-4860-bd3d-95d366f29e57.

49. Stone, *Everything Store*, 90.

위키사우르스

50. Kirby and Stewart, "Institutional Yes."

51. David Streitfeld and Christine Haughney, "Expecting the Unexpected from Jeff Bezos," *New York Times*, August 17, 2013, https://www.nytimes.com/2013/08/18/business/expecting-the-unexpected-from-jeff-bezos.html.

52. Day One Staff, "How Amazon Hires: The Story (and Song) Behind Amazon's Bar Raiser Program," The Amazon Blog, January 9, 2019, https://blog.aboutamazon.com/working-at-amazon/how-amazon-hires.

53. Alan Deutschman, "Inside the Mind of Jeff Bezos," *Fast Company*, August 1, 2004, https://www.fastcompany.com/50541/inside-mind-jeff-bezos-4.

54. Bezos, "2016 Letter to Shareholders."

55. Bezos, "2015 Letter to Shareholders."

56. Jeff Bezos, "2018 Letter to Shareholders," Amazon.com, April 11, 2019, https://ir.aboutamazon.com/static-files/4f64d0cd-12f2-4d6c-952e-bbed15ab1082.

57. Stone, *Everything Store*, 4.

58. Bezos, "2016 Letter to Shareholders."

59. 아마존은 이 사건이 알려진 직후에 에어컨을 설치했으며, 다른 풀필먼트 센터에도 에어컨을 설치했다.

60. Bezos, "2018 Letter to Shareholders."

61. 1년에 걸쳐 대대적인 여론 조사를 실시한 끝에 뉴욕에 본사를 두지 않기로 결정한 일도 베이조스에게는 큰 부담으로 작용했다. 그는 아마존이 새로 창출할 2만 5,000개의 일자리로 인해 발생할 롱아일랜드시티의 주택 확보 문제나 임대료 상승 등의 부작용, 아마존에 제공되는 세금 공제 혜택에 대한 반대의 목소리를 예상하지 못했다. 하지만 무엇보다 놀라운 것은 그런 결정을 했을 때 나타날 정치적 논쟁을 예상하지 못했다는 사실이다. 다음 자료 참조. Eugene Kim, "Jeff Bezos Responds to Employee Concerns about His Personal Life: 'IStill Tap Dance into the Office,'" CNBC, March 11, 2019, https://www.cnbc.com/2019/03/11/bezos-responds-to-employee-concerns-about-his-personal-life.html.

4장 | 위대한 제품

1. Elon Musk, "Qualities of an Entrepreneur," Stanford University eCorner, October 8, 2003, https://ecorner.stanford.edu/video/qualities-of-an-entrepreneur/.

2. Angus MacKenzie, "2013 Motor Trend Car of the Year: Tesla Model S," *Car & Driver*, December 10, 2012, https://www.motortrend.com/news/2013-motor-trend-car-of-the-year-tesla-model-s/.

3. Consumer Reports rated the Model S P85D. 다음 자료 참조. Mark Rechtin, "Tesla Model S P85D Earns Top Road Test Score," Consumer Reports, October 20, 2015, https://www.consumerreports.org/cro/cars/tesla-model-s-p85d-earns-top-road-test-score.

4. J. Clement, "Number of PayPal's Total Active Registered User Accounts from 1st Quarter 2010 to 2nd Quarter 2019 (in Millions)," Statista, July 26, 2019, https://www.statista.com/statistics/218493/paypals-total-active-registered-accounts-from-2010/.

5. Don Reisinger, "Elon Musk's Hyperloop Hit a New Top Speed of 288 MPH. But the Best Is Yet to Come," *Inc.*, July 22, 2019, https://www.inc.com/don-reisinger/elon-musks-hyperloop-hit-a-new-top-speed-of-288-mph-but-best-is-yet-to-come.html.

6. Elon Musk, "Founding of PayPal," Stanford University eCorner, October 8, 2003, https://ecorner.stanford.edu/video/founding-of-paypal/.

7. Brad Feld, "Great Entrepreneurs Are Obsessed with the Product," *Business Insider*, May 3, 2010, https://www.businessinsider.com/brad-feld-my-obsession-with-the-product-2010-5.

8. David Sheff, "Steve Jobs," *Playboy*, February 1, 1985, https://genius.com/David-sheff-playboy-interview-steve-jobs-annotated.

9. Isaacson, *Steve Jobs*, 570.

10. AutoTopNL, "Tesla Model S P90D 762 HP LUDRICOUS TOP SPEED & Acceleration on AUTOBAHN by AutoTopNL," YouTube video, March 22, 2016, https://www.youtube.com/watch?v=R1bG5nzjjdk.

11. Susan Pulliam, M. Ramsey, and Ianthe Dugan, "Elon Musk Sets Ambitious Goals at Tesla—nd Often Falls Short," *Wall Street Journal*, August 15, 2016, https://www.wsj.com/articles/elon-musk-sets-ambitious-

goals-at-teslaand-often-falls-short-1471275436.

12. Carol Hoffman, "Elon Musk, the Rocket Man with a Sweet Ride," *Smithsonian Magazine*, December 2012, https://www.smithsonianmag.com/science-nature/elon-musk-the-rocket-man-with-a-sweet-ride-136059680/.

13. Scott Pelley, "Tesla and SpaceX: Elon Musk's Industrial Empire," CBS *60 Minutes*, March 30, 2014, https://www.cbsnews.com/news/tesla-and-spacex-elon-musks-industrial-empire/.

14. Shobhit Seth, "How Much Can Facebook Potentially Make from Selling Your Data?," *Investopedia*, April 11, 2018, https://www.investopedia.com/tech/how-much-can-facebook-potentially-make-selling-your-data/.

15. LeBeau, Phil, "Tesla CEO Elon Musk's influence grows as automakers roll out electric-vehicle plans at Detroit auto show." CNBC. January 16, 2019, https://www.cnbc.com/2019/01/15/teslas-influence-grows-as-automakers-charge-up-electric-vehicle-plans.html.

16. Solmon Byike, "Elon Musk: We Are Running the Most Dangerous Experiment," Medium, August 3, 2017, https://medium.com/@SolomonByike/elon-musk-we-are-running-the-most-dangerous-experiment-e84eccee6044.

17. Elon Musk's Best Quotes on Business & Innovation," *Elon Musk News*, November 30, 2016,https://elonmusknews.org/blog/elon-musk-business-innovation-quotes.

18. Tommy.MS, "Elon Musk—tarting a Business," YouTube video, 3:09, August 31, 2014, https://www.youtube.com/watch?v=0Bo-RA0sGLU&feature=youtu.be.

19. Eric Loveday, "Elon Musk Gives Commencement Speech," InsideEVs, May 16, 2014, https://insideevs.com/elon-musk-gives-commencement-speech-video/.

20. Neil Strauss, "Elon Musk: The Architect of Tomorrow," *Rolling Stone*, November 15, 2017.

21. 다음 자료 참조. Ken Kocienda's description of how Apple, and Steve Jobs in particular, viewed design in *Creative Selection* (New York: Saint Martin's Press, 2018), 187. 잡스는 디자인을, 겹겹이 쌓인 층을 뚫고 스스로를 드러내는 제품의 영혼으로 묘사했다.

22. Neil Strauss, "Elon Musk: The Architect of Tomorrow," *Rolling Stone*, November 15, 2017.

23. Robin Keats, "Rocket Man," *Queen's Alumni Review*, no. 3 (2019), https://www.queensu.ca/gazette/alumnireview/stories/rocket-man.

24. Ashlee Vance, *Elon Musk: Tesla, SpaceX, and the Quest for a Fantastic Future* (New York: Harper Collins, 2015), 230.

25. Richard Feloni, "Former SpaceX Exec Explains How Elon Musk Taught Himself Rocket Science," *Business Insider*, October 23, 2014, https://www.businessinsider.com/how-elon-musk-learned-rocket-science-for-spacex-2014-10; Tom Junod, "Elon Musk: Triumph of His Will," *Esquire*, November 15, 2012, https://www.esquire.com/news-politics/a16681/elon-musk-interview-1212/.

26. Mike Ramsey, "Electric-Car Pioneer Elon Musk Charges Head-On at Detroit," *Wall Street Journal*, January 11, 2015, https://www.wsj.com/articles/electric-car-pioneer-elon-musk-charges-head-on-at-detroit-1421033527.

27. Elon Musk, interview with Barry Hurd for The Henry Ford, SpaceX, Hawthorne, California, June 26, 2008, https://www.thehenryford.org/docs/default-source/default-document-library/default-document-library/transcript_musk_full-length.pdf.

28. Logan Ward, "Elon Musk Will Save the Planet—nd Then Leave It Behind," *Popular Mechanics*, October 1, 2012, https://www.popularmechanics.com/technology/a8217/elon-musk-will-save-the-planet-and-then-leave-it-behind-13210592/.

29. Chris Anderson, "The Shared Genius of Elon Musk and Steve Jobs," *Fortune*, November 21, 2013, https://fortune.com/2013/11/21/the-shared-genius-of-elon-musk-and-steve-jobs/.

30. "5 Steps to Becoming Extraordinary," *Sri Lanka Sunday Times*, July 8, 2018, https://www.pressreader.com/sri-lanka/sunday-times-sri-lanka/20180708/283257393633306.

31. Loveday, "Elon Musk Gives Commencement Speech."

32. Meghan Daum, "Elon Musk Wants to Change How (and Where) Humans Live," *Vogue*, September 21, 2015, https://www.vogue.com/article/elon-musk-profile-entrepreneur-spacex-tesla-motors.

33. Bloomberg, "Elon Musk: How I Became the Real 'Iron Man,'" YouTube video, 44:59, January 10, 2014, https://www.youtube.com/watch?v=mh 45igK4Esw&feature=youtu.be.

34. Vance, *Elon Musk*, 48.

35. Lee, "Secrets to Elon Musk's Success."

36. Jade Scipioni, "Why Bill Gates Says His 20-Year-Old Self Would Be 'So Disgusted' with Him Today," CNBC, June 25, 2019, https://www.cnbc.com/2019/06/25/why-bill-gates-younger-self-would-be-disgusted-with-him-today.html.

37. Auto Bild, "Tesla CEO Elon Musk," YouTube video, 34:01, November 5, 2014, https://www.youtube.com/watch?v=FE4iFYqi4QU.

38. Chris Anderson, "Elon Musk's Mission to Mars," *Wired*, October 21, 2012, https://www.wired.com/2012/10/ff-elon-musk-qa/.

39. O'Reilley, "Conversation with Elon Musk (Tesla Motors)—eb 2.0 Summit 08," YouTube video, 29:35, November 10, 2008, https://www.youtube.com/watch?v=gVwmNaPsxLc.

40. Kamelia Angelova, "How Elon Musk Can Tell If Job Applicants Are Lying About Their Experience," *Business Insider*, December 26, 2013, https://www.businessinsider.com.au/elon-musk-rule-job-interviews-lying-tesla-2015-6.

41. Glassdoor, April 8, 2014, https://www.glassdoor.com/Interview/fremont-tesla-motors-interview-questions-SRCH_IL.0,7_IC1147355_KE8,20.htm.

42. Sebastian Blanco, "In Deep with Tesla CEO Elon Musk: Financials, Falcon Doors and Finding Faults in the Model S," Autoblog, September 7, 2012, https://www.autoblog.com/2012/09/07/tesla-ceo-elon-musk-q-and-a/.

43. CHM Revolutionaries: An Evening with Elon Musk. February 5, 2013. https://www.youtube.com/watch?v=AHHwXUm3iIg.

44. David Gelles et al., "Elon Musk Details 'Excruciating' Personal Toll of Tesla Turmoil," *New York Times*, August 16, 2018, https://www.nytimes.com/2018/08/16/business/elon-musk-interview-tesla.html.

45. Sal Khan, "Elon Musk—EO of Tesla Motors and SpaceX," Khan Academy, April 17, 2013, https://www.khanacademy.org/college-

careers-more/entrepreneurship2/interviews-entrepreneurs/copy-of-khan-academy-living-room-chats/v/elon-musk.

46. Ian Bogost, "Elon Musk Is His Own Worst Enemy," *Atlantic*, September 28, 2018, https://www.theatlantic.com/technology/archive/2018/09/sec-might-push-elon-musk-out-tesla/571606/.

47. Tae Kim, "Former Big Bull on Tesla Says the Stock Is 'No Longer Investable' Due to Elon Musk's Behavior," CNBC, September 11, 2018, https://www.cnbc.com/2018/09/11/former-big-bull-on-tesla-says-the-stock-is-no-longer-investable-due-to-elon-musks-behavior.html.

48. Thomas Barrabi, "Tesla Is 'No Longer Investable' Due to Elon Musk's Antics, Firm Says," Fox Business, September 11, 2018, https://www.foxbusiness.com/business-leaders/tesla-is-no-longer-investable-due-to-elon-musks-antics-firm-says.

49. Berkely Lovelace Jr., "Cramer on Musk Pot Stunt: This Is 'Behavior of a Man Who Should Not Be Running a Public Company,'" https://www.cnbc.com/2018/09/07/cramer-on-weed-stunt-musk-should-not-be-running-a-public-company.html.

50. Anderson, "Elon Musk's Mission to Mars."

51. 애플은 최근에 사임한 디자인 책임자 조너선 아이브Jonathan Ive 외에 스티브 잡스를 대체할 제품 비저너리를 찾아야 하는 등, 머스크와는 정반대의 어려움을 겪고 있다. 사람들은 경영인으로서의 팀 쿡은 인정하지만 그를 제품 비저너리로 보지는 않는다. 2019년에 애플은 카드번호 없이 레이저로 각인된 티타늄 소재의 신용카드를 선보였는데, 이는 애플이 더 이상 '우주에 흔적을 남기는' 회사이기를 포기했다는 사실을 암시한다.

52. Vance, *Elon Musk*, 222.

53. Vance, 73–4.

54. Vance, 73–4.

55. Shane Snow, "Steve Jobs's and Elon Musk's Counterintuitive Leadership Traits," *Fast Company*, June 4, 2015, https://www.fastcompany.com/3046916/elon-musks-leadership-traits.

56. Vance, *Elon Musk*, 362.

57. Melody Hahm, "Timeline: The Mass Exodus of Tesla Execs in the Last 12 Months," Yahoo Finance, February 20, 2019, https://finance.yahoo.

com/news/tesla-layoffs-execs-leaving-133852528.html.

58. Vance, *Elon Musk*, 176.

59. Elon Musk, "The Henry Ford Visionaries of Innovation," The Henry Ford, 2008, https://www.thehenryford.org/explore/stories-of-innovation/visionaries/elon-musk/.

5장 | 쥐어짜는 성장

1. Mike Isaac, "Uber's C.E.O. Plays with Fire," *New York Times*, April 23, 2017, https://www.nytimes.com/2017/04/23/technology/travis-kalanick-pushes-uber-and-himself-to-the-precipice.html.

2. Adam Lashinsky, *Wild Ride: Inside Uber's Quest for World Domination* (New York: Penguin, 2017), 41.

3. Alyson Shontell, "All Hail the Uber Man! How Sharp-Elbowed Salesman Travis Kalanick Became Silicon Valley's Newest Star Business," *Insider*, January 11, 2014, https://www.businessinsider.com/uber-travis-kalanick-bio-2014-1.

4. Max Chafkin, "What Makes Uber Run," *Fast Company*, September 18, 2015, https://www.fastcompany.com/3050250/what-makes-uber-run.

5. Chafkin, "What Makes Uber Run."

6. 한 소식통에 따르면, 아카마이는 2,300만 달러 외에 주식으로 1,900만 달러, 언아웃earn-outs(성과연계지급)으로 400만 달러를 지급하는 조건으로 레드스우시를 인수했다. 다음 자료 참조. Alyson Shontell, "All Hail The Uber Man! How Sharp-Elbowed Salesman Travis Kalanick Became Silicon Valley's Newest Star," *Business Insider*, January 14, 2014, https://www.businessinsider.com/uber-travis-kalanick-bio-2014-1.

7. Mike Isaac, "Uber's C.E.O. Plays with Fire," *New York Times*, April 23, 2017, https://www.nytimes.com/2017/04/23/technology/travis-kalanick-pushes-uber-and-himself-to-the-precipice.html.

8. Lashinsky, *Wild Ride*, 71 – 2.

9. Kara Swisher, "Man and Uber Man," *Vanity Fair*, November 5, 2014, https://archive.vanityfair.com/article/2018/11/man-and-uber-man.

10. Nick Bilton, "Why Uber Might Have to Fire Travis Kalanick," *Vanity Fair*,

June 16, 2017, https://www.vanityfair.com/news/2017/06/why-uber-might-have-to-fire-travis-kalanick.

11. Sergei Klebnikov, "Uber Could be Worth $100 Billion After Its IPO: Here's Who Stands to Make the Most Money," *Money*, April 12, 2019, http://money.com/money/5641631/uber-ipo-billionaires/.

12. Yahoo, "How a Trip to Zimbabwe Became the Inspiration for Lyft," YouTube video, March 31, 2016, https://www.youtube.com/watch?v=dk1URUz198U.

13. Lora Kolodny, "Uber Prices IPO at $45 Per Share, Toward the Low End of the Range," CNBC, May 9, 2019, https://www.cnbc.com/2019/05/09/uber-ipo-pricing.html.

14. Uber, "Company Info," Uber Newsroom, accessed October 23, 2019, https://www.uber.com/newsroom/company-info/.

15. Rana Foroohar, "Person of the Year: The Short List #6—ravis Kalanick," *Time*, December 7, 2015, https://time.com/time-person-of-the-year-2015-runner-up-travis-kalanick/.

16. Olivia Vanni, "Here's What Uber's CEO Told MIT Students about Entrepreneurship," BOSTINNO, December 3, 2015, https://www.americaninno.com/boston/uber-ceo-kalanick-entrepreneur-and-startup-advice/.

17. TechCrunch, "Disrupt Backstage: Travis Kalanick," YouTube video, 8:41, June 22, 2011, https://www.youtube.com/watch?v=0-uiO-P9yEg.

18. Olivia Nuzzi, "Uber Hires Ex-Obama Campaign Manager to Help Fight 'Big Taxi Cartel,'" *Daily Beast*, April 14, 2017, https://www.thedailybeast.com/uber-hires-ex-obama-campaign-manager-to-help-fight-big-taxi-cartel.

19. Evan Carmichael, "Travis Kalanick's Top 10 Rules For Success (@travisk)," YouTube video, 18:03, October 26, 2016, https://www.youtube.com/watch?v=2Ih9mug8m2g.

20. 우버의 CEO가 되기 전, "캘러닉은 창업자가 자신에게 도움을 청하면 언제든 뛰어들어 문제를 해결해 줄 수 있을 것이라는 생각으로 여러 스타트업에 소액의 자금을 투자하기 시작했다." Shweta Modgil, "Fall in Love with an Idea and Just Go After It: Travis Kalanick, CEO Uber," Inc42, January 21, 2016, https://inc42.com/buzz/travis-kalanick-ceo-uber/ 1/21/2016.

21. Graham Rapier, "Uber's Ousted Founder Travus Kalanik Would Like You to Call Him 'T-bone,'" *Business Insider*, September 3, 2019, https://www.businessinsider.my/uber-founder-travis-kalanick-used-t-bone-nickname-2019-9/.

22. Oliver Stanley, Uber Has Replaced Travis Kalanick's Values with Eight New 'Cultural Norms,'" *Quartz*, November 7, 2017, https://qz.com/work/1123038/uber-has-replaced-travis-kalanicks-values-with-eight-new-cultural-norms/.

23. Swisher, "Man and Uber Man."

24. Bilton, "Why Uber Might Have to Fire Travis Kalanick."

25. Max Chafkin, "What Makes Uber Run," *Fast Company*, September 8, 2015, https://www.fastcompany.com/3050250/what-makes-uber-run.

26. Foroohar, "Travis Kalanick."

27. Swisher, "Man and Uber Man."

28. 캘러닉의 동료였던 션 스탠튼Sean Stanton은 이렇게 지적했다. "스카워는 효율성을 중시했다. 스우시도 효율성을 중시했다. 그의 두뇌 구조는 그렇게 되어 있었다. 지금 우버의 작동 방식이 바로 그런 것이다. A 지점에서 B 지점까지 가장 빨리 가장 적은 비용에 가장 효율적으로 가는 방법이 무엇인가? 그는 거기에 그 자신을, 그의 인생 전부를 쏟아부었다." Isaac, "Uber's C.E.O. Plays with Fire."

29. Olivia Nuzzi, "Inside Uber's Political War Machine," *Daily Beast*, June 30, 2014, https://www.thedailybeast.com/inside-ubers-political-war-machine.

30. 당시 우버는 중국에서 널리 자행되고 있던 계정 사기에 어떻게든 대처해야 했다. 중국의 우버 운전자들 중에는 훔친 아이폰을 구입한 사람들이 있었는데, 그런 아이폰은 계정이 삭제되어 재판매된 것이었다. 이 운전기사들은 가짜 이메일 주소를 수십 개 만들어 버젓이 우버의 새 운전기사로 계정을 등록했다. 그들은 그런 아이폰으로 승차를 요청하고 스스로 수락하는 수법을 썼다. 우버가 승차 신청이 많은 운전자에게 인센티브를 제공하고 있었기에, 운전기사들은 그런 몰염치한 방법으로 많은 돈을 벌 수 있었다. 다음 자료 참조. Isaac, "Uber's CEO Plays with Fire."

31. Mike Isaac, Katie Benner, and Sheera Frenkel, "Uber Hid 2016 Break, Paying Hackers to Delete Stolen Data," *New York Times*, November 21, 2017, https://www.nytimes.com/2017/11/21/technology/uber-hack.html.

32. Ian Wren, "Uber, Google's Waymo Settle Case Over Trade Secrets

for Self-Driving Cars," NPR, February 9, 2018, https://www.npr.org/sections/thetwo-way/2018/02/09/584522541/uber-googles-waymo-settle-case-over-trade-secrets-for-self-driving-cars. 우버는 손해배상으로 기업 가치의 0.34%에 해당하는 금액을 지급했다.

33. David Z. Morris, "Uber's Self-Driving Systems, Not Human Drivers, Missed at Least Six Red Lights in San Francisco," *Fortune*, February 26, 2017, https://fortune.com/2017/02/26/uber-self-driving-car-red-lights/.

34. Susan Fowler, "Reflecting on One Very, Very Strange Year at Uber," Susan Fowler(blog), February 19, 2017, https://www.susanjfowler.com/blog/2017/2/19/reflecting-on-one-very-strange-year-at-uber. 파울러는 이렇게 썼다. "새 매니저가 사내 메신저로 계속 메시지를 보냈다. 그는 자신은 개방적인 유형인데 자기의 여자 친구는 쉽게 새 파트너를 찾는데 반해 본인은 그렇지 못하다고 했다. 그러면서 직장에서 문제를 일으키고 싶지는 않지만, 성관계를 가질 여성을 찾고 있기에 어쩔 수 없다고 했다. 잠자리를 같이 하자는 말이 분명했고, 이건 너무 심하다고 생각해서 즉시 그 메시지를 찍어 인사팀에 보고했다."

35. Maya Kosoff, "Don't Cry for Travis Kalanick," *Vanity Fair*, June 21, 2017, https://www.vanityfair.com/news/2017/06/dont-cry-for-travis-kalanick.

36. Kurt Bowermaster, "Uber Driving in Central Iowa," Facebook, June 4, 2015, https://www.facebook.com/UberKurt/posts/here-are-uber-ceo-travis-kalanicks-remarks-from-ubers-five-year-anniversary-cele/516756488472094/.

37. 그 주주가 보낸 공개서한의 제목은 '우버의 발전을 바라며Moving Uber Forward'였다. 다음 자료 참조. Ainslee Harris's article "Uber's Ousted CEO Travis Kalanick Discovered the Limits of Founder Control — The Hard Way," *Fast Company*, June 21, 2017, https://www.fastcompany.com/40433780/uber-ceo-travis-kalanick-learns-the-hard-way-that-founder-control-has-limits.

38. Anita Balakrishnan, "Uber Investor Bill Gurley: My Firm was 'On the Right Side of History' for Ousting Travis Kalanick," Yahoo Finance, November 17, 2017, https://finance.yahoo.com/news/uber-investor-bill-gurley-firm-171146265.html.

39. Mike Isaac, "Uber Founder Travis Kalanick Resigns as C.E.O.," *New*

York Times, June 21, 2017, https://www.nytimes.com/2017/06/21/ technology/uber-ceo-travis-kalanick.html.

40. Maya Kosoff, "Uber's New C.E.O. Says Travis Kalanick was 'Guilty of Hubris,'" *Vanity Fair*, January 23, 2018, https://www.vanityfair.com/ news/2018/01/ubers-new-ceo-says-travis-kalanick-was-guilty-of-hubris.

41. 스티브 잡스가 픽사에 끼친 영향에 대한 매우 상반된 두 가지 견해에 관해서는 다음 자료 참조. Alvy Ray Smith, "Pixar History Revisited.A Corrective," Pixar Animation Studios, accessed October 23, 2019, http://alvyray. com/Pixar/PixarHistoryRevisited.htm, and Robert Iger, "'We Could Say Anything to Each Other': Bob Iger Remembers Steve Jobs, the Pixar Drama, and the Apple Merger That Wasn't," *Vanity Fair*, September 18, 2019, https://www.vanityfair.com/news/2019/09/bob-iger-remembers-steve-jobs#.

42. Alison Griswold, "There Would Be No Uber Without Travis Kalanick," *Quartz*, June 22, 2017, https://qz.com/1011300/uber-ceo-travis-kalanick-pissed-people-off-and-it-made-the-company-great/.

43. Kosoff, "Uber's New C.E.O."

44. Mike Isaac and Katie Benner, "'Nobody Is Perfect': Some Uber Employees Balk at Travis Kalanick's Exit," *New York Times*, June 22, 2017, https:// www.nytimes.com/2017/06/22/technology/uber-employees-react-travis-kalanick.html.

45. Tiku Nitasha, "Travis Kalanick and the Last Gasp of Tech's Alpha CEOs," *Wired*, June 21, 2017, https://www.wired.com/story/travis-kalanick-uber-ceo-leave/.

46. Thomas Lee, "Marissa Mayer Defends Former Uber CEO Travis Kalanick," *San Francisco Chronicle*, June 27, 2017, https://www. sfchronicle.com/business/article /Marissa-Mayer-defends-former-Uber-CEO-Travis-11251256.php.

47. Lashinsky, *Wild Ride*.

48. Kara Swisher and Johana Bhuiyan, "Uber CEO Kalanick Advised Employees on Sex Rules for a Company Celebration in 2013 'Miami letter,'" *Vox*, June 8, 2017, https://www.vox.com/2017/6/8/15765514/2013-miami-letter-uber-ceo-kalanick-employees-sex-rules-company-celebration.

49. 피터 틸은 이렇게 말했다. "우버는 실리콘밸리에서 윤리적으로 가장 문제가 많은 회사다." 틸은 미국 내 우버의 가장 큰 경쟁사인 리프트에 투자했다. 다음 자료 참조. Laurie Segall, "Peter Thiel: Uber Is 'Most Ethically Challenged Company in Silicon Valley,'" CNN Business, November 18, 2014, https://money.cnn.com/2014/11/18/technology/uber-unethical-peter-thiel/.

50. Nitasha, "Travis Kalanick and the Last Gasp of Tech's Alpha CEOs."

51. Kara Swisher and Johana Bhuiyan, "Uber President Jeff Jones Is Quitting, Citing Differences Over 'Beliefs and Approach to Leadership,'" Vox, March 19, 2017, https://www.vox.com/2017/3/19/14976110/uber-president-jeff-jones-quits.

52. Marcus Wholsen, "What Uber Will Do with All That Money from Google," Wired, January 3, 2014, https://www.wired.com/2014/01/uber-travis-kalanick/.

53. Shontell, "All Hail the Uber Man!"

54. Nitasha, "Travis Kalanick and the Last Gasp of Tech's Alpha CEOs."

55. Rachel Holt, Andrew Macdonald, and Pierre-Dimitri Gore-Coty, "5 Billion Trips," Uber Newsroom, June 29, 2017, https://www.uber.com/newsroom/5billion-2/.

56. Jake Novak, "The Hunting Down of Uber's Travis Kalanick," CNBC, June 24, 2017, https://www.cnbc.com/2017/06/23/the-poaching-of-travis-kalanick.html. 노박은 택시나 자동차 등 기반이 확고한 산업의 기득권 세력을 위협하면 그들로부터 거센 공격을 받게 된다고 주장한다.

57. Johana Bhuiyan, "Uber CEO Travis Kalanick Admits He 'Must Fundamentally Change as a Leader and Grow Up,'" Vox, February 28, 2017, https://www.vox.com/2017/2/28/14772416/uber-ceo-travis-kalanick-apology-driver.

58. Timothy Lee, "The Latest Uber Scandal, Explained," Vox, November 19, 2014, https://www.vox.com/2014/11/19/7248819/uber-scandal-explained.

59. Jacob Kastrenakes, "Uber Executive Casually Threatens Journalist with Smear Campaign," Verge, November 18, 2014, https://www.theverge.com/2014/11/18/7240215/uber-exec-casually-threatens-sarah-lacy-with-smear-campaign.

60. John Gapper, "Travis Kalanick Is Not Ethical Enough to Steer Uber,"

Financial Times, June 13, 2017, https://www.ft.com/content/7a1b6f24-502f-11e7-bfb8-997009366969.

61. Stone, *Everything Store*, 318.

62. Charles Duhigg, "Is Amazon Unstoppable?" *New Yorker*, October 10, 2019, https://www.newyorker.com/magazine/2019/10/21/is-amazon-unstoppable.

63. 신뢰와 그 영향의 세 가지 요인 모델에 관해서는 필자의 다음 졸저를 참조하기 바란다. Trust in the Balance (San Francisco: Jossey-Bass, 1997). 신뢰에 관한 자료는 수십 년에 걸쳐 이루어진 다음 연구의 분석을 참조하라. Donald L. Ferrin and Kurt T. Dirks, "Trust in Leadership: Meta-Analytic Findings and Implications for Research and Practice," *Journal of Applied Psychology* 87, no. 4 (2002): 611-28.

65. John Gapper, "Travis Kalanick Lacks the Ethics to Steer Uber," *Financial Review Times*, June 15, 2017, https://www.ft.com/content/7a1b6f24-502f-11e7-bfb8-997009366969.

66. 페이스북은 설립자가 지배력을 유지하는 대표적 기업이다. 마크 저커버그는 페이스북의 의결권 주식을 57% 보유하고 있으므로, 이사회나 주주들의 의사와 관계없이 지배력을 행사할 수 있다. 그는 자신이 확실하게 지배할 수 있는 구조로 회사를 꾸려 놓았다. 이는 막강한 권한을 가진 리더의 역할을 어떻게 보느냐에 따라 긍정적일 수도 있고(설립자가 장기간 직접 경영할 수 있다), 부정적일 수도 있다(필요할 때 견제와 균형이 불가능하다).

67. Noam Wasserman, "The Founder's Dilemma," *Harvard Business Review*, February 2008, https://hbr.org/2008/02/the-founders-dilemma.

68. Ari Levy, "When $8 Billion Is Yours to Lose: How Uber's Top Investor Suffered Through the Wildest Tech Drama of the Year," CNBC, December 15, 2017, https://www.cnbc.com/2017/12/14/bill-gurley-2017-profile-uber-stitchfix-snap.html.

69. Kosoff, "Don't Cry for Travis Kalanick."

6장 | 개인의 선택

1. Peter Drucker, *Adventures of a Bystander* (New Brunswick: Transaction Publishers, 2009), 255. Stuart Bunderson and Jeffery A. Thompson, "The Call

of the Wild: Zookeepers, Callings, and the Double-Edged Sword of Deeply Meaningful Work," *Administrative Science Quarterly* 54, no. 1 (March 2009), https://journals.sagepub.com/doi/10.2189/asqu.2009.54.1.32.

2. Bunderson and Thompson, "Call of the Wild."

3. Bunderson and Thompson, "Call of the Wild."

4. Bunderson and Thompson, "Call of the Wild."

5. J. Y. Kim et al., "Understanding Contemporary Form of Exploitation: Attributions of Passion Serve to Legitimize the Poor Treatment of Workers," *Journal of Personality and Social Psychology*, April 18, 2019, http://dx.doi.org/10.1037/pspi0000190.

6. "Vocation," Merriam Webster Dictionary, https://www.merriam-webster.com/dictionary/vocation.

7. Paul W. Robinson (ed.), *The Annotated Luther, Volume 3: Church and Sacraments* (Minneapolis: Free Press, 1989), 81.

8. Ruth Umoh, "Jeff Bezos: You Can Have a Job or a Career, But if You Have This You've 'Hit the Jackpot,'" CNBC, May 7, 2018, https://www.cnbc.com/2018/05/07/jeff-bezos-gives-this-career-advice-to-young-employees.html.

9. Hanson Hosein, "Four Peaks: My Interview with Jeff Bezos," YouTube video, 22:36, September 13, 2013, https://www.youtube.com/watch?v=vhDRBPCOxmA.

10. Marc Myers, "For Mark Knopfler, a Red Guitar Started It All," *Wall Street Journal*, May 21, 2019, https://www.wsj.com/articles/for-mark-knopfler-a-red-guitar-started-it-all-11558445862.

11. P. A. O'Keefe, C. S. Dweck, and G. M. Walton, "Implicit Theories of Interest: Finding Your Passion or Developing It?," *Psychological Science*, September 6, 2018, https://journals.sagepub.com/doi/abs/10.1177/0956797618780643.

12. Jessica Stillman, "Which Comes First, Work or Passion?," *Inc.*, October 12, 2012, https://www.inc.com/jessica-stillman/hard-work-or-passion.html.

13. Melissa Witte, "Instead of 'Finding Your Passion,' Try Developing It, Stanford Scholars Say," Stanford News, June 18, 2018, https://news.stanford.edu/press-releases/2018/06/18/find-passion-may-bad-

advice/.

14. Jonathan Shieber, "How Airbnb Went from Renting Air Beds for $10 to a $30 Billion Hospitality Behemoth," TechCrunch, August 12, 2018, https://techcrunch.com/2018/08/12/how-airbnb-went-from-renting-air-beds-for-10-to-a-30-billion-hospitality-behemoth/.

15. Airbnb Newsroom, "Fast Facts," Airbnb, https://press.airbnb.com/fast-facts/.

16. O'Keefe, Dweck, and Walton, "Implicit Theories of Interest."

17. 노엘 카워드Noel Coward의 말.

18. Steve Jobs, "'You've Got to Find What You Love,' Jobs Says," Stanford News, June 14, 2005, https://news.stanford.edu/2005/06/14/jobs-061505/.

19. Karl Ericsson, Clemens Tesch-Roemer, and Ralf T. Krampe, "The Role of Deliberate Practice in the Acquisition of Expert Performance," *Psychological Review* 100, no. 3 (July 1993): 363–06.

20. Mark Leibovich, *The New Imperialists* (New York: Prentice Hall Press, 2002), 78.

21. CNBC, "Jeff Bezos at the Economic Club of Washington," YouTube video, 1:09:57, September 13, 2018, https://www.youtube.com/watch?v=xv_vkA0jsyo.

22. Caroline Adams and Michael B. Frisch, *Creating Your Best Life: The Ultimate Life List Guide* (New York: Sterling, 2009), 144.

23. Adams and Frisch, 144.

24. Newport, *So Good They Can't Ignore You*, 39.

25. Charles Duhigg, "Wealthy, Successful and Miserable," *New York Magazine*, February 21, 2019, https://www.nytimes.com/interactive/2019/02/21/magazine/elite-professionals-jobs-happiness.html.

26. 다음 자료 참조. Newport, *So Good They Can't Ignore You.*

27. 영원 회귀에 관한 해학적 해석으로는 다음 자료 참조. the movie *Groundhog Day*, directed by Harold Ramis (Culver City, CA: Columbia Pictures, 1993).

28. Fredrich Nietzsche, *The Gay Science* (New York: Vintage Books, 1974), 273.

29. Mihaly Csikszentmihalyi, *Flow: The Psychology of Optimal Experience* (New York: Harper Perennial Modern Classics, 2008).

30. Micky Thompson, "Jeff Bezos - Regret Minimization Framework," YouTube video, December 20, 2008, https://www.youtube.com/watch?v=jwG_qR6XmDQ.

31. Jobs, "You've Got to Find What You Love."

32. Susan Orlean, *The Orchid Thief: A True Story of Beauty and Obsession* (New York: Random House, 1998), 132.

33. Orlean, *Orchard Thief*, 336.

34. Gary Burnison, "Breaking Boredom: What's Really Driving Job Seekers in 2018," Korn Ferry Institute, January 8, 2018, https://www.kornferry.com/institute/job-hunting-2018-boredom.

35. Marcus Fairs, "Silicon Valley 'Didn't Think a Designer Could Build a Company,' Says Airbnb Co-Founder Brian Chesky," *Dezeen*, January 28, 2014, https://www.dezeen.com/2014/01/28/silicon-valley-didnt-think-a-designer-could-build-a-company-interview-airbnb-co-founder-brian-chesky/.

36. David Foster Wallace, "String Theory," *Esquire*, July 1996, https://www.esquire.com/sports/a5151/the-string-theory-david-foster-wallace/.

37. SpaceX, "SpaceX Launch—paceX Employees Cheering Outside Mission Control," YouTube, 0:28, May 22, 2012, https://www.youtube.com/watch?v=6XtD-5L7cLk.

38. David Sheff, "Playboy Interview: Steve Jobs," *Playboy*, February 1985, http://reprints.longform.org/playboy-interview-steve-jobs.

39. Derek Thompson, "Workism Is Making Americans Miserable," *Atlantic*, February 24, 2019, https://www.theatlantic.com/ideas/archive/2019/02/religion-workism-making-americans-miserable/583441/.

40. Chad Day, "Americans Have Shifted Dramatically on What Matters Most," *Wall Street Journal*, August 25, 2019, https://www.wsj.com/articles/americans-have-shifted-dramatically-on-what-values-matter-most-11566738001. 이 조사에 따르면 열심히 일하는 것은 모든 연령층에서 1위를 차지한 반면, 종교는 18~38세 사이에서 한참 낮은 순위로 밀려났다.

41. Karen Gilchrist, "Alibaba Founder Jack Ma Says Working Overtime Is a 'Huge Blessing,'" CNBC, April 15, 2019, https://www.cnbc.com/2019/04/15/alibabas-jack-ma-working-overtime-is-a-huge-blessing.html.

42. Erin Griffith, "Why Are Young People Pretending to Love Work?," *New*

York Times, January 26, 2019, https://www.nytimes.com/2019/01/26/business/against-hustle-culture-rise-and-grind-tgim.html.

43. Griffith.

44. Ryan Avent, "Is Your Obsession with Working Hard Just Professional Stockholm Syndrome," *Financial Review*, April 2, 2016, https://www.afr.com/life-and-luxury/arts-and-culture/why-do-we-work-so-hard-do-we-have-professional-stockholm-syndrome-20160328-gnsgmg.

45. Thompson, "Workism Is Making Americans Miserable."

46. Thompson.

47. 〈파우스트*Faust*〉의 전설은 한 가지 직업에서 능력과 권력을 얻기 위해 무엇을 희생할 것인가 하는 문제를 잘 포착하고 있다. 파우스트는 특별한 재능을 얻는 대가로 악마에게 영혼을 팔았다. 전설적인 미국의 블루스 싱어송라이터 로버트 존슨Robert Johnson의 이야기도 또 다른 의미의 파우스트 전설이다.

48. *Steve Jobs: The Man in the Machine*, directed by Alex Gibney (New York: Magnolia Pictures, 2015).

49. Alan Shipnuck, "Kevin Na Is Fit to be Tied (Just Ask Him)," *Sports Illustrated*, January 18, 2016, https://www.si.com/vault/2016/02/11/kevin-na-fit-be-tied-just-ask-him.

50. Lane Florsheim, "Annie Leibovitz on Being Envious of Herself," *Wall Street Journal*, February 13, 2019, https://www.wsj.com/articles/annie-leibovitz-on-being-envious-of-herself-11550088650.

51. Jena McGregor, "Elon Musk Is the 'Poster Boy' of a Culture That Celebrates 'Obsessive Overwork,'" *The Washington Post*, August 23, 2018, https://www.washingtonpost.com/business/2018/08/22/elon-musk-is-poster-boy-culture-that-celebrates-obsessive-overwork/.

52. Josh Constine, "Jeff Bezos' Guide to Life," TechCrunch, November 5, 2017, https://techcrunch.com/2017/11/05/jeff-bezos-guide-to-life/.

53. Mathias Dopfner, "Jeff Bezos Reveals What It's Like to Build an Empire and Become the Richest Man in the World—nd Why He's Willing to Spend $1 Billion a Year to Fund the Most Important Mission of His Life," *Business Insider*, April 28, 2018, https://www.businessinsider.com/jeff-bezos-interview-axel-springer-ceo-amazon-trump-blue-origin-family-regulation-washington-post-2018-4.

54. "First Among Men," *Sydney Morning Herald*, February 14, 2015, https://

www.smh.com.au/world/first-among-men-20140210-32amz.html. 라
가르드는 그녀의 남자 동료들이 가족들이 치르는 희생에 대해 좀 더 죄책감을 느꼈
으면 좋겠지만 그들이 정말로 그럴지는 모르겠다고 말했다.

55. Adam Lashinsky, "Riding Shotgun with Uber CEO Travis Kalanick,"
Fortune, May 18, 2017, https://fortune.com/2017/05/18/uber-travis-
kalanick-wild-ride/.

56. Scott Carrell, M. Hoekstra, and J. West, "Is Poor Fitness Contagious?
Evidence from Randomly Assigned Friends," *Journal of Public
Economics* 95, no. 7 - (August 2011): 657 - 3, https://ideas.repec.org/a/
eee/pubeco/v95y2011i7-8p657-663.html.

57. 연구 결과에 따르면, 높은 성과를 올리는 리더는 기준을 높게 세우고 '올바른' 행동
을 표본으로 삼아 팀원들에게 긍정적인 영향을 미친다고 한다. 자세한 내용은 다음
자료 참조. Sam Walker, *The Captain Class* (London: Random House, 2017).
공군의 연구에 따르면, 팀원도 팀과 다른 동료들의 능력에 중요한 역할을 한다.

58. Elizabeth Campbell et al., "Hot Shots and Cool Reception: An Expanded
View of Social Consequences for High Performers," *Journal of Applied
Psychology* 102, no. 5 (2017): 845 - 6, https://www.researchgate.net/
publication/313686960_Hot_Shots_and_Cool_Reception_An_Expanded_
View_of_Social_Consequences_for_High_Performers.

59. 연구진은 또한 협업이 잘 되는 환경일수록 고성과자에 대한 지원에 미온적이거나 그
들을 푸대접한다는 사실을 밝혀냈다. 이는 팀을 기반으로 한 회사나 집단은 협력이
잘 되는 공동의 환경을 조성하여 어느 누구도 독불장군처럼 행동하거나 팀보다 개인
을 중시하지 못하게 만들기 때문이라고 그들은 주장한다.

60. 연구진은 소명의식을 가진 사육사들이 일을 위해 기꺼이 돈과 시간과 신체적 편안함
을 희생한다는 사실을 입증해 보였다.

61. Jim Edwards, "Reddit's Alexis Ohanian Says 'Hustle Porn' Is 'One of the
Most Toxic, Dangerous Things in Tech Right Now,'" *Business Insider*,
November 6, 2018, https://www.businessinsider.com/reddit-alexis-
ohanian-hustle-porn-toxic-dangerous-thing-in-tech-2018-11.

62. Brad Stulberg and S. Magness, *Peak Performance: Elevate Your Game,
Avoid Burnout and Thrive with the New Science* (Emmaus, PA: Rodale
Press, 2017), loc. 393 of 3613. Kindle.

63. Robert J. Vallerand, *The Psychology of Passion: A Dualistic Model*
(Oxford: Oxford University Press, 2015).

64. 발레랑은 자신이 제시한 두 가지 유형의 열정을 평가할 수 있는 12개 항목의 설문 지를 작성했다. 6개 항목은 강박적인 열정을 나타내고 나머지 6개는 조화로운 열 정을 나타낸다. 다음 자료 참조. the Passion Toward Work Scale (PTWS) in Vallerand, *Psychology of Passion*.

65. "Jeff Bezos," The Economic Club of Washington, DC.

66. Arianna Huffington, "An Open Letter to Elon Musk," Thrive Global, August 17, 2018, https://thriveglobal.com/stories/open-letter-elon-musk/.

67. 필자의 다음 졸저 참조. *Leadership Blindspots* (San Francisco): Josey Bass, 2014). 이 책은 맹점의 작동 원리와 그것을 효과적으로 관리하기 위해 개인과 조직 이 취할 수 있는 조치를 자세히 설명한다.

7장 | 조직의 당면 과제

1. 독일어로는 *Vergeltungswaffe Zwei*. 독일의 여러 도시를 폭격한 연합군에 대응 한다는 의미로 붙인 이름이었다.

2. John Noble Wilford, "Wernher von Braun, Rocket Pioneer, Dies," *New York Times*, June 18, 1977.

3. Alejandro de la Garza, "How Historians Are Reckoning with the Former Nazi Who Launched America's Space Program," *TIME*, July 18, 2019, https://time.com/5627637/nasa-nazi-von-braun/.

4. Michael Neufeld, *Von Braun: Dreamer of Space, Engineer of War* (New York: Vintage Books, 2007), 5. 우주 개발 분야라면 러시아의 세르게이 코롤레프 Sergei Korolev의 공이 더 컸다고 주장하는 사람들도 있다.

5. "Biography of Wernher Von Braun," NASA, accessed October 23, 2019, https://www.nasa.gov/centers/marshall/history/vonbraun/bio.html.

6. Neufeld, *Von Braun*, 351.

7. Michael J. Neufeld, "Wernher von Baun, the SS, and Concentration Camp Labor: Questions of Moral, Political, and Criminal Responsibility," *German Studies Review* 25, no. 1 (February 2002): 57 - 8.

8. 독일의 엔지니어 페르디난트 포르셰Ferdinand Porche도 이와 비슷한 사례다. 그는 폭 스바겐vw을 설립했고 히틀러의 적극적인 지원을 받아 폭스바겐 비틀을 설계했다. 포르셰는 또한 전지형 차량all-terrain vehicle과 탱크 등, 독일의 군용장비를 설계하고

제조했다. 그는 폰 브라운처럼 나치당과 친위대 소속이었고, 그의 제조 공장들은 노예 노동력을 동원했다. 포르셰는 1945년 전범으로 프랑스 감옥에 수감되었으나 프랑스 정부에 보석금을 내고 풀려났다. 그는 전범재판에서 유죄판결을 받은 적이 없으며 1951년에 사망했다.

9. Wilford, "Wernher von Braun."

10. Pat Harrison, "American Might: Where 'The Good and the Bad Are All Mixed Up,'" *Radcliffe Magazine*, https://www.radcliffe.harvard.edu/news/radcliffe-magazine/american-might-where-good-and-bad-are-all-mixed. 이 인용구는 포크 가수 피트 시거Pete Seeger가 폰 브라운과 마셜우주센터Marshall Space Center의 역사를 다룬 다이앤 맥워터Diane McWhorter의 책 이야기를 듣고 한 말이다.

11. 폰 브라운에게 대량살상무기를 만든 책임을 물어야 하는지를 두고도 많은 논란이 있다. 폰 브라운은 전후 미국이 자신에게 베푼 대우가 정당하다고 주장했다. 그는 전쟁에서 독일이 승리했을 경우를 전제로 이렇게 말했다. "우리였다면 당신네 핵무기 과학자들을 전범으로 취급하지 않았을 것이다. 내가 전범 취급을 당할 줄은 몰랐다. 우리에겐 있었지만 당신네들에게는 없었던 것, 그것이 V2였다. 당신네들이 그것의 전모를 알고 싶어 했던 것은 당연한 일이었다." Wilford, "Wernher von Braun."

12. Brian E. Crim, *Our Germans: Project Paperclip and the National Security State* (Baltimore, John Hopkins University Press, 2018), 192.

13. 뉴펠드Neufeld는 폰 브라운을 가리켜 '자신의 꿈을 이루기 위해 영혼을 판 20세기의 파우스트'라고 단정한다.

14. US Securities and Exchange Commission, "Elon Musk Settles SEC Fraud Charges; Tesla Charged with and Resolves Securities Law Charge," SEC. gov, September 29, 2018, https://www.sec.gov/news/press-release/2018-226.

15. Kevin LaCroix, "Tesla Investors File Securities Suits Over Elon Musk's Take -Private Tweets," D&O Diary, August 12, 2018, https://www.dandodiary.com/2018/08/articles/securities-litigation/tesla-investors-file-securities-suits-elon-musks-take-private-tweets/.

16. Andy Hertzfeld, "Pirate Flag," Folklore, August 1983, https://www.folklore.org/StoryView.py?story=Pirate_Flag.txt.

17. Amy Fung, "Steve Jobs Getting Together A Players," YouTube video, October 18, 2013, https://www.youtube.com/watch?v=7yh7ikSQwKg.

18. 일론 머스크도 팀 미팅에 대해 비슷한 생각을 가지고 있다. 그는 매니저들에게 규모

가 큰 미팅을 아예 없애라고 하면서 미팅 규모를 4~6명이 넘지 않도록 하라고 충고한다. 그는 또한 테슬라 직원들에게 자신이 보탬이 되지 않는다고 생각되면 회의실을 나가라고도 했다. 다음 자료 참조. Catherine Clifford, "Elon Musk's 6 Productivity Rules, Including Walk Out of Meetings That Waste Your Time," CNBC, April 18, 2018; Alex Hern, "The Two-Pizza Rule and the Secret of Amazon's Success," *The Guardian*, April 24. 2018, https://www.theguardian.com/technology/2018/apr/24/the-two-pizza-rule-and-the-secret-of-amazons-success.

19. Chris O'Brien, "Steve Jobs' management legacy at Apple can be glimpsed in recently disclosed SEC letters," *VentureBeat*, October 6, 2015.

20. Timothy B. Lee, "How Apple Became the World's Most Valuable Company," *Vox*, September 9, 2015, https://www.vox.com/2014/11/17/18076360/apple.

21. "Arianna Huffington on the Culture at Uber," *Wall Street Journal*, October 23, 2017, https://www.wsj.com/articles/arianna-huffington-on-the-culture-at-uber-1508811600.

22. Ken Kocienda, *Creative Selection* (New York: St. Martin's Press, 2018), 13.

23. Jeffrey Pfeffer, "The Hidden Costs of Stressed-Out Workers," *Wall Street Journal*, February 28, 2019, https://www.wsj.com/articles/the-hidden-costs-of-stressed-out-workers-11551367913.

24. Parmy Olson, "BlackBerry's Famous Last Words at 2007 iPhone Launch: 'We'll Be Fine,'" *Forbes*, May 26, 2015, https://www.forbes.com/sites/parmyolson/2015/05/26/blackberry-iphone-book/#3bc0018363c9.

25. Jessi Hempel, "A Short History of Facebook's Privacy Gaffes," *Wired*, March 30, 2018, https://www.wired.com/story/facebook-a-history-of-mark-zuckerberg-apologizing/.

26. Mike Isaac and Daisuke Wakabayashi, "Russian Influence Reached 126 Million through Facebook Alone," *New York Times*, October 30, 2017, https://www.nytimes.com/2017/10/30/technology/facebook-google-russia.html.

27. David Meyer, "Deemed a 'Digital Gangster' by the U.K., Facebook Now Says It's 'Open to Meaningful Regulation,'" *Fortune*, February 18, 2019, https://fortune.com/2019/02/18/facebook-dcms-uk-report-digital-

gangster/.

28. Walter Isaacson, "The Real Leadership Lessons of Steve Jobs," *Harvard Business Review*, April 2012, https://hbr.org/2012/04/the-real-leadership-lessons-of-steve-jobs.

29. Dennis K. Berman, "Arianna Huffington on the Culture at Uber," *Wall Street Journal*, October 23, 2017, https://www.wsj.com/articles/arianna-huffington-on-the-culture-at-uber-1508811600.

30. Walter Isaacson, "The Real Leadership Lessons of Steve Jobs," *Harvard Business Review*, April 2012, https://hbr.org/2012/04/the-real-leadership-lessons-of-steve -jobs.

31. Allen, *Idea Man*, 75.

32. Amy Edmondson, "Psychological Safety and Learning Behavior in Work Teams," *Administrative Science Quarterly* 44, no. 2. (June 1999): 350 – 3, http://www.jstor.org/stable/2666999.

33. '이중 구속double-bind'이라는 개념은 의사소통 과정에서 근본적으로 대립되는 상반된 두 개의 메시지가 동시에 주어지는 경우를 뜻한다. 심리적인 안정의 경우도 개방적이고 분명한 태도를 취하는 것이 좋다고 말하지만, 다른 사람들의 기분을 상하게 하거나 불안하게 만들지 않을 정도로만 하도록 권한다.

34. Brandon Griggs, "10 Great Quotes from Steve Jobs," CNN Business, January 4, 2016, https://www.cnn.com/2012/10/04/tech/innovation/steve-jobs-quotes/index.html.

35. Isaacson, "Real Leadership Lessons."

36. Steve Jobs, Interview with Bob Cringley, "The Lost Interview," Readable, recorded in 1995, http://www.allreadable.com/031f1FIL.

37. Michael Moritz, "Silicon Valley Would Be Wise to Follow China's Lead," *Financial Times*, January 17, 2018, https://www.ft.com/content/42daca9e-facc-11e7-9bfc-052cbba03425.

38. 데이브 에거스Dave Eggers의 소설에 나오는 한 등장인물은 이렇게 말한다. "우리는 집고양이들의 나라가 되었다. 의심 많고 걱정도 많으며 하여간 생각들이 너무 많다." *A Hologram for the King* (New York: Vintage, 2013), 13.

39. Kayla Hinton, "Detroit: An Abandoned City?," *Spartan Newsroom*, July 12, 2017, https://news.jrn.msu.edu/2017/07/detroit-an-abandoned-city/.

40. Cheryl Howard, "Abandoned Detroit: Exploring the Largest Abandoned

Site in the World," CherylHoward.com (blog), November 11, 2018, https://cherylhoward.com/packard-automotive-plant/. 1990년대까지 공장 건물을 일부 운영한 업체도 있었다.

41. Mark J. Perry, "Animated chart of the day: Market shares of US auto sales, 1961 to 2018," American Enterprise Institute, June 28, 2019, https://www.aei.org/carpe-diem/animated-chart-of-the-day-market-shares-of-us-auto-sales-1961-to-2016/.

42. 포드나 크라이슬러와 마찬가지로 GM은 1970년대, 1980년대, 1990년대에 쉐보레 베가Chevrolet Vega, 엑스카X-Cars, 쉐보레 쉬베트Chevrolet Chevette, 새턴Saturns 등 수준 미달의 자동차들을 몇 종 생산했다. 다음 자료 참조. John Pearley Huffman, "10 Cars That Damaged GM's Reputation (with Video)," *Popular Mechanics*, November 24, 2008, https://www.popularmechanics.com/cars/a3762/4293188/. 허프먼은 쉐보레 베가를 두고 이렇게 혹평했다. "1980년대 중반에 사람들이 쉐보레 베가를 너무 많이 버려서 사우스캘리포니아의 일부 폐차장들은 베가를 더는 받지 않기로 했다. 폐차장마저 그걸 차로 여기지 않았다. 그건 그냥 골칫거리였다."

43. GM의 경우, 1960년대 후반 시장점유율이 떨어지기 시작하기 직전부터 2009년 파산할 때까지 리더들의 기능적 배경을 확인해 볼 필요가 있다. 영업의 제임스 로슈James Roche, 재무의 리처드 거스텐버그Richard Gerstenberg와 토머스 머피Thomas Murphy, 로저 스미스Roger Smith, 엔지니어링의 로버트 스템펠Robert Stempel, 재무의 릭 와그너Rick Wagner 등 GM의 리더들은 승진을 거듭하며 경영 전반에서 경험을 쌓았지만, 스템펠을 제외하고는 제품 설계나 개발, 제조 쪽의 교육을 받은 사람은 없었다. 그들이 집착을 보인 것이라곤 수치 관리 정도가 고작이었을 것이다. 아마 스티브 잡스라면 실패한 리더로 단정하지 않았을까 싶다. 적어도 그들은 자신들이 만드는 제품을 사랑하지 않았으니까.

세계 자본을 거머쥔
공룡기업가들

워커사우루스

1판 1쇄 인쇄 2021년 7월 20일
1판 1쇄 발행 2021년 8월 1일

지은이 로버트 브루스 쇼
옮긴이 이경남

발행인 양원석 **편집장** 박나미
디자인 강소정, 김미선 **영업마케팅** 조아라, 신예은, 이지원

펴낸 곳 ㈜알에이치코리아
주소 서울시 금천구 가산디지털2로 53, 20층 (가산동, 한라시그마밸리)
편집문의 02-6443-8865   **도서문의** 02-6443-8800
홈페이지 http://rhk.co.kr
등록 2004년 1월 15일 제2-3726호

ISBN 978-89-255-7998-6 (03190)